निबंधों की दुनिया

बालमुकुन्द गुप्त

निबंधों की दुनिया

बालमुकुन्द गुप्त

प्रधान संपादक
निर्मला जैन

संपादक
रेखा सेठी

वाणी प्रकाशन

वाणी प्रकाशन
ज्ञान के विविध आयामों के प्रकाशक

वाणी प्रकाशन का 'लोगो' विख्यात चित्रकार मक़बूल फ़िदा हुसेन की कूची से

वाणी प्रकाशन, 4695, 21-ए, दरियागंज, नयी दिल्ली-110002
वाणी प्रकाशन, अशोक राजपथ (पटना कॉलेज के सामने), पटना (बिहार)

NIBANDHON KI DUNIYA : BALMUKUND GUPT
Category : Literary Essays
Chief Editor : Nirmala Jain, Editor : Rekha Sethi

ISBN : 978-93-5000-050-2

प्रथम संस्करण

मूल्य : 95/-

वाणी प्रकाशन
फोन : 0091#11#23273167, 23275710
फैक्स : 0091#11#23275710
वेबसाइट : www.vaniprakashan.in
ई-मेल : vaniprakashan@gmail.com
vani_prakashan@yahoo.com

आर.टेक ऑफसेट प्रिंटर्स द्वारा दिल्ली-110095 में मुद्रित

बालमुकुन्द गुप्त

सन् 1857 की क्रांति को डेढ़ सौ साल पूरे हो चुके हैं। अतीत का पुनरान्वेषण वर्तमान के लिए नया परिप्रेक्ष्य प्रस्तुत कर रहा है। ऐसे समय में बालमुकुन्द गुप्त के रचना संसार का आकलन नया दृष्टिबोध देता है। राष्ट्र और राज के प्रति निष्ठा के द्वंद्वपूर्ण सवाल को निर्मूल करते हुए बालमुकुन्द गुप्त उपनिवेशवादी शासन को चुनौती देते हैं। अंग्रेज़ राज के सुख साज की पोल खोलते हैं। सच्चे जन प्रतिनिधि बनकर वाइसराय को उनका कर्त्तव्य याद दिलाते हुए शासन की जनता के प्रति जवाबदेही की माँग करते हैं। समय के उस दौर में यह बहुत जोखिम भरा कदम रहा होगा पर बालमुकुन्द गुप्त ने अपनी प्रतिबद्धता की खातिर यह जोखिम उठाया। ऐसे जीवट भरे रचनाकार का जन्म सन् 1865 में हरियाणा के रोहतक जिले के गुड़ियानी गाँव में हुआ।

उनकी प्रारंभिक शिक्षा बहुत औपचारिक या व्यवस्थित ढंग से नहीं हुई। लगभग दस वर्ष की आयु में सन् 1875 में उन्हें पढ़ने भेजा गया। यद्यपि वे एक व्यापारी परिवार से थे फिर भी विद्याध्ययन में उनकी रुचि और कुशाग्रता का पता इस बात से चलता है कि पाँचवीं कक्षा में उनका इम्तिहान लेने वाले असिस्टेंट इंस्पेक्टर साहब ने उनकी पढ़ाई जारी रखने का ज़बरदस्त अनुरोध करते हुए कहा कि 'सूबा पंजाब में दस हज़ार लड़कों का इम्तिहान अब तक ले चुका हूँ, कोई लड़का इस ज़हानत और लियाकत का नहीं देखा'। उस अल्प आयु से ही बालमुकुन्द गुप्त अपना प्रतिमान स्वयं थे। उनकी मौलिक सोच, तर्क-क्षमता और विश्लेषण की शक्ति अद्वितीय थी। दुर्भाग्यवश उनकी पढ़ाई जारी न रह सकी। पिता के आकस्मिक निधन से परिवार की ज़िम्मेदारी उन पर आ गई। 1880 में ही उनका विवाह हो गया। कुछ वर्ष उन्होंने परिवार और व्यापार का दायित्व निष्ठापूर्वक निभाया लेकिन फिर जब उनके छोटे भाई इस योग्य हो गए कि वे यह ज़िम्मेदारी उठा सकें तब गुप्त

जी ने स्वयं को इस दायित्व से मुक्त कर, विद्याध्ययन, लेखन और संपादन को समर्पित कर दिया।

वे गुड़ियानी से दिल्ली आ गए और यहाँ रहकर उन्होंने मिडिल की परीक्षा पास की। उस समय उनकी आयु लगभग 21 वर्ष की रही होगी। औपचारिक शिक्षा यहीं तक हुई लेकिन स्वाध्याय के बल पर उन्होंने हिंदी, उर्दू और बांग्ला का अच्छा ज्ञान अर्जित किया। राजा राममोहन राय की जीवनी तथा योगेशचंद्र बसु के बांग्ला उपन्यास 'मडेल भगिनी', हर्षवर्द्धन के संस्कृत नाटक 'रत्नावली' का हिंदी रूपांतर किया फिर रंगलाल मुखोपाध्याय द्वारा लिखित पुस्तिका 'हरिदास' का पहले उर्दू में फिर हिंदी में रूपांतर किया। 'सती प्रताप' नामक नाटक का हिंदी से उर्दू में अनुवाद करने का भी उल्लेख मिलता है। भाषाओं के प्रति उनका लगाव इस बात से भी स्पष्ट होता है कि उन्होंने अंग्रेज़ों का घोर विरोध करते हुए भी अंग्रेज़ी सीखी। पं. श्रीधर पाठक ने इस कार्य में उनकी सहायता की। गुप्त जी उनसे अंग्रेज़ी सीखते और उन्हें उर्दू सिखाते। यह सारा सिलसिला आपसी पत्र व्यवहार से भी चलता रहा।

गुप्त जी का समय नवजागरण का समय था। सामाजिक क्षेत्र में आधुनिक विचारों की रोशनी रूढ़िबद्ध अँधेरों को चुनौती दे रही थी। उस दौर के साहित्यिक माहौल में हिंदी और उर्दू के बीच भाषा का ऐसा आदर्श स्थापित करने की ललक थी जो आम आदमी की अभिव्यक्ति का माध्यम बन सके। बालमुकुन्द गुप्त ने इस सबके बीच अंग्रेज़ों के उपनिवेशवादी शासन के कुचक्र को बेधने का बीड़ा उठाया। इस अभियान में पत्रकारिता उनका सबसे बड़ा अस्त्र बनी। उन्होंने अपने समय के महत्त्वपूर्ण उर्दू व हिंदी पत्रों का संपादन किया। गुप्त जी ने 1885 में ही लिखना प्रारंभ कर दिया था। अपने मित्र पं. दीनदयालु शर्मा द्वारा संपादित एवं प्रकाशित पत्र 'मथुरा अखबार' में बालमुकुन्द गुप्त नियमित रूप से लिखते थे। सन् 1886 में वे 'अखबारे चुनार' के संपादक बने और फिर 1888-1889 में लाहौर से निकलने वाले साप्ताहिक पत्र 'कोहेनूर' के संपादन का पदभार ग्रहण किया।

'अखबारे चुनार' एक छोटा पत्र था लेकिन गुप्त जी की संपादन कला व उनकी विशिष्ट भाषा से लैस हो थोड़े समय में ही वह अपने क्षेत्र का एक प्रतिष्ठित पत्र बन गया। 'कोहेनूर' की सफलता की कहानी भी गुप्त जी ने अपने दम पर लिखी। उनके संपादन काल में ही यह पत्र साप्ताहिक से दैनिक बना। 'कोहेनूर' की विशिष्टता इस बात में भी थी कि तद्‌युगीन उर्दू पत्रकारों और प्रकाशकों को यहीं प्रशिक्षण मिला। यहाँ अर्जित ज्ञान और प्रेरणा के बल पर आगे चलकर उन्होंने

अपने छापेखाने खोले या अखबार निकाले। इस अर्थ में 'कोहेनूर' उस युग की पत्रकारिता की उर्वर जन्मस्थली बना। इन दो पत्रों के अतिरिक्त जिन उर्दू पत्रों में गुप्त जी की रचनाएँ प्रकाशित होती रहीं उनमें प्रमुख थे—**अवध पंच, भारत प्रताप** और **ज़माना।**

पं. मदनमोहन मालवीय की प्रेरणा से गुप्त जी हिंदी पत्रकारिता की ओर मुड़े। सन् 1889 के अंतिम दिनों में वे मालवीय जी के संपादन में कालाकांकर से निकलने वाले दैनिक पत्र 'हिंदोस्थान' के संपादकीय विभाग में सम्मिलित हो गए। उन दिनों 'हिंदोस्थान' में ब्रजभाषा और खड़ीबोली को लेकर खूब विवाद चल रहा था। गुप्त जी ने उसमें सक्रिय भूमिका निभाई और भाषा के व्यावहारिक रूप का समर्थन किया। सरकार के विरुद्ध कड़ी टिप्पणियाँ लिखने के कारण उन्हें पत्र से अलग होना पड़ा। हिंदी पत्रकारिता के इतिहास में यह पहला मौका था जब किसी लेखक को शासन के खिलाफ़ लिखने के कारण पत्र से अलग कर दिया गया हो। इस सबसे वे ज़रा भी विचलित नहीं हुए। सन् 1893 में अमृतलाल चक्रवर्ती की प्रधानता में वे 'हिंदी बंगवासी' के सहकारी संपादक नियुक्त हुए और फिर 1899 में 'भारतमित्र' का संपादन करते हुए उन्होंने अपने कार्य क्षेत्र की पराकाष्ठा को प्राप्त किया। उनका शासन विरोधी तेवर और भी तीखा होता गया। गुप्त जी ने देशानुराग से ऊर्जस्वित जिस साहसपूर्ण निर्भीकता का परिचय दिया वह आज भी स्पृहणीय है।

18 सितंबर, सन् 1907 को 42 वर्ष की अल्पायु में बालमुकुन्द गुप्त का स्वर्गवास हो गया। उनका जीवनकाल छोटा अवश्य था लेकिन सक्रियता भरा रहा। उन्होंने अपने लेखन से पत्रकारिता, भाषा और देशभक्ति के नए मानदंड स्थापित किए।

लगभग बीस वर्ष की अवधि में बालमुकुन्द गुप्त ने जो कुछ लिखा वह सब आज हमारे पास सुरक्षित नहीं है। उर्दू-हिंदी के वे सभी पत्र जिनमें गुप्तजी लिखते रहे उन सबकी फाइलें उपलब्ध नहीं हैं। उनके पुत्र नवलकिशोर गुप्त की सहायता से बालमुकुन्द गुप्त स्मारक ग्रंथ प्रकाशन समिति बनी। पं. झाबरमल्ल शर्मा तथा बनारसीदास चतुर्वेदी के संपादन में 'बालमुकुन्द गुप्त निबंधावली' तथा 'बालमुकुन्द गुप्त स्मारक ग्रंथ' का प्रकाशन हुआ।

'शिवशंभु के चिट्ठे' बालमुकुन्द गुप्त की कीर्ति का स्थायी आधार हैं। पराधीन देश में उसके राजनीतिक स्वर तथा भाषाई तेवर की बानगी ने उसे हिंदी साहित्य की अमर कृति बना दिया है। उनसे ही गुप्त जी की अलग पहचान भी बनी है

लेकिन यह भी सच है कि उनकी दीप्ति में उनका बाकी लेखन कुछ दब-सा गया है और उसका उचित मूल्यांकन नहीं हो पाया। बालमुकुन्द गुप्त निबंधावली इस कमी को पूरा करती है। इसमें शिवशंभु के चिट्ठे के अतिरिक्त उनके द्वारा लिखे जीवन चरित, राष्ट्रभाषा और लिपि संबंधी उनके विचार, हिंदी-उर्दू के अखबारों का इतिहास, पं. महावीर प्रसाद द्विवेदी से भाषा और व्याकरण को लेकर चले उनके ऐतिहासिक विवाद तथा उनकी स्फुट कविताओं का भी परिचय मिलता है।

'बालमुकुन्द गुप्त स्मारक ग्रंथ' में गुप्त जी की साहित्य साधना से साक्षात्कार होता है। यह ग्रंथ प्रधानतः उनकी स्मृति को समर्पित है। इसमें उनपर लिखे संस्मरण व श्रद्धांजलियाँ ली गई हैं लेकिन जो पृष्ठ उनके जीवन परिचय से संबंधित हैं उनमें उनकी साहित्य सेवाओं का आकलन करते हुए उनके लिखे तथा प्राप्त कुछ ऐसे पत्र संकलित हैं जिनसे उस युग की साहित्यिक गतिशीलता का पता चलता है। उसमें ही बीच-बीच में उनके लिखे ऐसे लेख भी हैं जो निबंधावली में तो नहीं लिए जा सके लेकिन यहाँ संदर्भों को स्पष्ट करने के लिए उद्धृत किए गए हैं। प्रस्तुत संग्रह में उनमें से कुछ निबंध लिए गए हैं—'दिल्ली से कलकत्ता', 'दो दल', 'सिडीशन का युग', 'फूलों की वर्षा'। इसी तरह कुछ अग्रंथित निबंध 'बालमुकुन्द गुप्त : एक मूल्यांकन' में भी मिलते हैं जिसका संपादन कल्याणमल लोढ़ा तथा विष्णुकांत शास्त्री ने किया था। यह पुस्तक बाबू बालमुकुन्द गुप्त शतवार्षिक समारोह समिति, कलकत्ता द्वारा सन् 1965 में प्रकाशित की गई थी। इसमें भी उनके कुछ अग्रन्थित निबंध हैं।

गुप्त जी के कुछ लेख जो 'भारतमित्र' में छपे थे उन्हें अलग-से पुस्तकाकार रूप में भी प्रकाशित किया गया। जैसे 'शिवशंभु के चिट्ठे' के विषय में भी यह जानकारी महत्त्वपूर्ण है कि 1903 से 1905 के बीच भारतमित्र में प्रकाशित शिवशंभु द्वारा लार्ड कर्जन के नाम लिखे चिट्ठे सन् 1906 में यह पुस्तकाकार रूप में छापे गए और भारतमित्र पत्र के साथ उपहार स्वरूप दिए गए। इसका उल्लेख 'चिट्ठे और ख़त' में छपी सूचना में मिलता है। ये चिट्ठे अंग्रेज़ी में भी अनूदित हुए और अंग्रेज़ों ने भी इसे बड़े चाव से पढ़ा। पाठकों के अनुरोध पर 1901 से प्रकाशित हो रहे चिट्ठों से चयन कर कुछ और चिट्ठों एवं शाइस्ताखाँ तथा सर सय्यद अहमद खाँ के खंत को संग्रह कर गुप्त जी ने छपवाना आरंभ किया जो दुर्भाग्यवश उनकी मृत्यु के बाद ही प्रकाशित हो पाया।

गुप्त जी ने एक बालोपयोगी पुस्तक 'खिलौना' भी लिखी जिसमें लेखक का नाम रसिकलाल दत्त दिया गया। उस समय में छद्मनाम का कुछ चलन भी था

और कुछ मजबूरी भी। लार्ड कर्जन के नाम लिखे चिट्ठों के लेखक का गुप्त रहना युग के शासकीय आतंक का सूचक है तो द्विवेदी जी द्वारा लिखे गए लेख 'भाषा और व्याकरण' की प्रत्यालोचना 'आत्माराम' के नाम से लिखी गई। तर्क था—''आप सज्जनों को आत्माराम से क्या मतलब है, उसके लेख हाज़िर हैं।''

प्रस्तुत संग्रह के लिए इस तरह की बिखरी हुई सामग्री में से चयन करना काफी चुनौतीपूर्ण रहा। बहुत बार प्रामाणिकता के प्रश्न भी आड़े आए। फिर भी इस संग्रह में इस दिशा में प्रयत्न किया गया है कि गुप्त जी की ऐसी सभी प्रतिनिधि रचनाएँ ली जाएँ जिनसे उनके लेखन की विविधता एवं विशिष्टता का परिचय मिलता है। हाँ एक सीमा यह अवश्य रही कि प्रस्तुत संकलन निबंधों का संकलन है। इसलिए जो रचनाएँ निबंध विधा की कोटि में सम्मिलित की जा सकती हैं उन्हीं को इस संग्रह में रखा गया है। पुस्तक में परिशिष्ट के रूप में जो निबंध रखे गए हैं उनमें कुछ छूट ले ली गई है। इस खंड में मुख्यतः वे निबंध हैं जो स्मारक ग्रंथ या कल्याणमल लोढ़ा तथा विष्णुकांत शास्त्री द्वारा संपादित ग्रंथ में उद्धृत किए गए हैं। यहीं पर अकबर बादशाह की जीवनी भी ली गई है। यद्यपि यह निबंध नहीं है लेकिन पराधीनता के प्रश्न को यहाँ जिस रूप में चित्रित किया गया है वह महत्वपूर्ण है। इन निबंधों में उनका युग बोलता है। उस समय के अलग-अलग सरोकार वहाँ धड़कन बनकर धड़कते हैं।

संकलित रचनाओं का क्रम महत्त्व के आधार पर रखा गया है। इस दृष्टि से शिवशंभु के चिट्ठे सबसे महत्त्वपूर्ण हैं। लार्ड कर्जन, अंग्रेज़ी साम्राज्यवाद का दंभपूर्ण चेहरा है। शिवशंभु के चिट्ठे जन प्रतिनिधि द्वारा लोकतांत्रिक देश के साम्राज्यवादी चेहरे को बेनकाब करने का प्रयत्न हैं। शिवशंभु की कोई हैसियत नहीं फिर भी उसकी हस्ती सबसे बड़ी है क्योंकि वह अपने देश की मिट्टी से प्रेम करता है। 'वैसराय का कर्त्तव्य' में शिवशंभु अपने देश के प्रति अपनी अटूट प्रतिबद्धता के विषय में लिखता है, ''...वह इस देश की प्रजा का, यहाँ के चिथड़ा-पोश कंगालों का प्रतिनिधि होने का दावा रखता है! क्योंकि उसने इस भूमि में जन्म लिया है। उसका शरीर भारत की मट्टी से बना है और उसी मट्टी में अपने शरीर की मट्टी को एक दिन मिला देने का इरादा रखता है। बचपन में इसी देश की धूल में लोट कर बड़ा हुआ, इसी भूमि के अन्न-जल से उसकी प्राणरक्षा होती है।''

लार्ड कर्जन के प्रति उसके उद्‌गार कर्जन की दायित्वहीनता का परिणाम हैं। विक्टोरिया मेमोरियल के निर्माण या दिल्ली दरबार सजाने को वह वाइसराय का कर्त्तव्य नहीं मानता। वह पूछता है, 'यह शो है या ड्यूटी?' वह उन्हें बार-बार याद

दिलाता है कि यदि आप भारतवासियों का दिल जीत सकें तब आपकी इस देश में कोई प्रतिष्ठा है। कर्जन के विरुद्ध वे लार्ड रिपन और लार्ड केनिंग की सराहना करते हैं। महारानी विक्टोरिया के 1858 के घोषणा पत्र का सम्मान करते हैं और चाहते हैं कि लार्ड कर्जन भी उसी मानवीयता का परिचय दें जिससे भारतीयों के मन में उनके लिए जगह बने।

लार्ड कर्जन के कार्यों की समीक्षा करते हुए गुप्त जी उपनिवेशवादी व्यवस्था में उभरने वाले नस्लवाद की दुखती रग पर भी हाथ रखते हैं। कर्जन ने सिविल सर्विस परीक्षाओं में भारतीयों के प्रवेश का निषेध किया और उनके लिए उच्च शिक्षा के मार्ग अवरुद्ध किए। इसका कारण केवल राजनीतिक पराधीनता ही नहीं बल्कि उसके पीछे कहीं अपनी श्रेष्ठता सिद्ध करने की भावना भी है। अपने कृत्यों या भाषणों में कर्जन का भारतीय जनता को संबोधन उपेक्षापरक ही नहीं अपमानजनक है। उसने बार-बार कहा कि 'भारतवासी बहुत से काम करने योग्य नहीं हैं' या फिर 'हिंदुस्तानी अंग्रेज़ों का मुकाबिला नहीं कर सकते'—इन वक्तृताओं के लिए गुप्त जी कर्जन को आड़े हाथों लेते हैं। वे उसके दंभ पर प्रहार करते हुए उसे उसकी सही जगह दिखाते हुए लिखते हैं कि इस देश का हित चाहने वाले, उसका सम्मान करने वाले—विक्रम, अशोक, अकबर जैसे बादशाह हों या औरंगज़ेब और नादिरशाह जैसे लुटेरे कोई भी इस भूमि को साथ नहीं ले जा सका तब आप जैसों के लिए भी यह संभव न होगा। इसलिए आपका सारा अभिमान वृथा है। राजनीतिक पराधीनता के उस समय में जब सबके मुँह सिले हुए थे; राजा-महाराजा अंग्रेज़ों के अनुगत हो रहे थे; बहुत से भारतवासी व्यवस्था-तंत्र का हिस्सा बनकर काम कर रहे थे तब बालमुकुन्द गुप्त की स्वतंत्र अभिव्यक्ति देश की स्वाभिमान-रक्षा के लिए उठने वाली आवाज़ है।

गुप्त जी ने अंग्रेज़ों की ही खबर नहीं ली भारतवासियों की चुप्पी और सहनशीलता को भी अपने व्यंग्य का केंद्र बनाया है। भारतीय जनता की विवशता केवल राजनीतिक दासता का परिणाम नहीं है हिंदुस्तानियों की संघर्षभीरुता भी उसका बहुत बड़ा कारण है। गुप्त जी ने 'श्रीमान का स्वागत' निबंध में लिखा—"कोई दिखाने वाला चाहिए, भारतवासी देखने को सदा प्रस्तुत हैं। इस गुण में वह मोंछ मरोड़कर कह सकते हैं कि संसार में कोई उनका सानी नहीं।" भारतवासी जिस भी शासन व्यवस्था के अधीन रहे कभी उसके विरुद्ध आवाज़ उठाने का साहस नहीं किया। कष्टों को झेलते हुए भी राजा को दोषी नहीं ठहराया अपने कर्मों का दोष मानकर सब स्वीकार कर लिया। 'आशा का अंत' निबंध में गुप्त जी अपनी चिर

परिचित शैली में कर्जन पर यहाँ के जलवायु और नमक के असर की बात करते हैं कि इस देश की जलवायु और नमक ही ऐसा है कि जो भी जहाँ का खाता है वहीं की निंदा करता है और अपनी शेखी मारता है। कर्जन की ताकत और अंग्रेज़ियत का अभिमान जनता के कर्मवाद एवं संघर्ष के अभाव से प्रेरित है। गुप्त जी अपनी वाणी से वह चिंगारी सुलगाने की कोशिश कर रहे थे जो आगे चलकर पूर्ण स्वराज्य की माँग का आधार बनी। बहरहाल, यह स्वीकार करना पड़ेगा कि गुप्त जी का लेखन अपने तल्ख़ तेवर के बावजूद साम्राज्यवादी व्यवस्था पर प्रहार नहीं करता। उनके सारे आक्रोश का केंद्र लार्ड कर्जन ही है। 'आशा का अंत' निबंध में उन्होंने लिखा—"पराधीनता की सबके जी में बड़ी भारी चोट होती है। पर महारानी विक्टोरिया के सदय बरताव ने यहाँ के लोगों के जी से वह दुःख भुला दिया था। इस देश के लोग सदा उनको माता तुल्य समझते रहे, अब उनके पुत्र महाराज एडवर्ड पर भी इस देशके लोगों की वैसी ही भक्ति है। किंतु आप उन्हीं सम्राट एडवर्ड के प्रतिनिधि होकर इस देश की प्रजा के अत्यंत अप्रिय बने हैं। यह इस देश के बड़े ही दुर्भाग्य की बात है।"

बालमुकुन्द गुप्त के लिए किसी भी राजनीतिक व्यवस्था में सबसे महत्त्वपूर्ण प्रश्न शासक और प्रजा के संबंधों का है। उनके निबंधों में अनेक प्रसंग बिखरे पड़े हैं जहाँ राजतंत्र में भी राजा और प्रजा मिलकर होली खेलते हैं। शाइस्ताखाँ के नवाबी शासन में भी कर वसूलने वाले राजा को जनता के जीवन-संघर्ष की चिंता है। गुप्त जी अकबर बादशाह का जीवन चरित लिखते हुए विस्तार से बताते हैं कि भोजन सामग्री कितने दाम में मिलती थी। ये विवरण उनकी चिंता के प्रतीक हैं कि किस तरह अंग्रेज़ी साम्राज्यवाद का शोषण दोहरी मार मार रहा है। ऊँचे कर, महँगाई, जनता की बदहाली का ज़हर। कर्जन के समय में ही फूट डालकर सत्ता कायम रखने की राजनीति शुरू हुई। बंगाल का विभाजन इस नीति का प्रमाण है। इस विभाजन से सांप्रदायिक अलगाववाद की राजनीति तो मज़बूत हुई लेकिन आम जनता के बीच इसका विपरीत प्रभाव पड़ा। बंगाल का विभाजन देश की एकजुटता, राष्ट्रवाद की भावना का स्रोत बन गया। इसके विरोध में जो प्रदर्शन हुए उनसे स्वाधीनता आंदोलन को एक नई गति मिली। गुप्त जी ने लिखा—"यह बंग विच्छेद बंग का विच्छेद नहीं है बंग निवासी इससे विच्छिन्न नहीं हुए, वरंच और युक्त हो गए।"

प्रस्तुत संकलन में यद्यपि सभी चिट्ठे और खत नहीं लिए गए हैं फिर भी यह प्रयत्न रहा है कि कोई भी ऐसी रचना न छूटे जिससे बालमुकुन्द गुप्त की

वैचारिक पृष्ठभूमि का अंदाज़ा लगता है। 1907 में उनकी मृत्यु के बाद प्रकाशित 'चिट्ठे और खत' में से भी यहाँ कुछ रचनाएँ ली गई हैं। इनमें कुछ राजनीतिक निबंधों के अतिरिक्त सामाजिक विषयों से जुड़े निबंध भी हैं जिनमें—'मनुष्य गणना', 'मेले का ऊँट', उल्लेखनीय हैं। 'मनुष्य गणना' में अंग्रेज़ों के समय हुए सेन्सस का हवाला है जिसमें हिजड़ों की गणना भी मर्दों के रूप में की जानी थी। इस विचार से शिवशंभु शर्मा के मन में यह बात पैदा हुई कि राजनीतिक पराधीनता स्वीकार करने वाले, हथियार न उठाने वाले और अंग्रेज़ों द्वारा रायबहादुर खिताब पाकर स्वयं को सम्मानित समझने वाले समझौतापरस्त मर्दों और हिजड़ों में कोई अंतर नहीं। सामाजिक-सांस्कृतिक दृष्टि से गुप्त जी की नाराज़ी का केंद्र उस समय कलकत्ते में बसने वाला वह मारवाड़ी समाज भी है जो अंग्रेज़ी सभ्यता की चकाचौंध में अपने अतीत और अपनी संस्कृति को भुला रहा है। इस दृष्टि से 'मेले का ऊँट' महत्त्वपूर्ण निबंध है। उसमें गुप्त जी के लेखन का एक अलग आस्वाद है। इनके अतिरिक्त 'लार्ड मिंटो का स्वागत', 'शाइस्ताखाँ का खत', 'सर सय्यद अहमद का खत', 'आशीर्वाद' से तत्कालीन राजनीति के संदर्भों का खुलासा होता है। 'आशीर्वाद' निबंध में गुप्त जी ने स्वाधीनता आंदोलन में उन जेल जाने वालों पर गर्व अभिव्यक्त किया है जिन्होंने जेल की प्रतिष्ठा बढ़ाई और देश के लिए मर-मिटने का जज़्बा पैदा किया।

शिवशंभु के चिट्ठों की ख्याति का आधार केवल उसकी विषयवस्तु ही नहीं है बल्कि उसकी प्रस्तुति एवं विशिष्ट कथन भंगिमा उसकी असली ताकत है। गुप्त जी ने व्यंग्य का प्रयोग एक अस्त्र की तरह किया। उनके व्यंग्य में असहायता का उद्घोष नहीं, सकर्मक चेतना है। व्यंग्य का एक खास तेवर उनकी कविताओं में भी मिलता है। गुप्त जी अपनी कविताओं को तुकबंदी ही मानते थे लेकिन बालमुकुन्द गुप्त की विशिष्टता को प्रतिष्ठित करने में उनकी सार्थकता भी निर्विवाद है।

गुप्त जी ने साधारण बोलचाल की भाषा अपनाई जिसमें हिंदी-उर्दू के शब्दों का एक साथ निराग्रह भाव से प्रयोग किया गया। इस भाषा में खुलापन और लचक थी। उसमें संस्कृत निष्ठ हिंदी और अरबी शब्दों से भरी उर्दू दोनों से बचने की कोशिश रही। उनकी भाषा, व्याजस्तुति की सिद्धि; लक्षणा-व्यंजना की शक्ति; तथा अनूठे प्रतीकों द्वारा गढ़ी गई बेमिसाल भाषा का उदाहरण है।

जितने ओज और उत्साह के साथ बालमुकुन्द गुप्त अपने समय के राजनीतिक सवालों पर लिखते हैं उतने ही जोश से भाषा के मसले पर भी विचार करते हैं।

गुप्त जी के भाषा संबंधी विचार स्वतंत्र एवं मौलिक हैं। वे भाषा के मसले को लिपि से जोड़कर देखते हैं और तर्क देते हैं कि जब यूरोप के अलग-अलग देशों की भाषा की लिपि एक हो सकती है तब भारत जैसे बहुभाषी देश के लिए आदर्श स्थिति यही होगी कि सभी भारतीय भाषाएँ एक लिपि में लिखी जाएँ और उसके लिए देवनागरी को उपयुक्त बताते हैं क्योंकि कुछ तो वह अन्य भारतीय लिपियों से मेल खाती है तथा दूसरे फ़ारसी की अपेक्षा सरल एवं वैज्ञानिक है।

गुप्त जी ने हिंदी भाषा के संबंध में कुछ बहुत महत्त्वपूर्ण स्थापनाएँ भी सामने रखीं जैसे कि—हिंदी भाषा की जन्मभूमि दिल्ली है। वह ब्रजभाषा से उत्पन्न हुई है। उसका जन्मकाल शाहजहाँ का समय है। उस समय ब्रजभाषा पूरे भारत की भाषा थी और ब्रजभाषा में फारसी, अरबी, तुर्की आदि भाषाओं के मिलने से हिंदी का आविर्भाव हुआ। हिंदी और उर्दू भी मूलतः दो भाषाएँ न होकर एक ही भाषा है जो दो अलग-अलग लिपियों में लिखी जाती है। 'हिंदी भाषा की भूमिका', 'भारत की भाषा', 'एक लिपि की ज़रूरत' आदि निबंधों में उनके उक्त विचार उभरते हैं। ये सभी स्थापनाएँ विवादास्पद हैं। इनके पीछे भाषा के ऐतिहासिक विकास की समझ या कोई भाषा वैज्ञानिक आधार नहीं है, फिर भी इनकी प्रासंगिकता इस बात में है कि इनके माध्यम से उस समय की भाषा समस्या का साक्षात्कार करने का अवसर मिलता है। तद्‌युगीन रचनाकारों में भाषा के स्वरूप को लेकर जो बेचैनी थी वह इस विमर्श में दिखाई पड़ती है।

आचार्य महावीर प्रसाद द्विवेदी से भाषा और व्याकरण संबंधी उनका लंबा विवाद चला। द्विवेदी जी ने 'भाषा और व्याकरण' शीर्षक से एक निबंध लिखा जिसमें अन्य लेखकों की भाषा संबंधी त्रुटियों का उल्लेख किया गया। उसी निबंध में उन्होंने 'अनस्थिरता' शब्द का प्रयोग किया जिसके उत्तर स्वरूप गुप्त जी ने आत्माराम के नाम से दस से अधिक लेख लिखे। यह सारा विवाद एक शब्द पर केंद्रित था और लगभग व्यक्तिगत जिरह की तरह उभरा। इससे उसमें गतिशीलता का अभाव रहा जो गुप्त जी के चिंतन की सीमा ही दर्शाता है लेकिन उससे इतना अवश्य सिद्ध होता है कि दोनों सुधी आलोचकों में भाषा के व्याकरण को लेकर चिंता थी और दोनों अपने-अपने ढंग से भाषा को एक व्यवस्था देना चाहते थे यद्यपि दोनों का भाषागत आदर्श एक-दूसरे से बिल्कुल भिन्न था। गुप्त जीं की दृष्टि में भारतेंदु की भाषा का व्यावहारिक स्वरूप अधिक महत्त्वपूर्ण था। उनके भाषा संबंधी चिंतन का मेरुदंड भाषा की व्यावहारिक उपादेयता है। उन्होंने भाषा की अंतरप्रांतीयता और लिपि की एकसूत्रता पर बल दिया। अपना मत स्पष्ट करते हुए उन्होंने

लिखा–"हमारे लिए इस समय वही हिंदी अधिक उपकारी है, जो हिंदी बोलने वाले तो समझ ही सकें, उनके सिवा उन प्रांतों के लोग भी उसे कुछ न कुछ समझ सकें, जिनमें वह नहीं बोली जाती। हिंदी में संस्कृत के सरल-सरल शब्द अवश्य अधिक होने चाहिए, इससे हमारी मूल भाषा संस्कृत का उपकार होगा और गुजराती, बंगाली, मराठे आदि भी हमारी भाषा को समझने के योग्य होंगे। किसी देश की भाषा उस समय तक काम की नहीं होती, जब तक उसमें उस देश की मूल भाषा के शब्द बहुतायत के साथ शामिल नहीं होते।"

उस युग के भाषा संबंधी विवाद का एक अन्य पक्ष उसकी धर्मावलंबता की वकालत भी है यानी हिंदी हिंदुओं की भाषा है और उर्दू मुसलमानों की। भारतेंदु युग के अन्य रचनाकारों की तरह बालमुकुन्द गुप्त भी इस अंतर्विरोध से पूरी तरह मुक्त नहीं हैं। यद्यपि वे स्वीकार करते हैं कि भाषा को धर्म से जोड़कर नहीं देखा जाना चाहिए तथापि 'मुसलमानी नाराज़ी' 'उलटे अक्षर' 'ब्रजभाषा और उर्दू' जैसे निबंधों में वे मुसलमानों से आग्रह करते हैं कि वे उलटे अक्षर (दाईं से बाईं ओर लिखी जाने के कारण) त्यागकर देवनागरी लिपि अपनाएँ क्योंकि उस समय देवनागरी ही 'बहुजन' की लिपि बन चुकी थी। नागरी के प्रचार के लिए अनेक सभाएँ काम कर रही थीं तथा 'हिंदी, हिंदू, हिंदुस्तान' की जो लहर उठी थी उसका विरोध अंग्रेज़ी शासन के साथ-साथ उस मुस्लिम नेतृत्व से भी था जो अंग्रेज़ों से हाथ मिलाकर अपने लिए कुछ रियायतें हासिल करने में व्यस्त था। गुप्त जी का हिंदी और उर्दू दोनों पर समान अधिकार था लेकिन धीरे-धीरे वे हिंदी की ओर झुकते गए।

आलोचना के क्षेत्र में भी गुप्त जी ने नींव डालने का दायित्व निभाया। उन्होंने किशोरीलाल गोस्वामी के उपन्यास 'तारा', ज्योतिरिन्द्रनाथ ठाकुर कृत नाटक 'अश्रुमती' तथा हरिऔध की रचना 'अधखिला फूल' की महत्त्वपूर्ण आलोचनाएँ प्रस्तुत कीं। इन आलोचनाओं में गुप्त जी की आलोचना का मानदंड नैतिकता है। साहित्य में वह सब वर्जित होना चाहिए जो मर्यादापूर्ण आचरण के विरुद्ध है। 'अश्रुमती' की आलोचना करते हुए उन्होंने लिखा–"इस अश्रुमति में चाहे जाने हो, चाहे बेजाने, हिंदू धर्म पर बड़ा भारी आक्रमण किया गया है, राजपूत कुल में कलंक लगाया गया है।" आलोचना का यह रूप प्रभावात्मक एवं निर्णयात्मक है। फिर भी इसे पढ़कर स्वयं लेखक ने उन्हें पत्र लिखा था–"I admit the justice of your criticism of my drama 'Ashrumati' and fully apprcciate the spirit in which it was conceived" (बालमुकुन्द गुप्त स्मारक ग्रंथ, पृ. 113) गुप्त जी की आलोचना का संबंध मुख्यतः उनके विशिष्ट आग्रहों से ही अधिक है। कभी-कभी वे रचना के

बाह्य विधान या भाषा पर ही अटक कर रह जाते हैं (जैसे 'अधखिला फूल' की आलोचना में देखने को मिलता है) रचना के मर्म तक नहीं पहुँच पाते।

गुप्त जी के रचना पक्ष की तुलना में उनका वैचारिक पक्ष ज्यादा दमदार है। जैसे उनका भाषा संबंधी चिंतन अपने समय से आगे बढ़कर भाषा की अंतर-प्रांतीयता में राष्ट्रभाषा के स्वरूप की खोज करता है उसी तरह 'आलोचना' के स्वरूप के संबंध में गुप्त जी की टिप्पणियाँ उनकी व्यावहारिक आलोचना से अधिक महत्त्वपूर्ण हैं। उनका समय आलोचना का आरंभिक समय था, उसके विषय में उन्होंने लिखा, ''आलोचना की रीति अभी हिंदी में भली-भाँति जारी नहीं हुई है और न लोग उसकी आवश्यकता ही को ठीक-ठीक समझे हैं। इससे बहुत लोग आलोचना देखकर घबरा जाते हैं और बहुतों को वह बहुत ही अप्रिय लगती है।''

हिंदी में आलोचना का विकास साहित्यिक वाद-विवादों के माध्यम से ही हुआ। इसीलिए उसे स्वीकार करके ही आगे बढ़ा जा सकता था। आलोचक में भी निष्पक्षता और धैर्य होना चाहिए। उन्होंने स्पष्ट किया कि ''आलोचक में केवल दूसरों की आलोचना करने का साहस ही न होना चाहिए वरंच अपनी आलोचना दूसरों से सुनने और उसकी तीव्रता सहने की हिम्मत भी होनी चाहिए।''

बालमुकुन्द गुप्त की एक और बड़ी सिद्धि उनकी इतिहास दृष्टि है जो उनके द्वारा लिखे जीवन चरितों एवं समाचार पत्रों के इतिहास में साफ झलकती है। उन्होंने प्रतापनारायण मिश्र, अम्बिकादत्त व्यास, पं. देवी सहाय, पं. माधवप्रसाद मिश्र जैसे विद्वानों पर लिखा जिन्होंने हिंदी भाषा और देवनागरी लिपि के उत्थान के लिए काम किया। ये आरंभिक जीवन चरित भावपूर्ण दृष्टि से लिखे गए जबकि हरबर्ट स्पेन्सर, मैक्समूलर, अकबर, शाइस्ताखाँ आदि के जीवन चरित उनकी गवेषणात्मक दृष्टि के परिचायक हैं। गुप्त जी ने हरबर्ट स्पेन्सर तथा मैक्समूलर जैसे विश्वविख्यात रचनात्मक व्यक्तित्वों पर इसलिए लिखा क्योंकि उन्होंने भारतीय साहित्य की महत्ता को समझा और उसे गरिमामय प्रतिष्ठा दी। वे इन महान् व्यक्तियों की उपलब्धियों एवं उनके संघर्षमय क्षणों का बखान करते हैं। अकबर पर लिखते हुए अंग्रेज़ व्यापारी फिश के सफरनामे और एलिज़ाबेथ के पत्र का हवाला दिया गया है जिससे अकबर के शासन में विश्व-व्यापार के अलग आयाम सामने आते हैं। भारत और इंग्लैंड के बीच व्यापार के उस शुरुआती दौर में रानी एलिज़ाबेथ बादशाह अकबर को पत्र लिखकर अनुरोध करती हैं कि वे अंग्रेज़ व्यापारियों पर भरोसा करें समय आने पर वे स्वयं भी भारतीयों के प्रति ऐसी ही नीति अपनाएँगी। इस सबके बीच जो सवाल गुप्त जी के मन को घेरे रहता है वह यह कि समय कैसे बदल गया है—''उस

समय विलायत की रानी ने भारत के बादशाह से अपने कई आदमियों को सुखपूर्वक दरबार में रखने की प्रार्थना की थी। आज वही अंग्रेज़ इस मुल्क के मालिक और हर्ता-कर्त्ता हैं।" गुप्त जी की यह टिप्पणी उपनिवेशवादी राजनीतिक प्रक्रिया की पहचान कराती है। बाज़ार और व्यापार से लैस आज के उत्तर आधुनिक समय में इस चरितमूलक निबंध की एक अलग अर्थवत्ता है। इससे उभरने वाले राजनीतिक संकेत को नज़रअंदाज नहीं किया जा सकता।

गुप्त जी ने पत्रों का जो इतिहास लिखा उसमें हिंदी-उर्दू पत्रकारिता के विकास का शायद पहला लिखित ब्यौरा है। उसकी महत्ता इस बात में है कि उसमें विभिन्न पत्रों की नीतियों का खुलासा करते हुए धन अर्जित करने के उद्देश्य से निकलने वाले अखबारों की भर्त्सना भी की गई। पत्रों का इतिहास निबंधात्मक न होने के कारण इस संकलन की परिधि में भले ही शामिल नहीं किया जा सका लेकिन अपने लेखन-संपादन के साथ-साथ इस इतिहास के माध्यम से बालमुकुन्द गुप्त ने भारत में स्वतंत्र पत्रकारिता के मूल्य स्थापित किए। वे उन चुने हुए पत्रकारों में से थे जिन्हें लार्ड कर्जन के दिल्ली दरबार में अंग्रेज़ पत्रकारों के साथ आमंत्रित किया गया था। पत्रकार और साहित्यकार के रूप में बालमुकुन्द गुप्त ने अपने सिद्धांतों से कभी समझौता नहीं किया। यही उनका मान और प्रतिष्ठा है जिसने उन्हें हिंदी साहित्यधारा का अमर वाहक बना दिया।

इस पुस्तक के विषय में कुछ और स्पष्टीकरण देने भी आवश्यक हैं। 'बालमुकुन्द गुप्त निबन्धावली', 'बालमुकुन्द गुप्त स्मारक ग्रन्थ','चिट्ठे और ख़त' जैसे जो भी संकलन सामने आये उनमें परसर्ग मूल शब्दों के साथ जोड़कर लिखे गये हैं। सम्भवतः उस समय की रीति के अनुसार गुप्त जी भी ऐसे ही लिखते रहे होंगे। ऐसा करने में कुछ संकट भी पैदा हुए जैसे कहीं-कहीं परसर्ग के साथ-साथ क्रियारूप भी जुड़ा हुआ है। उस पुरानी हिन्दी के स्वरूप को आज के पाठ को के लिए सुपाठ्य बनाने के उद्देश्य से उसे ज्यों का त्यों रखने का मोह छोड़ना पड़ा और उसे आज ही की शैली में प्रस्तुत किया जा रहा है।

दूसरी समस्या शब्दों की वर्तनी को लेकर हुई। कहीं-कहीं वर्तनी में बहुत ही लचीलापन दिखाई पड़ता है। एक ही शब्द के एक से अधिक रूप एक साथ प्रयुक्त हुए हैं। इसका सबसे विलक्षण उदाहरण 'वाइसराय' शब्द है जिसे कहीं 'वाइसराय', कहीं 'वायसराय' और कहीं 'वैसराय' लिखा गया है। हिन्दुस्तान शब्द के साथ ऐसा ही हुआ—हिन्दोस्तां, हिंदुस्थान आदि अनेक प्रयोग मिलते हैं। कुछ अन्य शब्दों में भी उनकी वर्तनी को उसी रूप में पढ़ना एक अलग अनुभव देता

है जैसे वे पृथ्वी लिखते हुए 'पृथिवी' लिखते हैं, फिरंगी को 'फरंगी', अंग्रेज़ को अंगरेज आदि। इस पुस्तक में जो जैसा था वैसे ही ग्रहण कर लिया गया है। किसी प्रकार की आरोपित एकरूपता लाने की कोशिश नहीं की गई क्योंकि प्रयोग के इन अंतरों को समझना भाषा की परिपक्व होने की प्रक्रिया को समझना है जो अपने आप में उस युग के साहित्य के लिए बहुत बड़ी चुनौती बना रहा।

इनके अतिरिक्त निबंधों की प्रकाशन तिथियों में भी कोई एकरूपता लक्षित नहीं होगी, कारण जिन रचनाओं की तिथि ज्ञात हो सकी वहाँ तिथियाँ दी गई हैं, जहाँ केवल प्रकाशन वर्ष ज्ञात हुआ वहाँ उसका यथास्थान उल्लेख कर दिया गया है।

इन सभी संशयों में डूबते-उबरते ही इस संकलन का सामग्री संचयन हुआ। जिन पुस्तकालयों से मुझे इस कार्य में सहायता मिली उनके प्रति मैं हृदयगत आभार व्यक्त करना चाहती हूँ विशेषतः नई दिल्ली स्थित 'हिन्दी भवन पुस्तकालय' तथा तीनमूर्ति भवन में स्थापित 'नेहरू स्मारक पुस्तकालय' एवं वाराणसी स्थित 'आर्य -भाषा पुस्तकालय'। साहित्य के जिन मर्मज्ञ आलोचकों एवं साहित्यकारों ने इस कार्य को सम्पन्न करने में मेरा दिशानिर्देश किया उन सभी को धन्यवाद। यह संग्रह मेरे लिए उस युग के साहित्य संस्कार को समझने की यात्रा बना है। आशा है पाठक भी इसे इसी रूप में ग्रहण करेंगे।

–रेखा सेठी

अनुक्रम

आलोचना

परिशिष्ट

सत्ता-विमर्श

श्रीमान् का स्वागत

जो अटल है, वह टल नहीं सकती। जो होनहार है, वह होकर रहती है। इसी से फिर दो वर्ष के लिए भारत के वायसराय और गवर्नर जनरल होकर लार्ड कर्जन आते हैं। बहुत से विघ्नों को हटाते और बाधाओं को भगाते फिर एक बार भारतभूमि में आपका पदार्पण होता है। इस शुभयात्रा के लिए वह गत नवंबर को सम्राट् एडवर्ड से भी विदा ले चुके हैं। दर्शन में अब अधिक विलंब नहीं है।

इस समय भारतवासी यह सोच रहे हैं कि आप क्यों आते हैं और आप यह जानते भी हैं कि आप क्यों आते हैं। यदि भारतवासियों का वश चलता तो आपको न आने देते और आपका वश चलता तो और भी कई सप्ताह पहले आ विराजते! पर दोनों ओर की बाग किसी और ही के हाथ में हैं। निरे बेबश भारतवासियों का कुछ बश नहीं है और बहुत बातों पर बश रखनेवाले लार्ड कर्जन को भी बहुत बातों में बेबश होना पड़ता है। इसी से भारतवासियों को लार्ड कर्जन का आना देखना पड़ता है और उक्त श्रीमान् को अपने चलने में विलम्ब देखना पड़ा। कवि कहता है–

"जो कुछ खुदा दिखाए, सो लाचार देखना।"

अभी भारतवासियों को बहुत कुछ देखना है और लार्ड कर्जन को भी बहुत कुछ। श्रीमान् के नये शासन काल के यह दो वर्ष निस्संदेह देखने की वस्तु होंगे। अभी से भारतवासियों की दृष्टियाँ सिमटकर उस ओर जा पड़ी हैं। यह जबरदस्त द्रष्टा लोग अब बहुत काल से केवल निर्लिप्त निराकार तटस्थ द्रष्टा की अवस्था में अतृप्त लोचन से देख रहे हैं और न जाने कब तक देखे जावेंगे। अथक ऐसे हैं कि कितने ही तमाशे देख गए, पर दृष्टि नहीं हटाते हैं। उन्होंने पृथिवीराज, जयचंद की तबाही देखी, मुसलमानों की बादशाही देखी। अकबर, बीरबल, खानखाना

और तानसेन देखे, शाहजहानी तख़्तताऊस और शाही जुलूस देखे। फिर वही तख़्त नादिर को उठाकर ले जाते देखा। शिवाजी और औरंगजेब देखे, क्लाइव हेस्टिंग्स् से वीर अंगरेज देखे। देखते-देखते बड़े शौक से लार्ड कर्जन का हाथियों का जुलूस और दिल्ली-दरबार देखा। अब गोरे पहलवान मिस्टर सेण्डो की छाती पर कितने ही मन बोझ उठाना देखने को टूटे पड़ते हैं। कोई दिखाने वाला चाहिए भारतवासी देखने को सदा प्रस्तुत हैं। इस गुण में वह मोंछ मरोड़कर कह सकते हैं कि संसार में कोई उनका सानी नहीं। लार्ड कर्जन भी अपनी शासित प्रजा का यह गुण जान गये थे, इसी से श्रीमान् ने लीलामय रूप धारण करके कितनी ही लीलाएँ दिखाईं।

इसी से लोग बहुत कुछ सोच विचार कर रहे हैं कि इन दो वर्षों में भारत प्रभु लार्ड कर्जन और क्या क्या करेंगे। पिछले पाँच साल से अधिक समय में श्रीमान् ने जो कुछ किया, उसमें भारतवासी इतना समझने लगे हैं कि श्रीमान् की रुचि कैसी है और कितनी बातों को पसंद करते हैं। यदि वह चाहें तो फिर हाथियों का एक बड़ा भारी जुलूस निकलवा सकते हैं। पर उसकी वैसी कुछ जरूरत नहीं जान पड़ती। क्योंकि जो जुलूस वह दिल्ली में निकलवा चुके हैं, उसमें सबसे ऊँचे हाथी पर बैठ चुके हैं, उससे ऊँचा हाथी यदि सारी पृथिवी में नहीं तो भारतवर्ष में तो और नहीं है। इसी से फिर किसी हाथी पर बैठने का श्रीमान् को और क्या चाव हो सकता है? उससे ऊँचा हाथी और नहीं है। ऐरावत का केवल नाम है, देखा किसी ने नहीं है। मेमथ की हड्डियाँ किसी-किसी अजायबखाने में उसी भाँति आश्चर्य की दृष्टि से देखी जाती हैं, जैसे श्रीमान् के स्वदेश के अजायबखाने में कोई छोटा मोटा हाथी। बहुत लोग कह सकते हैं कि हाथी की छोटाई बड़ाई पर बात नहीं, जुलूस निकले तो फिर भी निकल सकता है। दिल्ली नहीं तो कहीं और सही। क्योंकि दिल्ली में आतशबाजी खूब चल चुकी थी, कलकत्ते में फिर चलाई गई। दिल्ली में हाथियों की सवारी हो चुकने पर भी कलकत्ते में रोशनी और घोड़ागाड़ी का तार जमा था। कुछ लोग कहते हैं कि जिस काम को लार्ड कर्जन पकड़ते हैं, पूरा करके छोड़ते हैं। दिल्ली दरबार में कुछ बातों की कसर रह गई थी। उदयपुर के महाराणा न तो हाथियों के जुलूस में साथ चल सके न दरबार में हाजिर होकर सलामी देने का मौका उनको मिला। इसी प्रकार बड़ौदा नरेश हाथियों के जुलूस में शामिल न थे। वह दरबार में भी आए तो बड़ी सीधी सादी पोशाक में। इतनी सीधी सादी में जितनी से आज कलकत्ते में फिरते हैं। वह ऐसा तुमतराक और ठाठ-बाठ का समय था कि स्वयं श्रीमान् वैसराय को पतलून तक कारचोबी की पहनना और राजा महाराजों को काठ की तथा ड्यूक आफ कनाट को चांदी की

कुरसी पर बिठा कर स्वयं सोने के सिंहासन पर बैठाना पड़ा था। उस मौके पर बड़ौदा नरेश का इतनी सफाई और सादगी से निकल जाना एक नई आन थी। इसके सिवा उन्होंने झुक के सलाम नहीं किया था, बड़ी सादगी से हाथ मिलाकर चल दिए थे। यह कई एक कसरें ऐसी हैं, जिनके मिटाने को फिर दरबार हो सकता है। फिर हाथियों का जुलूस निकल सकता है।

इन लोगों के विचार में कलाम नहीं। पर समय कम है, काम बहुत होंगे। इसके सिवा कई राजा महाराजा पहले दरबार ही में खर्च से इतने दब चुके हैं कि श्रीमान् लार्ड कर्जन के बाद यदि दो वैसराय और आवें और पाँच-पाँच की जगह सात-सात साल तक शासन करें, तब तक भी उनका सिर उठाना कठिन है। इससे दरबार या हाथियों के जुलूस की फिर आशा रखना व्यर्थ है। पर सुना है कि अब के विद्या का उद्धार श्रीमान् जरूर करेंगे। उपकार का बदला देना महत् पुरुषों का काम है। विद्या ने आपको धनी किया है, इससे आप विद्या को धनी किया चाहते हैं। इसी से कंगालों से छीनकर आप धनियों को विद्या देना चाहते हैं। इससे विद्या का वह कष्ट मिट जावेगा जो उसे कंगाल को धनी बनाने में होता है। नींव पड़ चुकी है, नमूना कायम होने में देर नहीं। अब तक गरीब पढ़ते थे, इससे धनियों की निंदा होती थी कि वह पढ़ते नहीं। अब गरीब न पढ़ सकेंगे, इससे धनी पढ़ें न पढ़ें उनकी निंदा न होगी। इस तरह लार्ड कर्जन की कृपा उन्हें बेपढ़े भी शिक्षित कर देगी।

और कई काम हैं, कई कमीशनों के काम का फैसिला करना है, कितनी ही मिशनों की कारवाई का नतीजा देखना है। काबुल है, काश्मीर है, काबुल में रेल चल सकती है, काश्मीर में अंगरेजी बस्ती बस सकती है। चाय के प्रचार की भाँति मोटरगाड़ी के प्रचार की इस देश में बहुत जरूरत है। बंगदेश का पार्टीशन भी एक बहुत जरूरी काम है। सबसे जरूरी काम विक्टोरिया मिमोरियल हाल है। सन् 1858 ई. की घोषणा अब भारतवासियों को अधिक स्मरण रखने की जरूरत न पड़ेगी। श्रीमान् स्मृति मन्दिर बनवाकर स्वर्गीया महारानी विक्टोरिया का ऐसा स्मारक बनवा देंगे, जिसको देखते ही लोग जान जावेंगे कि महारानी वह थीं जिनका यह स्मारक है।

बहुत बातें हैं। सबको भारतवासी अपने छोटे दिमागों में नहीं ला सकते। कौन जानता है कि श्रीमान् लार्ड कर्जन के दिमाग में कैसे-कैसे आली खयाल भरे हुए हैं। आपने स्वयं फरमाया था कि बहुत बातों में हिंदुस्थानी अंगरेजों का मुकाबिला नहीं कर सकते। फिर लार्ड कर्जन तो इंग्लैंड के रत्न हैं। उनके दिमाग की बराबरी

कर गुस्ताखी करने की यहाँ के लोगों को यह बूढ़ा भंगड़ कभी सलाह नहीं दे सकता। श्रीमान् कैसे आली दिमाग शासक हैं, यह बात उनके उन लगातार कई व्याख्यानों से टपकी पड़ती है, जो श्रीमान् ने विलायत में दिए थे और जिन में विलायत वासियों को यह समझाने की चेष्टा की थी कि हिन्दुस्थान क्या वस्तु है? आपने साफ दिखा दिया था कि विलायतवासी यह नहीं समझ सकते कि हिंदुस्थान क्या है! हिंदुस्थान को श्रीमान् स्वयं ही समझे हैं। विलायत वाले समझते तो क्या समझते? विलायत में उतना बड़ा हाथी कहाँ जिस पर वह चंवर छत्र लगाकर चढ़े थे? फिर कैसे समझा सकते कि वह किस उच्च श्रेणी के शासक हैं? यदि कोई ऐसा उपाय निकल सकता, जिससे वह एक बार भारत को विलायत तक खींच ले जा सकते तो विलायत वालों को समझा सकते कि भारत क्या है और श्रीमान् का शासन क्या? आश्चर्य नहीं, भविष्य में ऐसा कुछ उपाय निकल आवे। क्योंकि विज्ञान अभी बहुत कुछ करेगा।

भारतवासी जरा भय न करें, उन्हें लार्ड कर्जन के शासन में कुछ करना न पड़ेगा। आनंद ही आनंद है। चैनसे भंग पियो और मौज उड़ाओ। नजीर खूब कह गया है–

कूंडी के नकारे पे खुतके का लगा डंका।
नित भंग पी के प्यारे दिन रात बजा डंका॥

पर एक प्याला इस बूढ़े ब्राह्मण को देना भूल न जाना।

['भारतमित्र' 26 नवंबर, 1904 ई.]

वैसराय का कर्तव्य

माई लार्ड! आपने इस देश में फिर पदार्पण किया, इससे यह भूमि कृतार्थ हुई। विद्वान बुद्धिमान और विचारशील पुरुषों के चरण जिस भूमि पर पड़ते हैं, वह तीर्थ बन जाती है। आपमें उक्त तीन गुणों के सिवा चौथा गुण राजशक्ति का है। अतः आपके श्रीचरण-स्पर्श से भारतभूमि तीर्थ से भी कुछ बढ़ कर बन गई। आप गत मंगलवार को फिर से भारत के राजसिंहासन पर सम्राट् के प्रतिनिधि बनकर विराजमान हुए। भगवान आपका मंगल करे और इस पतित देश के मंगल की इच्छा आपके हृदय में उत्पन्न करे।

बम्बई में पाँव रखते ही आपने अपने मन की कुछ बात कह डाली हैं। यद्यपि बम्बई की म्यूनिसिपलिटी ने वह बातें सुनने की इच्छा अपने अभिनंदन पत्र में प्रकाशित नहीं की थी, तथापि आपने बेपूछे ही कह डालीं। ठीक उसी प्रकार बिना बुलाये यह दीन भंगड़ ब्राह्मण शिवशंभु शर्म्मा तीसरी बार अपना चिट्ठा लेकर आपकी सेवा में उपस्थित है। इसे भी प्रजा का प्रतिनिधि होने का दावा है। इसी से यह राजप्रतिनिधि के सम्मुख प्रजा का कच्चाचिट्ठा सुनाने आया है। आप सुनिए न सुनिए, यह सुनाकर ही जावेगा।

अवश्य ही इस देश की प्रजा ने इस दीन ब्राह्मण को अपनी सभा में भुलाकर कभी अपने प्रतिनिधि होने का टीका नहीं किया और न कोई पट्टा लिख दिया है। आप जैसे बाजाबूता राजप्रतिनिधि हैं वैसा बाजाबूता शिवशंभु प्रजा का प्रतिनिधि नहीं है। आपको सम्राट् ने बुलाकर अपना वैसराय फिर से बनाया। विलायती गजट में खबर निकली। वही खबर तार द्वारा भारत में पहुँची। मार्ग में जगह-जगह स्वागत हुआ। बम्बई में स्वागत हुआ। कलकत्ते में कई बार गजट हुआ। रेल से उतरते और राजसिंहासन पर बैठते समय दो बार सलामी की तोपें सर हुईं। कितने ही राजा, नवाब, बेगम आपके दर्शनार्थ बंबई पहुँचे। बाजे बजते रहे, फौजें सलामी देती

रहीं। ऐसी एक भी सनद प्रजा-प्रतिनिधि होने की शिवशंभु के पास नहीं है। तथापि वह इस देश की प्रजा का, यहाँ के चिथड़ा-पोश कंगालों का प्रतिनिधि होने का दावा रखता है! क्योंकि उसने इस भूमि में जन्म लिया है। उसका शरीर भारत की मट्टी से बना है और उसी मट्टी में अपने शरीर की मट्टी को एक दिन मिला देने का इरादा रखता है। बचपन में इसी देश की धूल में लोट कर बड़ा हुआ, इसी भूमि के अन्न-जल से उसकी प्राणरक्षा होती है। इसी भूमि से कुछ आनंद हासिल करने को उसे भंग की चंद पत्तियाँ मिल जाती हैं। गाँव में उसका कोई झोंपड़ा नहीं है। जंगल में खेत नहीं है। एक पत्ती पर भी उसका अधिकार नहीं है। पर इस भूमि को छोड़कर उसका संसार में कहीं ठिकाना भी नहीं है। इस भूमि पर उसका जरा स्वत्व न होने पर भी इसे वह अपनी समझता है।

शिवशंभु को कोई नहीं जानता। जो जानते हैं, वह संसार में एकदम अनजान हैं उन्हें कोई जानकर भी जानना नहीं चाहता। जानने की चीज शिवशंभु के पास कुछ नहीं है। उसके कोई उपाधि नहीं, राजदरबार में उसकी पूछ नहीं। हाकिमों से हाथ मिलाने की उसकी हैसियत नहीं, उनकी हाँ में हाँ मिलाने की उसे ताव नहीं। वह एक कपर्दक-शून्य घमंडी ब्राह्मण है। हे राजप्रतिनिधि! क्या उसकी दो चार बातें सुनियेगा?

आपने बंबई में कहा है कि भारतभूमि को मैं किस्सा-कहानी की भूमि नहीं, कर्तव्यभूमि समझता हूँ। उसी कर्तव्य के पालन के लिए आपको ऐसे कठिन समय में भी दूसरी बार भारत में आना पड़ा! माई लार्ड! इस कर्तव्यभूमि को हम लोग कर्म्मभूमि कहते हैं। आप कर्तव्य-पालन करने आए हैं और हम कर्मों का भोग भोगने। आपके कर्तव्य-पालन की अवधि है, हमारे कर्म्मभोग की अवधि नहीं। आप कर्तव्य-पालन करके कुछ दिन पीछे चले जावेंगे। हमें कर्म्म के भोग भोगते-भोगते यहीं समाप्त होना होगा और न जाने फिर भी कब तक वह भोग समाप्त होगा। जब थोड़े दिन के लिए आपका इस भूमि से स्नेह है तो हम लोगों का कितना भारी स्नेह होना चाहिए, यह अनुमान कीजिए। क्योंकि हमारा इस भूमि से जीने-मरने का साथ है।

माई लार्ड! यद्यपि आपको इस बात का बड़ा अभिमान है कि अंगरेजों में आपकी भाँति भारतवर्ष के विषय में शासननीति समझनेवाला और शासन करनेवाला नहीं है। यह बात विलायत में भी आपने कई बार हेर-फेर लगाकर कही और इस बार बम्बई में उतरते ही फिर कही। आप इस देश में रहकर 72 महीने तक जिन बातों की नींव डालते रहे, अब उन्हें 24 मास या उससे कम में पूरा कर जाना

चाहते हैं। सरहदों पर फौलादी दीवार बना देना चाहते हैं। जिससे इस देश की भूमि को कोई बाहरी शत्रु उठाकर अपने घर में न ले जावे! अथवा जो शांति आपके कथनानुसार धीरे-धीरे यहाँ संचित हुई है, उसे इतना पक्का कर देना चाहते हैं कि आपके बाद जो वैसराय आपके राजसिंहासन पर बैठे उसे शौकीनी और खेल-तमाशे के सिवा दिन में और नाच, बाल या निद्रा के सिवा रात को कुछ करना न पड़ेगा। पर सच जानिए कि आपने इस देश को कुछ नहीं समझा, खाली समझने की शेखी में रहे और आशा नहीं कि इन अगले कई महीनों में भी कुछ समझें। किंतु इस देश ने आपको खूब समझ लिया और अधिक समझने की जरूरत नहीं रही। यद्यपि आप कहते हैं, कि यह कहानी का देश नहीं कर्तव्य का देश है, तथापि यहाँ की प्रजा ने समझ लिया है कि आपका कर्तव्य ही कहानी है। एक बड़ा सुंदर मेल हुआ था, अर्थात् आप बड़े घमंडी शासक हैं और यहाँ की प्रजा के लोग भी बड़े भारी घमंडी। पर कठिनाई इसी बात की है कि दोनों का घमंड दो तरह का है। आपको जिन बातों का घमंड है, उन पर यहाँ के लोग हँस पड़ते हैं। यहाँ के लोगों को जो घमंड है, उसे आप समझते नहीं और शायद समझेंगे भी नहीं।

जिन आडंबरों को करके आप अपने मन में बहुत प्रसन्न होते हैं या यह समझ बैठते हैं कि बड़ा कर्तव्य-पालन किया, वह इस देश की प्रजा की दृष्टि में कुछ भी नहीं है। वह इतने आडंबर देख सुन चुकी और कल्पना कर चुकी है कि और किसी आडंबर का असर उस पर नहीं हो सकता। आप सरहद को लोहे की दीवार से मजबूत करते हैं। यहाँ की प्रजा ने पढ़ा है कि एक राजा ने पृथिवी को काबू में करके स्वर्ग में सीढ़ी लगानी चाही थी। आप और लार्ड किचनर मिलकर जो फौलादी दीवार बनाते हैं, उससे बहुत मजबूत एक दीवार लार्ड केनिंग बना गए थे। आपने भी बंबई की स्पीच में केनिंग का नाम लिया है। आज 46 साल हो गए, वह दीवार अटल अचल खड़ी हुई है। वह स्वर्गीया महारानी का घोषणापत्र है, जो 1 नवंबर 1858 ई. को केनिंग महोदय ने सुनाया था। वही भारतवर्ष के लिए फौलादी दीवार है। वही दीवार भारत की रक्षा करती है। उसी दीवार को भारतवासी अपना रक्षक समझते हैं। उस दीवार के होते आपके या लार्ड किचनर के कोई दीवार बनाने की जरूरत नहीं है। उसकी आड़ में आप जो चाहे जितनी मजबूत दीवारों की कल्पना कर सकते हैं। आडंबर से इस देश का शासन नहीं हो सकता। आडंबर का आदर इस देश की कंगाल प्रजा नहीं कर सकती। आपने अपनी समझ में बहुत-कुछ किया, पर फल यह हुआ कि विलायत जाकर वह सब अपने ही मुँह से सुनाना पड़ा। कारण यह कि करने से कहीं अधिक कहने का आपका स्वभाव है। इस

से आपका करना भी कहे बिना प्रकाशित नहीं होता! यहाँ की अधिक प्रजा ऐसी है जो अब तक भी नहीं जानती कि आप यहाँ के वैसराय और राजप्रतिनिधि हैं और आप एक बार विलायत जाकर फिर से भारत में आए हैं। आपने गरीब प्रजा की ओर न कभी दृष्टि खोलकर देखा, न गरीबों ने आपको जाना। अब भी आपकी बातों से आपकी वह चेष्टा नहीं पाई जाती। इससे स्मरण रहे कि जब अपने पद को त्यागकर आप फिर स्वदेश में जावेंगे तो चाहे आपको अपने कितने ही गुण कीर्त्तन करने का अवसर मिले, यह तो कभी न कह सकेंगे कि कभी भारत की प्रजा का मन भी अपने हाथ में किया था!

यह वह देश है, जहाँ की प्रजा एक दिन पहले रामचंद्र के राजतिलक पाने के आनंद में मस्त थी और अगले दिन अचानक रामचंद्र बन को चले तो रोती रोती उनके पीछे जाती थी। भरत को उस प्रजा का मन प्रसन्न करने के लिए कोई भारी दरबार नहीं करना पड़ा, हाथियों का जुलूस नहीं निकालना पड़ा, बरंच दौड़कर बन में जाना पड़ा और रामचंद्र को फिर अयोध्या में लाने का यत्न करना पड़ा। जब वह न आये तो उनकी खड़ाऊँ को सिर पर धरकर अयोध्या तक आए और खड़ाउओं को राज-सिंहासन पर रखकर स्वयं चौदह साल तक वल्कल धारण करके उनकी सेवा करते रहे। तब प्रजा ने समझा कि भरत अयोध्या का शासन करने के योग्य है।

माई लार्ड! आप वक्तृता देने में बड़े दक्ष हैं। पर यहाँ वक्तृता का कुछ और ही वजन है। सत्यवादी युधिष्ठिर के मुख से जो निकल जाता था, वही होता था। आयु भर में उसने एक बार बहुत भारी पोलिटिकल जरूरत पड़ने से कुछ सहज-सा झूठ बोलने की चेष्टा की थी। वही बात महाभारत में लिखी हुई है। जब तक महाभारत है, वह बात भी रहेगी। एक बार अपनी वक्तृताओं से इस विषय को मिलाइये और फिर विचारिए कि इस देश की प्रजा के साथ आप किस प्रकार अपना कर्तव्य पालन करेंगे। साथ ही इस समय इस अधेड़ भंगड़ ब्राह्मण को अपनी भाँग-बूटी की फिकर करने के लिए आज्ञा दीजिए।

['भारतमित्र' 17 सितंबर, 1904 ई.]

पीछे मत फेंकिए

माई लार्ड! सौ साल पूरे होने में अभी कई महीनों की कसर है। उस समय ईष्ट इंडिया कंपनी ने लार्ड कार्नवालिस को दूसरी बार इस देश का गवर्नर-जनरल बनाकर भेजा था। तब से अब तक आप ही को भारतवर्ष का फिर से शासक बनकर आने का अवसर मिला है। सौ वर्ष पहले के उस समय की ओर एक बार दृष्टि कीजिए। तब में और अब में कितना अंतर हो गया है, क्या से क्या हो गया है? जागता हुआ रंक अति चिंता का मारा सो जावे और स्वप्न में अपने को राजा देखे, द्वार पर हाथी झूमते देखे अथवा अलिफलैला के अबुलहसन की भाँति कोई तरल युवक प्याले पर प्याला उड़ाता घर में बेहोश हो और जागने पर आँखें मलते-मलते अपने को बगदाद का खलीफा देखे, आलीशान सजे महल की शोभा उसे चक्कर में डाल दे, सुंदरी दासियों के जेवर और कामदार वस्त्रों की चमक उसकी आँखों में चकाचौंध लगा दे तथा सुंदर बाजों और गीतों की मधुर ध्वनि उसके कानों में अमृत ढालने लगे, तब भी उसे शायद आश्चर्य न हो जितना सौ साल पहले की भारत में अंगरेजी राज्य की दशा को आजकल की दशा के साथ मिलाने से हो सकता है।

जुलाई सन् 1805 ई. में लार्ड कार्नवालिस दूसरी बार भारत के गवर्नर जनरल होकर कलकत्ते में पधारे थे। उस समय ईष्ट इंडिया कंपनी की सरकार पर चारों ओर से चिंताओं की भरमार हो रही थी, आशंकाएँ उसे दम नहीं लेने देती थीं। हुलकर से एक नई लड़ाई होने को थी, सेन्धिया से लड़ाई चलती थी। खजाने में बरकत ही बरकत थीं। जमीन का कर वसूल होने में बहुत देर थी। युद्धस्थल में लड़ने वाली सेनाओं को पाँच-पाँच महीने से तनख्वाह नहीं मिली थी। विलायत के धनियों में कंपनी का कुछ विश्वास न था। सत्तर साल का बूढ़ा गवर्नर जनरल यह सब बातें देखकर घबराया हुआ था। उससे केवल यही बन पड़ा कि दूसरी

बार पदारूढ़ होने के तीन ही मास पीछे गाजीपुर में जाकर प्राण दे दिया। कई दिन तक इस बात की खबर भी लोगों ने नहीं जानी। आज विलायत से भारत तक दिन में कई बार तार दौड़ जाता है। कई एक घंटों में शिमले से कलकत्ते तक स्पेशल ट्रेन पार हो जाती है। उस समय कलकत्ते से गाजीपुर तक जाने में बड़े लाट को कितने ही दिन लगे थे। गाजीपुर में उनके लिए कलकत्ते से जल्द किसी प्रकार की सहायता पहुँचने का कुछ उपाय न था।

किंतु अब कुछ और ही समय है। माई लार्ड! लार्ड कार्नवालिस के दूसरी बार गवर्नर जनरल होकर भारत में आने और आपके दूसरी बार आने में बड़ा अंतर है। प्रताप आपके साथ-साथ है। अंगरेजी राज्य के भाग्य का सूर्य्य मध्याह्न में है। उस समय के बड़े लाट को जितने दिन कलकत्ते में गाजीपुर जाने में लगे होंगे, आप उनसे कम दिनों में विलायत से भारत में पहुँच गए। लार्ड कार्नवालिस को आते ही दो एक देशी रईसों के साथ लड़ाई करने की चिंता थी, आप के स्वागत के लिए कोड़ियों राजा, रईस बंबई दौड़े गए और जहाज से उतरते ही उन्होंने आपका स्वागत करके अपने भाग्य को धन्य समझा। कितने ही बधाई देने कलकत्ते पहुँचे और कितने और चले आ रहे हैं। प्रजा की चाहे कैसी ही दशा हो, पर खजाने में रुपये उबले पड़ते हैं। इसके लिए चारों ओर से आपकी बड़ाई होती है। साख इस समय की गवर्नमेंट की इतनी है कि विलायत में या भारत में एक बार 'हूँ' करते ही रुपये की वर्षा होने लगती है। विलायती मंत्री आपकी मुट्ठी में हैं। विलायत की जिस कंसर्वेटिव गवर्नमेंट ने आपको इस देश का वैसराय किया, वह अभी तक बराबर शासन की मालिक है। लिबरल निर्जीव हैं। जान ब्राइट, ग्लाडष्टोन, ब्राडला, जैसे लोगों से विलायत शून्य है, इससे आप परम स्वतंत्र हैं। इंडिया आफिस आप के हाथ की पुतली है। विलायत के प्रधानमंत्री आपके प्रिय मित्र हैं। जो कुछ आपको करना है, वह विलायत में कई मास रह कर पहले ही वहाँ के शासकों से निश्चय कर चुके हैं। अभी आपकी चढ़ती उमर है। चिंता कुछ नहीं है! जो कुछ चिंता थी, वह भी जल्द मिट गई। स्वयं आपकी विलायत के बड़े भारी बुद्धिमानों और राजनीति-विशारदों में गिनती है, वरंच कह सकते हैं कि विलायत के मंत्री लोग आपके मुँह की ओर ताकते हैं। सम्राट् का आप पर बहुत भारी विश्वास है। विलायत के प्रधान समाचार-पत्र मानो आपके बंदीजन हैं। बीच-बीच में आपका गुणगान सुनाना पुण्यकार्य समझते हैं। सारांश यह कि लार्ड कार्नवालिस के समय और आपके समय में बड़ा ही भेद हो गया है।

संसार में अब अंगरेजी प्रताप अखंड है। भारत के राजा अब आपके हुक्म के बंदे हैं। उनको लेकर चाहे जुलूस निकालिए, चाहे दरबार बनाकर सलाम कराइए,

उन्हें चाहे विलायत भिजवाइए, चाहे कलकत्ते बुलवाइए, जो चाहे सो कीजिए, वह हाजिर हैं। आपके हुंक्म की तेजी तिब्बत के पहाड़ों की बरफ को पिघलाती है, फारिस की खाड़ी का जल सुखाती है, काबुल के पहाड़ों को नर्म्म करती है। जल, स्थल, वायु, और आकाशमंडल में सर्वत्र आपकी विजय है। इस धरा-धाम में अब अंगरेज़ी प्रताप के आगे कोई उँगुली उठाने वाला नहीं है। इस देश में एक महाप्रतापी राजा के प्रताप का वर्णन इस प्रकार किया जाता था कि इंद्र उसके यहाँ जल भरता था, पवन उसके यहाँ चक्की चलाता था, चाँद सूरज उसके यहाँ रोशनी करते थे, इत्यादि। पर अंगरेजी प्रताप उससे भी बढ़ गया है। समुद्र अंगरेजी राज्य का मल्लाह है, पहाड़ों की उपत्यकाएँ बैठने के लिए कुर्सी-मूढ़े। बिजली कलें चलाने वाली दासी और हजारों मील खबर लेकर उड़ने वाली दूती, इत्यादि-इत्यादि।

आश्चर्य्य है माई लार्ड! एक सौ साल में अंगरेजी राज्य और अंगरेजी प्रताप की तो इतनी उन्नति हो पर उसी प्रतापी ब्रिटिश राज्य के अधीन रहकर भारत अपनी रही सही हैसियत भी खो दे! इस अपार उन्नति के समय में आप जैसे शासक के जी में भारतवासियों को आगे बढ़ाने की जगह पीछे धकेलने की इच्छा उत्पन्न हो! उनका हौसला बढ़ाने की जगह उनकी हिम्मत तोड़ने में आप अपनी बुद्धि का अपव्यय करें! जिस जाति से पुरानी कोई जाति इस धरा-धाम पर मौजूद नहीं, जो हजार साल से अधिक की घोर पराधीनता सहकर भी लुप्त नहीं हुई, जीती है, जिसकी पुरानी सभ्यता और विद्या की आलोचना कर के विद्वान् और बुद्धिमान लोग आज भी मुग्ध होते हैं जिसने सदियों इस पृथिवी पर अखंड-शासन कर के सभ्यता और मनुष्यत्व का प्रचार किया, वह जाति क्या पीछे हटाने और धूल में मिला देने के योग्य है? आप जैसे उच्च श्रेणी के विद्वान् के जी में यह बात कैसे समाई कि भारतवासी बहुत-से काम करने के योग्य नहीं और उनको आपके सजातीय ही कर सकते हैं? आप परीक्षा करके देखिए कि भारतवासी सचमुच उन ऊँचे-से-ऊँचे कामों को कर सकते हैं या नहीं, जिनको आपके सजातीय कर सकते हैं। श्रम में, बुद्धि में, विद्या में, काम में, वक्तृता में, सहिष्णुता में, किसी बात में इस देश के निवासी संसार में किसी जाति के आदमियों से पीछे रहने वाले नहीं हैं। वरञ्च दो एक गुण भारतवासियों में ऐसे हैं कि संसार भर में किसी जाति के लोग उनका अनुकरण नहीं कर सकते। हिंदुस्थानी फारसी पढ़ के ठीक फारिसवालों की भाँति बोल सकते हैं, कविता कर सकते हैं। अंगरेजी बोलने में वह अंगरेजों की पूरी नकल कर सकते हैं, कंठ तालू को अंगरेजों के सदृश बना सकते हैं। पर एक भी अंगरेज ऐसा नहीं है, जो हिंदुस्थानियों की भाँति साफ हिंदी बोल सकता हो। किसी बात में हिंदुस्थानी पीछे रहने वाले नहीं हैं। हाँ दो बातों में वह अंगरेजों की नकल या बराबरी नहीं

कर सकते हैं। एक तो अपने शरीर के काले रंग को अंगरेजों की भाँति गोरा नहीं बना सकते और दूसरे अपने भाग्य को उनके भाग्य में रगड़ कर बराबर नहीं कर सकते।

किंतु इस संसार के आरंभ में बड़ा भारी पार्थक्य होने पर भी अंत में बड़ी भारी एकता है। समय अंत में सबको अपने मार्ग पर ले आता है। देशपति राजा और भिक्षा माँग कर पेट भरने वाले कंगाल का परिणाम एक ही होता है। मट्टी मट्टी में मिल जाती है और यह जीते जी लुभाने वाली दुनिया यहीं रह जाती है। कितने ही शासक और कितने ही नरेश इस पृथिवी पर हो गये, आज उनका कहीं पता निशान नहीं है। थोड़े-थोड़े दिन अपनी अपनी नौबत बजा गए, चले गए। बड़ी तलाश से इतिहास के पन्नों अथवा टूटे फूटे खँडहरों में उनके दो चार चिह्न मिल जाते हैं। माई लार्ड! बीते हुए समय को फिर लौटा लेने की शक्ति किसी में नहीं है, आपमें भी नहीं है। दूर की बात दूर रहे, इन पिछले सौ साल ही में कितने बड़े लाट आए और चले गए। क्या उनका समय फिर लौट सकता है? कदापि नहीं। विचारिए तो मानो कल आप आए थे, किंतु छः साल बीत गए। अब दूसरी बार आने के बाद भी कितने ही दिन बीत गए तथा बीत जाते हैं। इसी प्रकार उमरें बीत जावेंगी, युग बीत जावेंगे। समय के महासमुद्र में मनुष्य की आयु एक छोटी-सी बूँद की भी बराबरी नहीं कर सकती। आपमें शक्ति नहीं है कि पिछले छः वर्षों को लौटा सकें या उनमें जो कुछ हुआ है उसे अन्यथा कर सकें। दो साल आपके हाथ में अवश्य हैं। इनमें जो चाहें कर सकते हैं। चाहें तो इस देश की 30 करोड़ प्रजा को अपनी अनुरक्त बना सकते हैं और इस देश के इतिहास में अच्छे वैसरायों में अपना नाम छोड़ जा सकते हैं। नहीं तो यह समय भी बीत जावेगा और फिर आपका करने धरने का अधिकार ही कुछ न रहेगा!

विक्रम, अशोक, अकबर के यह भूमि साथ नहीं गई। औरंगजेब, अलाउद्दीन इसे मुट्ठी में दबा कर नहीं रख सके। महमूद, तैमूर और नादिर, इसे लूट के माल के साथ ऊँटों और हाथियों पर लाद कर न ले जा सके। आगे भी यह किसी के साथ न जावेगी, चाहे कोई कितनी ही मजबूती क्यों न करे। इस समय भगवान ने इसे एक और ही जाति के हाथ में अर्पण किया है, जिसकी बुद्धि, विद्या और प्रताप का संसार-भर में डंका बज रहा है। माई लार्ड! उसी जाति की ओर से आप इस देश की 30 करोड़ प्रजा के शासक हैं।

अब यह विचारना आप ही के जिम्मे है कि इस देश की प्रजा के साथ आपका क्या कर्तव्य है। हजार साल से यह प्रजा गिरी दशा में है। क्या आप चाहते हैं कि यह और भी सौ पचास साल गिरंती चली जावे? इसके गिराने में बड़े से बड़ा

इतना ही लाभ है कि कुछ संकीर्ण हृदय शासकों की यथेच्छाचारिता कुछ दिन और चल सकती है! किंतु इसके उठाने और सम्हालने में जो लाभ हैं, उनकी तुलना नहीं हो सकती है। इतिहास में सदा नाम रहेगा कि अंगरेजों ने एक गिरी जाति के तीस करोड़ आदमियों को उठाया था। माई लार्ड! दोनों में जो बात पसंद हो, वह कर सकते हैं। कहिए क्या पसंद है? पीछे हटाना या आगे बढ़ाना?

['भारतमित्र' 17 दिसंबर, 1904 ई.]

आशा का अंत

माई लार्ड! अब के आपके भाषण ने नशा किरकिरा कर दिया। संसार के सब दुःखों और समस्त चिंताओं को जो शिवशंभु शर्म्मा दो चुल्लू बूँटी पीकर भुला देता था, आज उसका उस प्यारी विजया पर भी मन नहीं है। आशा से बँधा हुआ यह संसार चलता है। रोगी को रोग से, कैदी को कैद से, ऋणी को ऋण से, कंगाल को दरिद्रता से—इसी प्रकार हरेक क्लेशित पुरुष को एक दिन अपने क्लेश से मुक्त होने की आशा होती है। चाहे उसे इस जीवन में क्लेश से मुक्ति न मिले, पर आशा के सहारे इतना होता है कि वह धीरे-धीरे अपने क्लेशों को झेलता हुआ एक दिन इस क्लेशमय जीवन से तो मुक्त हो जाता है। पर हाय! जब उसकी यह आशा भी भंग हो जाय, उस समय उसके कष्ट का क्या ठिकाना!

"किस्मत पे उस मुसाफिरे खस्ता के रोइए।
जो थक गया हो बैठ के मंजिल के सामने।"

बड़े लाट होकर आपके भारत में पदार्पण करने के समय इस देश के लोग श्रीमान् से जो-जो आशाएँ करते और सुखस्वप्न देखते थे, वह सब उड़नछू हो गए। इस कलकत्ता महानगरी के समाचार-पत्र कुछ दिन चौंक-चौंक पड़ते थे कि आज बड़े लाट अमुक मोड़ पर वेश बदले एक गरीब काले आदमी से बातें कर रहे थे, परसों अमुक आफिस में जाकर काम की चक्की में पिसते हुए क्लर्कों की दशा देख रहे थे और उनसे कितनी ही बातें पूछते जाते थे। इससे हिंदू समझने लगे कि फिर से विक्रमादित्य का आविर्भाव हुआ या अकबर का अमल हो गया। मुसलमान खयाल करने लगे, खलीफा हारूँरशीद का जमाना आ गया। पारसियों ने आपको नौशीरवाँ समझने की मोहलत पाई थी या नहीं, ठीक नहीं कहा जा सकता। क्योंकि श्रीमान् ने जल्द अपने कामों से ऐसे जल्दबाज लोगों को कष्ट-कल्पना करने के

कष्ट से मुक्त कर दिया था। वह लोग थोड़े ही दिनों में इस बात के समझने के योग्य हो गए थे कि हमारा प्रधान शासक न विक्रम के रंग-ढंग का है, न हारूँ या अकबर के, उसका रंग ही निराला है! किसी से नहीं मिलता।

माई लार्ड! इस देश की दो चीजों में अजब तासीर है। एक यहाँ के जलवायु की और दूसरे यहाँ के नमक की, जो उसी जलवायु से उत्पन्न होता है। नीरस से नीरस शरीर में यहाँ का जलवायु नमकीनी ला देता है। मजा यह कि उसे उस नमकीनी की खबर तक नहीं होती। एक फारिस का कवि कहता है कि हिंदुस्थान में एक हरी पत्ती तक बेनमक नहीं है, मानो यह देश नमक से सींचा गया है। किंतु शिवशंभु शर्म्मा का विचार इस कवि से भी कुछ आगे है। वह समझता है कि यह देश नमक की एक महाखानि है, इसमें जो पड़ गया, वही नमक बन गया। श्रीमान् कभी चाहें तो साँभर-झील के तटपर खड़े होकर देख सकते हैं, जो कुछ उसमें गिर जाता, वही नमक बन जाता है। यहाँ के जलवायु से अलग खड़े होकर कितनों ही ने बड़ी-बड़ी अटकलें लगाईं और लंबे-चौड़े मनसूबे बाँधे पर यहाँ के जलवायु का असर होते ही वह सब काफूर हो गए।

अफसोस माई लार्ड! यहाँ के जलवायु की तासीर ने आपमें अपनी पिछली दशा के स्मरण रखने की शक्ति नहीं रहने दी। नहीं तो अपनी छः साल पहले की दशा से अबकी दशा का मिलान करके चकित होते। घबरा के कहते कि ऐं! मैं क्या हो गया? क्या मैं वही हूँ, जो विलायत से भारत की ओर चलने से पहले था? बंबई में जहाज से उतरकर भूमि पर पाँव रखते ही यहाँ के जलवायु का प्रभाव आप पर आरंभ हो गया था। उसके प्रथम फलस्वरूप कलकत्ते में पदार्पण करते ही आपने यहाँ के म्यूनिसिपल कारपोरेशन की स्वाधीनता की समाप्ति की। जब वह प्रभाव कुछ और बढ़ा तो अकाल पीड़ितों की सहायता करते समय आपकी समझ में आने लगा कि इस देश के कितने ही अभागे सचमुच अभागे नहीं, वरंच अच्छी मजदूरी के लालच से जबदरस्ती अकाल पीड़ितों में मिलकर दयालु सरकार को हैरान करते हैं! इससे मजदूरी कड़ी की गई।

इसी प्रकार जब प्रभाव तेज हुआ तो आपने अकाल की तरफ से आँखों पर पट्टी बाँधकर दिल्ली-दरबार किया।

अंत को गत वर्ष आपने यह भी साफ कह दिया कि बहुत से पद ऐसे हैं जिनको पैदाइशी तौर से अंगरेज ही पाने के योग्य हैं। भारतवासियों को सरकार जो देती है, वह भी उनकी हैसियत से बढ़कर है। तब इस देश के लोगों ने समझ

लिया था कि अब श्रीमान् पर यहाँ के जलवायु का पूरा सिक्का जम गया। उसी समय आपको स्वदेश दर्शन की लालसा हुई। लोग समझे चलो अच्छा हुआ, जो हो चुका, वह हो चुका, आगे को तासीर की अधिक उन्नति से पीछा छूटा। किंतु आप कुछ न समझे। कोरिया में जब श्रीमान् की आयु अचानक सात साल बढ़कर चालीस हो गई, उस समय भी श्रीमान् की समझ में आ गया था कि वहाँ की सुंदर आब-हवा के प्रताप से आप चालीस साल के होने पर भी बत्तीस-तेंतीस के दिखाई देते हैं। पर इस देश की आब-हवा की तासीर आपके कुछ समझमें न आई। वह विलायत में भी श्रीमान् के साथ लगी गई और जब तक वहाँ रहे, अपना जोर दिखाती रही। यहाँ तक कि फिर आपको एक बार इस देश में उठा लाई, किसी विघ्न बाधा की परवा न की।

माई लार्ड! इस देश का नमक यहाँ के जलवायु का साथ देता है, क्योंकि उसी जलवायु से उसका जन्म है। उसकी तासीर भी साथ-साथ होती रही। वह पहले विचार-बुद्धि खोता है। पीछे दया और सहृदयता को भगाता है और उदारता को हजम कर जाता है। अंत को आँखों पर पट्टी बाँधकर, कानों में ठीठे ठोक कर, नाक में नकेल डालकर, आदमी को जिधर-तिधर घसीटे फिरता है और उसके मुँह से खुल्लम खुल्ला इस देश की निंदा कराता है। आदमी के मन में वह यही जमा देता है कि जहाँ का खाना वहाँ की खूब निंदा करना और अपनी शेखी मारते जाना। हम लोग भी उस नमक की तासीर से बेअसर नहीं हैं। पर हमारी हड्डियाँ उसी से बनी हैं, इस कारण हमें इतना ज्ञान रहता है कि हमारे देश के नमक की क्या तासीर है। हम लोग खूब जानते थे कि यदि श्रीमान् कहीं दूसरी बार भारत में आ गये तो एक दम नमक की खानि में जाकर नमक हो जावेंगे। इसी से चाहते थे कि दोबारा आप न आवें। पर हमारी पेश न गई। आप आए और आते ही उस नमक की तासीर का फल अपने कौंसिल और कानवोकेशन में प्रगट कर डाला!

इतने दिन आप सरकारी भेदों के जानने से, अच्छे पद पाने से, उन्नति की बातें सोचने से, सुगमता से शिक्षा लाभ करने से, अपने स्वत्वों के लिए पार्लीमेंट आदि में पुकारने से, इस देश के लोगों को रोकते रहे। आपकी शक्ति में जो कुछ था, वह करते रहे। पर उस पर भी संतोष न हुआ, भगवान की शक्ति पर भी हाथ चलाने लगे! जो सत्यप्रियता इस देश को सृष्टि के आदि से मिली है, जिस देश का ईश्वर 'सत्यंज्ञानमनन्तम्ब्रह्म' है, वहाँ के लोगों को सभा में बुला के ज्ञानी और विद्वान् का चोला पहनकर उनके मुँह पर झूठा और मक्कार कहने लगे। विचारिए तो यह कैसे अधःपतन की बात है? जिस स्वदेश को श्रीमान् ने आदर्श सत्य का

देश और वहाँ के लोगों को सत्यवादी कहा है, उसका आला नमूना क्या श्रीमान् ही हैं? यदि सचमुच विलायत वैसा ही देश हो, जैसा आप फरमाते हैं और भारत भी आपके कथनानुसार मिथ्यावादी और धूर्त देश हो, तो भी तो क्या कोई इस प्रकार कहता है? गिरे के ठोकर मारना क्या सज्जन और सत्यवादी का काम है? अपनी सत्यवादिता प्रकाश करने के लिए दूसरे को मिथ्यावादी कहना ही क्या सत्यवादिता का सबूत है?

माई लार्ड! जब आपने अपने शासक होने के विचार को भूलकर इस देश की प्रजा के हृदय में चोट पहुँचाई है तो दो एक बातें पूछ लेने में शायद कुछ गुस्ताखी न होगी! सुनिए, विजित और विजेता में बड़ा अंतर है। जो भारत वर्ष हजार साल से विदेशीय विजेताओं के पाँवों में लोट रहा है, क्या उसकी प्रजा की सत्यप्रियता विजेता इंगलैंड के लोगों की सत्यप्रियता का मुकाबिला कर सकती है? यह देश भी यदि विलायत की भाँति स्वाधीन होता और यहाँ के लोग ही यहाँ के राजा होते तब यदि अपने देश के लोगों को यहाँ के लोगों से अधिक सच्चा साबित कर सकते तो आपकी अवश्य कुछ बहादुरी होती। स्मरण करिए, उन दिनों को कि जब अंगरेजों के देश पर विदेशियों का अधिकार था। उस समय आपके स्वदेशियों की नैतिक दशा कैसी थी, उसका विचार तो कीजिए। यह वह देश है कि हजार साल पराये पाँव के नीचे रहकर भी एकदम सत्यता से च्युत नहीं हुआ है। यदि आपका युरोप या इंगलेंड दस साल भी पराधीन हो जाते तो आपको मालूम पड़े कि श्रीमान् के स्वदेशीय कैसे सत्यवादी और नीति परायण हैं। जो देश कर्म्मवादी है, वह क्या कभी असत्यवादी हो सकता है? आपके स्वदेशीय यहाँ बड़ी-बड़ी इमारतों में रहते हैं, जैसी रुचि हो, वैसे पदार्थ भोग सकते हैं। भारत आपके लिए भोग्यभूमि है। किंतु इस देश के लाखों आदमी, इसी देश में पैदा होकर आवारा कुत्तों की भाँति भटक-भटककर मरते हैं। उनको दो हाथ भूमि बैठने को नहीं, पेट भरकर खाने को नहीं, मैले चिथड़े पहनकर उमरें बिता देते हैं और एक दिन कहीं पड़कर चुप-चाप प्राण दे देते हैं। हाल की इस सर्दी में कितनों ही के प्राण जहाँ-तहाँ निकल गए। इस प्रकार क्लेश पाकर मरने पर भी क्या कभी वह लोग यह कहते हैं कि पापी राजा है, इससे हमारी यह दुर्गति है? माई लार्ड! वह कर्म्मवादी हैं, वह यही समझते हैं कि किसी का कुछ दोष नहीं है—सब हमारे पूर्व कर्मों का दोष है! हाय! हाय! ऐसी प्रजा को आप धूर्त कहते हैं!

कभी इस देश में आकर आपने गरीबों की ओर ध्यान न दिया! कभी यहाँ

की दीन भूखी प्रजा की दशा का विचार न किया। कभी दस मीठे शब्द सुनाकर यहाँ के लोगों को उत्साहित नहीं किया—फिर·विचारिए तो गालियाँ यहाँ के लोगों को आपने किस कृपा के बदले में दीं? पराधीनता की सबके जी में बड़ी भारी चोट होती है। पर महारानी विक्टोरिया के सदय बरताव ने यहाँ के लोगों के जी से वह दुःख भुला दिया था। इस देश के लोग सदा उनको माता तुल्य समझते रहे, अब उनके पुत्र महाराज एडवर्ड पर भी इस देश के लोगों की वैसी ही भक्ति है। किंतु आप उन्हीं सम्राट् एडवर्ड के प्रतिनिधि होकर इस देश की प्रजा के अत्यन्त अप्रिय बने हैं। यह इस देश के बड़े ही दुर्भाग्य की बात है! माई लार्ड! इस देश की प्रजा को आप नहीं चाहते और वह प्रजा आपको नहीं चाहती, फिर भी आप इस देश के शासक हैं और एक बार नहीं दूसरी बार शासक हुए हैं, यही विचार विचारकर इस अधबूढ़े भंगड़ ब्राह्मण का नशा किरकिरा हो-हो जाता है।

['भारतमित्र' 25 फरवरी, 1905 ई.]

बंग विच्छेद

गत 16 अक्टोबर को बंग विच्छेद या बंगाल का पार्टीशन हो गया। पूर्व बंगाल और आसाम का नया प्रांत बनकर हमारे महाप्रभु माई लार्ड इंगलैंड के महान राजप्रतिनिधि का तुगलकाबाद आबाद हो गया। भंगड़ लोगों के पिछले रगड़े की भाँति यही माई लार्ड की सबसे पिछली प्यारी इच्छा थी। खूब अच्छी तरह भंग घुट कर तय्यार हो जाने पर भंगड़ आनंद से उस पर एक और रगड़ लगाता है। भंगड़-जीवन में उससे बढ़कर और कुछ आनंद नहीं होता। माई लार्ड के भारत शासन-जीवन में भी इससे अधिक आनंद की बात कदाचित् कोई न होगी, जिसे पूरी होते देखने के लिए आप इस देश का संबंध-जाल छिन्न कर डालने पर भी उसमें अटके रहे।

माई लार्ड को इस देश में जो कुछ करना था, वह पूरा कर चुके थे। यहाँ तक कि अपने सब इरादों को पूरा करते-करते अपने शासनकाल की इतिश्री भी अपने ही कर-कमल से कर चुके थे। जो कुछ करना बाकी था, वह यही बंग विच्छेद था। वह भी हो गया। आप अपनी अंतिम कीर्त्ति की ध्वजा अपने ही हाथों से उड़ा चले और अपनी आँखों को उसके प्रियदर्शन से सुखी कर चले, यह बड़े सौभाग्य की बात है। अपने शासनकाल की रकाबी में बहुत सी कड़वी-कसैली चीजें चख जाने पर भी आप अपने लिए 'मधुरेण समापयेत्' कर चले यही गनीमत है।

अब कुछ करना रह भी गया हो तो उसके पूरा करने की शक्ति माई लार्ड में नहीं है। आपके हाथों से इस देश का जो बुरा भला होना था, वह हो चुका। एक ही तीर आपके तर्कश में और बाकी था, उससे आप बंगभूमि का वक्षस्थल छेद चले। बस, यहाँ आकर आपकी शक्ति समाप्त हो गई! इस देश की भलाई की ओर तो आपने उस समय भी दृष्टि न की, जब कुछ भला करने की शक्ति आप में थी। पर अब कुछ बुराई करने की शक्ति भी आप में नहीं रही, इससे यहाँ के लोगों को बहुत ढाढस मिली है। अब आप हमारा कुछ नहीं कर सकते।

आपके शासनकाल में बंग विच्छेद इस देश के लिए अंतिम विषाद और आपके लिए अंतिम हर्ष है। इस प्रकार के विषाद और हर्ष, इस पृथिवी के सबसे पुराने देश की प्रजा ने बारंबार देखे हैं। महाभारत में सबका संहार हो जाने पर भी घायल पड़े हुए दुर्म्मद दुर्योधन को अश्वत्थामा की यह वाणी सुनकर अपार हर्ष हुआ था कि मैं पाँचों पाण्डवों के सिर काटकर आपके पास लाया हूँ। उसी प्रकार सेना-सुधार रूपी महाभारत में जंगीलाट किचनर रूपी भीम की विजय-गदा से जर्जरित होकर पदच्युति-हृद में पड़े इस देश के माई लार्ड को इस खबर ने बड़ा हर्ष पहुँचाया कि अपने हाथों से श्रीमान् को बंग विच्छेद का अवसर मिला। इसी महाहर्ष को लेकर माई लार्ड इस देश से विदा होते हैं, यह बड़े संतोष की बात है! अपनों से लड़कर श्रीमान् की इज्जत गई या श्रीमान् ही गए, उसका कुछ खयाल नहीं है, भारतीय प्रजा के सामने आपकी इज्जत बनी रही, यही बड़ी बात है। इसके सहारे स्वदेश तक श्रीमान् मोछों पर ताव देते चले जा सकते हैं।

श्रीमान् के खयाल के शासक इस देशने कई बार देखे हैं। पाँच सौ से अधिक वर्ष हुए तुगलक वंश के एक बादशाह ने दिल्ली को उजाड़कर दौलताबाद बसाया था। पहले उसने दिल्ली की प्रजा को हुक्म दिया कि दौलताबाद में जाकर बसो। जब प्रजा बड़े कष्ट से दिल्ली को छोड़कर वहाँ जाकर बसी तो उसे फिर दिल्ली को लौट आने का हुक्म दिया। इस प्रकार दो तीन बार प्रजा को दिल्ली से देवगिरि और देवगिरि से दिल्ली अर्थात् श्रीमान् मुहम्मद तुगलक के दौलताबाद और अपने वतन के बीच में चकराना और तबाह होना पड़ा। हमारे इस समय के माई लार्ड ने केवल इतना ही किया है कि बंगाल के कुछ जिले आसाम में मिलाकर एक नया प्रांत बना दिया है। कलकत्ते की प्रजा को कलकत्ता छोड़कर चटगाँव में आबाद होने का हुक्म तो नहीं दिया। जो प्रजा तुगलक जैसे शासकों का खयाल बरदाश्त कर गई, वह क्या आजकल के माई लार्ड के एक खयाल की बरदाश्त नहीं कर सकती है?

सब ज्यों का त्यों है। बंगदेश की भूमि जहाँ थी वहीं है और उसका हर एक नगर और गाँव जहाँ था वहीं है। कलकत्ता उठाकर चीरापूँजी के पहाड़ पर नहीं रख दिया गया और शिलांग उड़कर हुगली के पुल पर नहीं आ बैठा। पूर्व और पश्चिम बंगाल के बीच में कोई नहर नहीं खुद गई और दोनों को अलग-अलग करने के लिए बीच में कोई चीन की सी दीवार नहीं बन गई है। पूर्व बंगाल, पश्चिम बंगाल से अलग हो जाने पर भी अंगरेजी शासन ही में बना हुआ है और पश्चिम बंगाल भी पहले की भाँति उसी शासन में है। किसी बात में कुछ फर्क नहीं पड़ा। खाली

खयाली लड़ाई है। बंग विच्छेद करके माई लार्ड ने अपना एक खयाल पूरा किया है। इस्तीफा देकर भी एक खयाल ही पूरा किया और इस्तीफा मंजूर हो जाने पर इस देश में पड़े रहकर भी श्रीमान् का प्रिंस ऑफ वेल्स के स्वागत तक ठहरना एक खयाल मात्र है।

कितने ही खयाली इस देश में अपना खयाल पूरा करके चले गए। दो सवा-दो सौ साल पहले एक शासक ने इस बंगदेश में एक रुपये के आठ मन धान बिकवा कर कहा था कि जो इससे सस्ता धान इस देश में बिकवा कर इस देश के धनधान्य-पूर्ण होने का परिचय देगा, उसको मैं अपने से अच्छा शासक समझूँगा। वह शासक भी नहीं है, उसका समय भी नहीं है। कई एक शताब्दियों के भीतर इस भूमि ने कितने ही रंग पलटे हैं, कितनी ही इसकी सीमाएँ हो चुकी हैं। कितने ही नगर इसकी राजधानी बनकर उजड़ गए। गौड़ के जिन खँडहरों में अब उल्लू बोलते और गीदर चिल्लाते हैं, वहाँ कभी बाँके महल खड़े थे और वहीं बंगदेश का शासक रहता था। मुर्शिदाबाद जो आज एक लुटा हुआ सा शहर दिखाई देता है, कुछ दिन पहले इसी बंगदेश की राजधानी था और उसकी चहल-पहल का कुछ ठिकाना न था। जहाँ घसियारे घास खोदा करते थे, वहाँ आज कलकत्ता जैसा महानगर बसा हुआ है, जिसके जोड़ का एशिया में एक-आध नगर ही निकल सकता है। अब माई लार्ड के बंगविच्छेद से ढाका, शिलांग और चटगांव में से हरेक राजधानी का सेहरा बँधवाने के लिए सिर आगे बढ़ाता है। कौन जाने इनमें से किसके नसीब में क्या लिखा है और भविष्य क्या-क्या दिखाएगा!

दो हजार वर्ष नहीं हुए इस देश का एक शासक कह गया है—

"सैकड़ों राजा जिसे अपनी-अपनी समझकर चले गए, परंतु वह किसी के भी साथ नहीं गई, ऐसी पृथिवी के पाने से क्या राजाओं को अभिमान करना चाहिए? अब तो लोग इसके अंश के अंश को पाकर भी अपने को भूपति मानते हैं। ओहो! जिस पर पश्चात्ताप करना चाहिए उसके लिए मूर्ख उल्टा आनंद करते हैं।" वही राजा और कहता है—"यह पृथिवी मट्टी का एक छोटा-सा ढेला है जो चारों तरफ से समुद्र रूपी पानी की रेखा से घिरा हुआ है! राजा लोग आपस में लड़ भिड़कर इस छोटे से ढेले के छोटे-छोटे अंशों पर अपना अधिकार जमाकर राज्य करते हैं। ऐसे क्षुद्र और दरिद्री राजाओं को लोग दानी कहकर जाँचने जाते हैं। ऐसे नीचों से धन की आशा करने वाले अधम पुरुषों को धिक्कार है।" यह वह शासक था कि इस देश का चक्रवर्त्ती अधीश्वर होने पर भी एक दिन राजपाट को लात मारकर जंगलों और बनों में चला गया था। आज वही भारत एक ऐसे शासक का शासनकाल देख रहा है

जो यहाँ का अधीश्वर नहीं है, कुछ नियत समय के लिए उसके हाथ में यहाँ का शासन भार दिया गया था; तो भी इतना मोह में डूबा हुआ है कि स्वयं इस देश को त्यागकर भी इसे कुछ दिन और न त्यागने का लोभ संवरण न कर सका।

यह बंग विच्छेद बंग का विच्छेद नहीं है। बंग निवासी इससे विच्छिन्न नहीं हुए, वरंच और युक्त हो गए। जिन्होंने गत 16 अक्टोबर का दृश्य देखा है, वह समझ सकते हैं कि बंगदेश या भारतवर्ष में नहीं, पृथिवी भर में वह अपूर्व दृश्य था। आर्य्य संतान उस दिन अपने प्राचीन वेश में विचरण करती थी। बंगभूमि ऋषि-मुनियों के समय की आर्यभूमि बनी हुई थी। किसी अपूर्व शक्ति ने उसको उस दिन एक राखी से बाँध दिया था। बहुत काल के पश्चात् भारत संतान को होश हुआ कि भारत की मट्टी वंदना के योग्य है। इसी से वह एक स्वर से 'बन्दे मातरम्' कहकर चिल्ला उठे। बंगाल के टुकड़े नहीं हुए, वरंच भारत के अन्यान्य टुकड़े भी बंग-देश से आकर चिमटे जाते हैं।

हाँ, एक बड़े ही पवित्र मेल को हमारे माई लार्ड विच्छिन्न किए जाते हैं। वह इस देश के राजा प्रजा का मेल है। स्वर्गीया विक्टोरिया महारानी के घोषणापत्र और शासनकाल ने इस देश की प्रजा के जी में यह बात जमा दी थी कि अंगरेज, प्रजा की बात सुनकर और उसका मन रखकर शासन करना जानते हैं और वह रंग के नहीं, योग्यता के पक्ष पाती हैं। केनिंग और रिपन आदि उदार हृदय शासकों ने अपने सुशासन से इस भाव की पुष्टि की थी। इस समय के महाप्रभु ने दिखा दिया कि वह पवित्र घोषणा-पत्र समय पड़े की चाल मात्र था। अंगरेज अपने खयाल के सामने किसी की नहीं सुनते। विशेषकर दुर्बल भारतवासियों की चिल्लाहट का उनके जी में कुछ भी वजन नहीं है। इससे आठ करोड़ बंगालियों के एक स्वर होकर दिन रात महीनों रोने-गाने पर भी अंगरेजी सरकार ने कुछ न सुना। बंगाल के दो टुकड़े कर डाले। उसी माई लार्ड के हाथ से दो टुकड़े कराए, जिसके कहने से उसने केवल एक मिलिटरी मेम्बर रखना भी मंजूर नहीं किया और उसके लिए माई लार्ड को नौकरी से अलग करना भी पसंद किया। भारतवासियों के जी में यह बात जम गई कि अंगरेजों से भक्तिभाव करना वृथा है, प्रार्थना करना वृथा है और उनके आगे रोना गाना वृथा है। दुर्बल की वह नहीं सुनते।

बंग विच्छेद से हमारे महाप्रभु सरदस्त राजा प्रजा में यही भाव उत्पन्न करा चले हैं। किंतु हाय! इस समय इस पर महाप्रभु के देश में कोई ध्यान देनेवाला तक नहीं है, महाप्रभु तो ध्यान देने के योग्य ही कहाँ?

['भारतमित्र' 21 अक्तूबर, 1905 ई.]

लार्ड मिंटो का स्वागत

भगवान करे श्रीमान् इस विनय से प्रसन्न हों—मैं इस भारत देश की मट्टी से उत्पन्न होने वाला, इसका अन्न, फल-मूल आदि खाकर प्राण-धारण करने वाला, मिल जाय तो कुछ भोजन करने वाला, नहीं तो उपवास कर जाने वाला, यदि कभी कुछ भंग प्राप्त हो जाए तो उसे पीकर प्रसन्न होने वाला, जवानी बिता कर बुढ़ापे की ओर फुर्ती से कदम बढ़ाने वाला और एक दिन प्राण विसर्जन कर के इस मातृभूमि की वंदनीय मट्टी में मिलकर चिर शांति लाभ करने की आशा रखने वाला शिवशंभु शर्मा इस देश की प्रजा का अभिनंदन-पत्र लेकर श्रीमान् की सेवा में उपस्थित हुआ हूँ। इस देश की प्रजा श्रीमान् का हृदय से स्वागत करती है। आप उसके राजा के प्रतिनिधि होकर आए हैं। पाँच साल तक इस देश की 30 करोड़ प्रजा के रक्षण, पालन और शासन का भार राजा ने आपको सौंपा। इससे यहाँ की प्रजा आपको राजा के तुल्य मानकर आपका स्वागत करती है और आपके इस महान् पद पर प्रतिष्ठित होने के लिए हर्ष प्रकाश करती है।

भाग्य से आप इस देश की प्रजा के शासक हुए हैं। अर्थात् यहाँ की प्रजा की इच्छा से आप यहाँ के शासक नियत नहीं हुए। न यहाँ की प्रजा उस समय तक आपके विषय में कुछ जानती थी, जब कि उसने श्रीमान् के इस नियोग की खबर सुनी। किसी को श्रीमान् की ओर का कुछ भी गुमान न था। आपके नियोग की खबर इस देश में बिना मेघ की वर्षा की भाँति अचानक आ गिरी। अब भी यहाँ की प्रजा श्रीमान् के विषय में कुछ नहीं समझी है, तथापि उसे आपके नियोग से हर्ष हुआ। आपको पाकर वह वैसी ही प्रसन्न हुई है, जैसे डूबता थाह पाकर प्रसन्न होता है। उसने सोचा है कि आप तक पहुँच जाने से उसकी सब विपदों की इति हो जाएगी।

भाग्यवानों से कुछ न कुछ संबंध निकाल लेना संसार की चाल है। जो लोग

श्रीमान् तक पहुँच सके हैं, उन्होंने श्रीमान् से भी एक गहरा संबंध निकाल लिया है। वह लोग कहते हैं कि सौ साल पहले आपके बड़ों में से एक महानुभाव यहाँ का शासन कर गए हैं, इससे भारत का शासक होना आपके लिए कोई नई बात नहीं है। वह लोग साथ ही यह भी कहते हैं कि सौ साल पहले वाले लार्ड मिंटो बड़े प्रजापालक थे। प्रजा को प्रसन्न रखकर शासन करना चाहते थे। यह कह कर वह श्रीमान् से भी अच्छे शासन और प्रजा-रंजन की आशा जनाते हैं। पर यह संबंध बहुत दूर का है। सौ साल पहले की बात का कितना प्रभाव हो सकता है, नहीं कहा जा सकता। उस समय की प्रजा में से एक आदमी जीवित नहीं, जो कुछ उस समय की आँखों देखी कह सके। फिर यह भी कुछ निश्चय नहीं कि श्रीमान् अपने उस बड़े के शासन के विषय में वैसा ही विचार रखते हों, जैसा यहाँ के लोग कहते हैं। यह भी निश्चय नहीं कि श्रीमान् को सौ साल पहले की शासन नीति पसंद होगी या नहीं तथा उसका कैसा प्रभाव श्रीमान् के चित्त पर है। हाँ, एक प्रभाव देखा कि श्रीमान् के पूर्ववर्ती शासक ने अपने से सौ साल पहले के शासक की बात स्मरण करके उस समय की पोशाक में गवर्नमेंट हौस के भीतर एक नाच, नाच डाला था।

सारांश यह कि लोग जिस ढंग से श्रीमान् की बड़ाई करते हैं वह एक प्रकार की शिष्टाचार की रीति पूरी कर रहे हैं। आपकी असली बड़ाई का मौका अभी नहीं आया, पर वह मौका आपके हाथ में विलक्षण रूप से है। श्रीमान् इस देश में अभी यदि अज्ञातकुल नहीं तो अज्ञातशील अवश्य हैं। यहाँ के कुछ लोगों की समझ में आपके पूर्ववर्ती शासक ने प्रजा को बहुत सताया है और वह उसके हाथ से बहुत तंग हुई। वह समझते हैं कि आप उन पीड़ाओं को दूर कर देंगे, जो आपका पूर्ववर्ती शासक यहाँ फैला गया है। इसी से वह दौड़कर आपके द्वार पर जाते हैं। यह कदापि न समझिए कि आपके किसी गुण पर मोहित होकर जाते हैं। वह जैसे आँखों पर पट्टी बाँधे जाते हैं, वैसे ही चले आते हैं, जिस अँधेरे में हैं, उसी में रहते हैं!

अब यह कैसे मालूम हो कि लोग जिन बातों को कष्ट मानते हैं, उन्हें श्रीमान् भी कष्ट ही मानते हों? अथवा आपके पूर्ववर्ती शासक ने जो काम किए, आप भी उन्हें अन्याय भरे काम मानते हों? साथ ही एक और बात है। प्रजा के लोगों की पहुँच श्रीमान् तक बहुत कठिन है। पर आपका पूर्ववर्ती शासक आपसे पहले ही मिल चुका और जो कहना था वह कह गया। कैसे जाना जाय कि आप उसकी बात पर ध्यान न देकर प्रजा की बात पर ध्यान देंगे? इस देश में पदार्पण करने

के बाद जहाँ आपको जरा भी खड़ा होना पड़ा है, वहीं उन लोगों से घिरे हुए रहे हैं, जिन्हें आपके पूर्ववर्ती शासक का शासन पसंद है। उसकी बात बनाई रखने को अपनी इज्जत समझते हैं। अब भी श्रीमान् चारों ओर से उन्हीं लोगों के घेरे में हैं। कुछ करने धरने की बात तो अलग रहे, श्रीमान् के विचारों को भी इतनी स्वाधीनता नहीं है कि उन लोगों के बिठाये चौकी पहरे को जरा भी उल्लंघन कर सकें। तिसपर गजब यह कि श्रीमान् को इतनी भी खबर नहीं कि श्रीमान् की स्वाधीनता पर इतने पहरे बैठे हुए हैं। हाँ, यह खबर हो जाए तो वह हट सकते हैं।

जिस दिन श्रीमान् ने इस राजधानी में पदार्पण करके इसका सौभाग्य बढ़ाया, उस दिन प्रजा के कुछ लोगों ने सड़क के किनारों पर खड़े होकर श्रीमान् को बड़ी कठिनाई से एक दृष्टि देख पाया। इसके लिए पुलिस पहरेवालों की गाली, घूसे और धक्के भी बरदाश्त किए। बस, उन लोगों ने श्रीमान् के श्रीमुख की एक झलक देख ली। कुछ कहने सुनने का अवसर उन्हें न मिला, न सहज में मिल सकता। हुजूर ने किसी को बुलाकर कुछ पूछताछ न की न सही, उसका कुछ अरमान नहीं, पर जो लोग दौड़कर कुछ कहने सुनने की आशा से हुजूर के द्वार तक गए थे, उन्हें भी उल्टे पाँव लौट आना पड़ा। ऐसी आशा अंततः प्रजा को आपसे न थी। इस समय वह अपनी आशा को खड़ा होने के लिए स्थान नहीं पाते हैं।

एक बार एक छोटा-सा लड़का अपनी सौतेली माता से खाने को रोटी माँग रहा था। सौतेली माँ कुछ काम में लगी थी, लड़के के चिल्लाने से तंग होकर उसने उसे एक बहुत ऊँचे ताक में बिठा दिया। बेचारा भूख और रोटी दोनों को भूल नीचे उतार लेने के लिए रो-रोकर प्रार्थना करने लगा, क्योंकि उसे ऊँचे ताक से गिरकर मरने का भय हो रहा था। इतने में उस लड़के का पिता आ गया। उसने पिता से बहुत गिड़गिड़ाकर नीचे उतार लेने की प्रार्थना की। पर सौतेली माता ने पति को डाँटकर कहा, कि खबरदार! इस शरीर लड़के को वहीं टँगे रहने दो, इसने मुझे बड़ा दिक किया है। इस बालक की सी दशा इस समय इस देश की प्रजा की है। श्रीमान् से वह इस समय ताक से उतार लेने की प्रार्थना करती है, रोटी नहीं माँगती। जो अत्याचार उस पर श्रीमान् के पधारने के कुछ दिन पहले से आरंभ हुआ है, उसे दूर करने के लिए गिड़गिड़ाती है, रोटी नहीं माँगती। बस, इतने ही में श्रीमान् प्रजा को प्रसन्न कर सकते हैं! सुनाम पाने का यह बहुत ही अच्छा अवसर है, यदि श्रीमान् को उसकी कुछ परवा हो।

आशा मनुष्य को बहुत लुभाती है, विशेष कर दुर्बल को परम कष्ट देती है।

श्रीमान् ने इस देश में पदार्पण करके बंबई में कहा और यहाँ भी एक बार कहा कि अपने शासनकाल में श्रीमान् इस देश में सुख शांति बढ़ाना चाहते हैं। इससे यहाँ की प्रजा को बड़ी आशा हुई थी कि वह ताक से नीचे उतार ली जाएगी, पर श्रीमान् के दो एक कामों तथा कौंसिल के उत्तर ने उस आशा को ढीला कर डाला है, उसे ताक से उतरने का भरोसा भी नहीं रहा।

अभी कुछ दिन हुए आपके एक लफ्टनंट ने कहा था कि मेरी दशा उस आदमी की सी है, जिसके एक हिंदू और एक मुसलमान दो जोरू हों, हिंदू जोरू नाराज रहती हो और मुसलमान जोरू प्रसन्न। इससे वह हिंदू जोरू को हटाकर मुसलमान बीवी से खूब प्रेम करने लगे। श्रीमान् के उस लफ्टनंट की ठीक वैसी दशा है या नहीं, कहा नहीं जा सकता! पर श्रीमान् की दशा ठीक उस लड़के के पिता की सी है, जिसकी कहानी ऊपर कही गई है। उधर उसका लड़का ताक में बैठा नीचे उतरने के लिए रोता है और इधर उसकी नवीना सुंदरी स्त्री लड़के को खूब डराने के लिए पति पर आँखें लाल करती है। प्रजा और 'प्रेस्टीज' दो खयालों में श्रीमान् फँसे हैं। प्रजा ताक का बालक है और प्रेस्टीज नवीन सुंदरी पत्नी—किसकी बात रखेंगे? यदि दया और वात्सल्य-भाव श्रीमान् के हृदय में प्रबल हो तो प्रजा की ओर ध्यान होगा, नहीं तो प्रेस्टीज की ओर ढुलकना ही स्वाभाविक है।

अब यह विषय श्रीमान् ही के विचारने के योग्य है कि प्रजा की ओर देखना कर्तव्य है या प्रेस्टीज की। आप प्रजा की रक्षा के लिए आए हैं या प्रेस्टीज की? यदि आपके खयाल में प्रजा रूपी लड़का ताक में बैठा रोया करे और 'उतारो, उतारो' पुकारा करे, इसी में उसका सुख और शांति है तो उसे ताक में टँगा रहने दीजिए, जैसा कि इस समय रहने दिया है। यदि उसे वहाँ से उतारकर कुछ खाने-पीने को देने में सुख है तो वैसा किया जा सकता है। यह भी हो सकता है कि उसकी विमाता को प्रसन्न करके उसे उतरवा लिया जाए, इसमें प्रजा और प्रेस्टीज दोनों की रक्षा है।

जो बात आपको भली लगे वही कीजिए—कर्तव्य समझिए वही कीजिए। इस देश की प्रजा को अब कुछ कहने सुनने का साहस नहीं रहा। अपने भाग्य का उसे भरोसा नहीं, अपनी प्रार्थना के स्वीकार होने का विश्वास नहीं। उसने अपने को निराशा के हवाले कर दिया है। एक विनय और भी साथ-साथ की जाती है कि इस देश में श्रीमान् जो चाहें बेखटके कर सकते हैं, किसी बातके लिए विचारने या सोच में जाने की जरूरत नहीं। प्रशंसा करने वाले अब और चलते समय बराबर

आपको घेरे रहेंगे। आप देख ही रहे हैं कि कैसे सुंदर कास के टोंमें रखकर, लंबी चौड़ी प्रशंसा भरे एड्रेस लेकर लोग आपकी सेवा में उपस्थित होते हैं। श्रीमान् उन्हें बुलाते भी नहीं, किसी प्रकार की आशा भी नहीं दिलाते, पर वह आते हैं! इसी प्रकार हुजूर जब इस देश को छोड़ जाएँगे तो हुजूर बाला को बहुत से एड्रेस उन लोगों से मिलेंगे, जिनका हुजूर ने कभी कुछ भला नहीं किया। बहुत लोग हुजूर की एक मूर्ति के लिए खनाखन रुपये गिन देंगे, जैसे कि हुजूर के पूर्ववर्ती वाइसराय की मूर्ति के लिए गिने जा रहे हैं। प्रजा उस शासक की कड़ाई के लिए लाख रोती है, पर इसी देश के धन से उसकी मूर्ति बनती है।

विनय हो चुकी, अब भगवान से प्रार्थना है कि श्रीमान् का प्रताप बढ़े यश बढ़े और जब तक यहाँ रहें, आनंद से रहें। यहाँ की प्रजा के लिए जैसा उचित समझें करें। यद्यपि इस देश के लोगों की प्रार्थना कुछ प्रार्थना नहीं है, पर प्रार्थना की रीति है, इससे की जाती है।

['भारतमित्र' 23 सितंबर, 1905 ई.]

आशीर्वाद

तीसरे पहर का समय था। दिन जल्दी-जल्दी ढल रहा था और सामने से संध्या फुर्ती के साथ पाँव बढ़ाए चली आती थी। शर्म्मा महाराज बूटी की धुन में लगे हुए थे। सिल-बट्टे से भंग रगड़ी जा रही थी। मिर्च मसाला साफ हो रहा था। बादाम इलायची के छिलके उतारे जाते थे। नागपुरी नारंगियाँ छील-छील कर रस निकाला जाता था। इतने में देखा कि बादल उमड़ रहे हैं। चीलें नीचे उतर रही हैं; तबीयत भुरभुरा उठी इधर भंग उधर घटा, बहार में बहार। इतने में वायु का वेग बढ़ा, चीलें अदृश्य हुईं। अँधेरा छाया। बूँदें गिरने लगीं। साथ ही तड़तड़ धड़धड़ होने लगी, देखा ओले गिर रहे हैं। ओले थमे, कुछ वर्षा हुई। बूटी तैयार हुई 'बम भोला' कहके शर्म्माजी ने एक लोटा भर चढ़ाई। ठीक उसी समय लालडिग्गी पर बड़े लाट मिंटो ने बंगदेश के भूतपूर्व छोटे लाट उडबर्न की मूर्ति खोली। ठीक एक ही समय कलकत्ते में यह दो आवश्यक काम हुए। भेद इतना ही था कि शिवशंभु शर्म्मा के बरामदे की छत पर बूँदें गिरती थीं और लार्ड मिंटो के सिर या छाते पर।

भंग छानकर महाराज जी ने खटिया पर लंबी तानी। कुछ काल सुषुप्ति के आनंद में निमग्न रहे। अचानक धड़धड़ तड़तड़ के शब्द ने कानों में प्रवेश किया। आँखें मलते उठे। वायु के झोंकों से किवाड़ पुर्जे-पुर्जे हुआ चाहते थे। बरामदे के टीनों पर तड़ातड़ के साथ ठनाका भी होता था। एक दरवाजे के किवाड़ खोलकर बाहर की ओर झाँका तो हवा के झोंके ने दस-बीस बूँदों और दो चार ओलों से शर्म्माजी के श्रीमुख का अभिषेक किया। कमरे के भीतर भी ओलों की एक बौछाड़ पहुँची। फुर्ती से किवाड़ बंद किए तथापि एक शीशा चूर हुआ। समझ में आ गया कि ओलों की बौछाड़ चल रही है। इतने में ठन-ठन करके दस बजे। शर्म्माजी फिर चारपाई पर लंबायमान हुए। कान, टीन और ओलों के सम्मिलन की ठनाठन का मधुर शब्द सुनने लगे। आँखें बंद, हाथ-पाँव सुख में। पर विचार के घोड़े को विश्राम न था। वह ओलों की चोट से बाज़ुओं को बचाता हुआ परिंदों की तरह

इधर-उधर उड़ रहा था। गुलाबी नशे में विचारों का तार बँधा कि बड़े लाट फुर्ती से अपनी कोठी में घुस गए होंगे और दूसरे अमीर भी अपने-अपने घरों में चले गए होंगे, पर वह चीलें कहाँ गई होंगी? ओलों से उनके बाजू कैसे बचे होंगे, जो पक्षी इस समय अपने अंडे बच्चों समेत पेड़ों पर पत्तों की आड़ में हैं या घोंसलों में छिपे हुए हैं, उन पर क्या गुजरी होगी। जरूर झड़े हुए फलों के ढेर में कल सवेरे इन बदनसीबों के टूटे अंडे, मरे बच्चे और इनके भीगे सिसकते शरीर पड़े मिलेंगे। हाँ, शिवशंभु को इन पक्षियों की चिंता है, पर यह नहीं जानता कि इस अभ्रस्पर्शी अट्टालिकाओं से परपूरित महानगर में सहस्रों अभागे रात बिताने को झोंपड़ी भी नहीं रखते। इस समय सैकड़ों अट्टालिकाएँ शून्य पड़ी हैं। उनमें सहस्रों मनुष्य सो सकते, पर उनके ताले लगे हैं और सहस्रों में केवल दो-दो चार-चार आदमी रहते हैं। अहो, तिस पर भी इस देश की मट्टी से बने हुए सहस्रों अभागे सड़कों के किनारे इधर-उधर की सड़ी और गीली भूमियों में पड़े भीगते हैं। मैले चिथड़े लपेटे वायु वर्षा और ओलों का सामना करते हैं। सवेरे इनमें से कितनों ही की लाशें जहाँ-तहाँ पड़ी मिलेंगी। तू इस चारपाई पर मौजें उड़ा रहा है।

आन की आन में विचार बदला, नशा उड़ा, हृदय पर दुर्बलता आई। भारत! तेरी वर्तमान दशा में हर्ष को अधिक देर स्थिरता कहाँ? कभी कोई हर्ष सूचक बात दस-बीस पलक के लिए चित्त को प्रसन्न कर जाय तो वही बहुत समझना चाहिए। प्यारी भंग! तेरी कृपा से कभी-कभी कुछ काल के लिए चिंता दूर हो जाती है। इसी से तेरा सहयोग अच्छा समझा है। नहीं तो यह अधबूढ़ा भंगड़ क्या सुख का भूखा है! घावों से चूर जैसे नींद में पड़कर अपने कष्ट भूल जाता है अथवा स्वप्न में अपने को स्वस्थ देखता है, तुझे पी कर शिवशंभु भी उसी प्रकार कभी-कभी अपने कष्टों को भूल जाता है!

चिंता स्रोत दूसरी ओर फिरा। विचार आया कि काल अनंत है। जो बात इस समय है, वह सदा न रहेगी। इससे एक समय अच्छा भी आ सकता है। जो बात आज आठ-आठ आँसू रुलाती है, वही किसी दिन बड़ा आनंद उत्पन्न कर सकती है। एक दिन ऐसी ही काली रात थी। इससे भी घोर अँधेरी—भादों कृष्णा अष्टमी की अर्द्धरात्रि। चारों ओर घोर अंधकार—वर्षा होती थी, बिजली कौंदती थी, घन गरजते थे। यमुना उत्ताल तरंगों में बह रही थी! ऐसे समय में एक दृढ़ पुरुष एक सद्यजात शिशु को गोद में लिये, मथुरा के कारागार से निकल रहा था। शिशु की माता शिशु के उत्पन्न होने के हर्ष को भूलकर दुःख से विह्वल होकर चुपके-चुपके आँसू गिराती थी, पुकार कर रो भी नहीं सकती थी। बालक उसने उस पुरुष को

अर्पण किया और कलेजे पर हाथ रख कर बैठ गई। सुध आने के समय से उसने कारागार में ही आयु बिताई है। उसके कितने ही बालक वहीं उत्पन्न हुए और वहीं उसकी आँखों के सामने मारे गए। यह अंतिम बालक है। कड़ा कारागार, विकट पहरा, पर इस बालक को वह किसी प्रकार बचाना चाहती है। इसी से उस बालक को उसके पिता की गोद में दिया है कि वह उसे किसी निरापद स्थान में पहुँचा आवे।

वह और कोई नहीं थे, यदुवंशी महाराज वसुदेव थे और नवजात शिशु कृष्ण। उसी को उस कठिन दशा में उस भयानक काली रात में वह गोकुल पहुँचाने जाते हैं। कैसा कठिन समय था। पर दृढ़ता सब विपदों को जीत लेती है, सब कठिनाइयों को सुगम कर देती है। वसुदेव सब कष्टों को सह कर यमुना पार करके भीगते हुए उस बालक को गोकुल पहुँचा कर उसी रात कारागार में लौट आए। वही बालक आगे कृष्ण हुआ, ब्रज का प्यारा हुआ, माँ-बाप की आँखों का तारा हुआ, यदुकुल मुकुट हुआ। उस समय की राजनीति का अधिष्ठाता हुआ। जिधर वह हुआ उधर विजय हुई, जिसके विरुद्ध हुआ उसकी पराजय हुई। वही हिंदुओं का सर्वप्रधान अवतार हुआ और शिवशंभु शर्म्मा का इष्टदेव, स्वामी और सर्वस्व। वह कारागार भारत संतान के लिए तीर्थ हुआ। वहाँ की धूल मस्तक पर चढ़ाने के योग्य हुई–

बर जमीने कि निशानेकफे पाए तो बुवद।
सालहा सिजदये साहिब न जरां ख्वाहद बूद॥*

तब तो जेल बुरी जगह नहीं है। 'पंजाबी' के स्वामी और संपादक को जेल के लिए दुःख न करना चाहिए। जेल में कृष्ण ने जन्म लिया है। इस देश के सब कष्टों से मुक्त करने वाले ने अपने पवित्र शरीर को पहले जेल की मट्टी से स्पर्श कराया। उसी प्रकार 'पंजाबी' के स्वामी लाला यशवंत राय ने जेल में जाकर जेल की प्रतिष्ठा बढ़ाई, भारतवासियों का सिर ऊँचा किया, अग्रवाल जाति का सिर ऊँचा किया। उतना ही ऊँचा, जितना कभी स्वाधीनता और स्वराज्य के समय अग्रवाल जाति का अग्रोहे में था! उधर एडीटर मि. अथावले ने स्थानीय ब्राह्मणों का मस्तक ऊँचा किया जो उनके गुरु तिलक को अपने मस्तक का तिलक समझते हैं। सुरेंद्रनाथ ने बंगाल की जेल का और तिलक ने बंबई की जेल का मान बढ़ाया था। यशवंत राय और अथावले ने लाहौर की जेल को वही पद प्रदान किया। लाहौरी जेल की भूमि पवित्र हुई। उसकी धूल देश के शुभचिंतकों की आँखों का अंजन हुई। जिन्हें इस देश पर प्रेम है, वह इन दो युवकों की स्वाधीनता और साधुता पर अभिमान कर सकते हैं।

* जिस भूमि पर तेरा पदचिह्न है, दृष्टिवाले सैकड़ों वर्ष तक उस पर अपना मस्तक टेकेंगे।

जो जेल, चोर-डकैतों, दुष्ट-हत्यारों के लिए है जब उसमें सज्जन-साधु, शिक्षित, स्वदेश और स्वजाति के शुभचिंतकों के चरण स्पर्श हों तो समझना चाहिए कि उस स्थान के दिन फिरे। ईश्वर की उसपर दया दृष्टि हुई। साधुओं पर संकट पड़ने से शुभ दिन आते हैं। इससे सब भारतवासी शोक संताप भूलकर प्रार्थना के लिए हाथ उठावें कि शीघ्र वह दिन आवे कि जब एक भी भारतवासी चोरी, डकैती, दुष्टता, व्यभिचार, हत्या, लूट-खसोट, जाल आदि दोषों के लिए जेल में न जाय। जाय तो देश और जाति की प्रीति और शुभचिंता के लिए। दीनों और पददलित निर्बलों को सबलों के अत्याचार से बचाने के लिए, हाकिमों को उनकी भूलों और हार्दिक दुर्बलता से सावधान करने के लिए और सरकार को सुमंत्रणा देने के लिए। यदि हमारे राजा और शासक हमारे सत्य और स्पष्ट भाषण और हृदय की स्वच्छता को भी दोष समझें और हमें उसके लिए जेल भेजें तो वैसी जेल हमें ईश्वर की कृपा समझकर स्वीकार करना चाहिए और जिन हथकड़ियों से हमारे निर्दोष देश-बांधवों के हाथ बँधे, उन्हें हेममय आभूषण समझना चाहिए। इसी प्रकार यदि हमारे ईश्वर में इतनी शक्ति न हो कि वह हमारे राजा और शासकों को हमारे अनुकूल कर सके और उन्हें उदारचित्त और न्यायप्रिय बना सके तो इतना अवश्य करे कि हमें सब प्रकार के दोषों से बचाकर न्याय के लिए जेल काटने की शक्ति दे, जिससे हम समझें कि भारत हमारा है और हम भारत के। इस देश के सिवा हमारा कहीं ठिकाना नहीं। रहें इसी देश में, चाहे जेल में चाहे घर में। जब तक जिएँ, जिएँ और जब प्राण निकल जाएँ तो यहीं की पवित्र मट्टी में मिल जाएँ।

['भारतमित्र' 30 मार्च, 1907 ई.]

शाइस्ता खां का खत

फुलर साहब के नाम

भाई फुलरजंग! दो सौ सवा दो सौ साल के बाद तुम ने फिर एक बार नवाबी जमाने को ताजा किया है, इसके लिए मैं तुम्हारा शुक्रिया किस जुबान से अदा करूँ। मैंने तो समझा था कि हम लोगों की बदनाम नवाबी हुकूमत की दुनिया में फिर कभी इज्जत न होगी। उस पर अमलदरामद तो क्या उसका नाम भी अगर कोई लेगा तो गाली देने के लिए। मेरा ही नहीं, मेरे बाद भी जो नवाब हुए उन सबका यही खयाल है। मगर अब देखता हूँ कि जमाने का इनकलाब एक बार फिर से हम लोगों के कारनामों को ताजा करना चाहता है।

अपनी हुकूमत के जमाने में मैंने कितने ही काम अपनी मर्जी से किए और कितने ही लाचारी से। उनमें से कितनों ही के लिए मैं निहायत शरमिंदा हूँ, अपने ऊपर मुझे आप नफरत आती है। मैंने देखा कि उन कामों का नतीजा बहुत खराब हुआ। हुकूमत के नशे में उस वक्त बुरा भला कुछ न सोचा। मगर अंजाम जो कुछ हुआ, वह सारे जमाने ने देख लिया। यानी हमारी कौम को बहुत जल्द हुकूमत से छुट्टी मिल गई और जिस बादशाह का मैं नायब बनकर बंगाल का नाजिम हुआ था, उसने मरने से पहले अपनी हुकूमत का जवाल अपनी आँखों से देखा। बंगाल में मेरे बाद फिर किसी को नाजिम नहीं होना पड़ा।

गर्जे के मैंने खूब गौर कर के देखा बंगाल में या हिंदुस्तान में नवाबी जमाना फिर होने की कुछ जरूरत नहीं है। इन दो सौ साल में कितनी ही बातें मैंने जान ली हैं, जमाने के कितने ही उलट-पलट देखे और समझे उसकी चाल पर खूब निगाह जमा कर देखा, मगर कहीं नवाबी को खड़ा होने की गुंजाइश न पाई। लेकिन देखा जाता है कि तुम्हारे जी में नवाबी की खाहिश है। तुम बंगाल के हिंदुओं को धमकाते हो कि उनके लिए फिर शाइस्ताखां का जमाना ला दिया जाएगा! भई वल्लह! मैंने

जब से यह खबर अपने दोस्त नवाब अब्दुल्लतीफ खाँ से सुनी है तब से हँसते-हँसते मेरे पेट में बल पड़-पड़ जाते हैं। अकेला मैं ही नहीं हँसा, बल्कि जितने मुझसे पहले और पीछे के नवाब यहाँ बहिश्त में मौजूद हैं सब एकबार हँसे। यहाँ तक कि हमारे सिका सूरत बादशाह औरंगजेब भी जो उस दुनिया में कभी न हँसे थे इस वक्त अपनी हँसी को रोक न सके। हँसी इस बात की थी कि बेसमझे ही तुमने मेरे जमाने का नाम लिया है। मालूम होता है कि तुम्हें इल्म तवारीख से बहुत कम मस है। अगर तुम्हें मालूम होता कि मेरा जमाना बंगालियों के बनिस्बत तुम फरंगियों के लिए ज्यादा मुसीबत का था, तो शायद उसका नाम भी न लेते। तुमको मालूम होना चाहिए कि यहाँ बहिश्त में भी अंगरेजी अखबार पढ़े जाते हैं। मेरे जमाने में तो तुम लोगों की गिटपिट बोली को खयाल ही में कौन लाता था, पर मैंने मालूम किया है कि मेरे बाद भी उसकी कुछ कदर न थी। यहाँ तक जिस गदर के जमाने में दिल्ली के मुसलमान तुम्हारी बोली को गुड डामियर बोली कहा करते थे। मगर इस वक्त यहाँ भी तुम्हारी बोली की जरूरत पड़ती है क्योंकि अब वह कुल हिंदुस्तान में छाई हुई है और हिंदुस्तान की खबरों को जानने का यहाँ वालों को भी शौक रहता है। इसी से अंगरेजी अखबारों की जरूरी खबरें यहाँ वाले भी नवाब अब्दुल्लतीफ खाँ वगैरह से सुन लिया करते हैं।

भाई नवाब फुलर! मैं सच कहता हूँ कि मेरा जमाना बुलाना तुम कभी पसंद न करोगे। मुझे ताज्जुब है कि किसी अंगरेज ने तुम्हारे ऐसा कहने पर तुम्हें गँवार नहीं कहा। उस वक्त तुम लोग क्या थे, जरा सुन डालो! तुम कई तरह के फरंगी इस मुल्क में अपने जहाजों में बैठकर आने लगे थे। बंगाल में वलंदेज, पुर्तगीज, फरासीसी और तुम लोगों ने कई मुकामों में अपनी कोठियाँ बनाई थीं और तिजारत के बहाने कितनी ही तरह की शरारतें सोचा और किया करते थे। वह फरंगी चोरियाँ करते थे, डाके डालते थे, गाँव जलाते थे! जब हम लोगों को यह मालूम हुआ कि तुम्हारी नीयत साफ नहीं है, तिजारत के बहाने से तुम इस मुल्क पर दखल कर बैठने की फिक्र में हो, तब तुम लोगों को यहाँ से मार के भगाना पड़ा और सिर्फ बंगाल ही से नहीं, सारे हिंदुस्तान से निकालने का भी हमारे बादशाह ने बन्दोवस्त किया था। जुल्म से यह सुलूक तुम्हारे साथ नहीं किया गया, बल्कि तुम्हारी शरारतों के सबब से। इसके बाद 50 साल तक तुम अपने पाँव से खड़े न हो सके।

यह कायदा है कि दूसरी कौम की हुकूमत ही को लोग जुल्म से भी बढ़कर जुल्म समझते हैं। इससे हिंदू हमारी हुकूमत को उस जमाने में बुरा समझते हों तो एक मामूली बात है। तो भी मैं तुम्हारे जानने को कहता हूँ, कि हम मुसलमानों

ने बहुत दफे हिंदुओं के साथ इंसानियत का बर्ताव भी किया है। बहुत-सी बदनामियों के साथ मेरी हुकूमत के वक्त की एक नेकनामी बंगाले की तवारीख में ऐसी मौजूद है, जिसकी नजीर तुम्हारी तवारीख में कहीं भी न मिलेगी। मैंने बंगाले के दारुस्सलतनत ढाके में एक रुपए के 8 मन चावल बिकवाए थे। क्या तुममें वह जमाना फिर ला देने की ताकत है? मैं समझता हूँ कि अंगरेजी हुकूमत में यह बात नामुमकिन है। अंगरेजी में ऐसा न हुआ, न है और न हो सकता है। जहाँ तुम्हारी हुकूमत जाती है, वहाँ खाने-पीने की चीजों को एकदम आग लग जाती है। क्योंकि तुम तो हम लोगों की तरह खाली हाकिम ही नहीं हो, साथ-साथ बक्काल भी हो। उस अपने बक्कालपन की हिमायत के लिए ही हमारे जमाने को बंगाल में खेंच कर लाना चाहते हो। जो बादशाह भी है और बक्काल भी है, उसकी हुकूमत में खाने-पीने की चीजें सस्ती कैसे हों?

मेरी हुकूमत का एक सबसे बड़ा इलजाम मैं खुद बताता हूँ। अपने बादशाह के हुक्म से मैंने बंगाल के हिंदुओं पर जिजिया लगाया था। पर वह तुम फरंगियों पर भी लगाया था। तुम लोग चालाक थे, कुछ घोड़े और तोहफा तहायफ देकर बच गए। हिंदुओं के साथ झगड़ा हुआ। उनके दो चार मंदिर टूटे और एक इज्जतदार रईस कैद हुआ। इसी के लिए मैं शरमिंदा हूँ और इसका बदला भी हाथों हाथ पाया और इसी का खौफ तुम अपने इलाके के हिंदुओं को दिलाते हो। वरना यह हिम्मत तो तुममें कहाँ कि मेरे जमाने की तरह हिंदुओं को हरबाहथियार बाँधने दो और आठ मन का गल्ला खाने दो।

तुम लोगों ने जो महसूल इस मुल्क पर लगाए हैं, वह क्या कभी इस मुल्क की खाने-पीने की चीजों को सस्ता होने देंगे? तुम्हारा नमक का महसूल जिजिये से किस बात में कम है? भाई फुलरजंग! कितने ही इलजाम चाहे मुझ पर हों, एक बार मैंने इस मुल्क की रैयत को जरूर खुश किया था। मगर तुमने हुकूमत की बाग हाथ में लेते ही गुरखों को अपने वहदे पर मुकर्रर किया है। बच्चों के मुँह से 'बन्दयेमादरम्!' सुन कर तुम जामे से बाहर होते हो, इतने पर भी तुम मेरी या किसी दूसरे नवाब की हुकूमत से अपनी हुकूमत को अच्छा समझते हो! तुम्हें आफरीं है!

तुमने बिगड़ कर कहा है कि तुम बंगालियों को पाँच सौ साल पीछे फेंक दोगे। अगर ऐसा हो, तो भी बंगाली बुरे न रहेंगे। उस वक्त बंगाल में एक ऐसे राजा का राज था, जिसने हिंदुओं के लिए मंदिर और मुसलमानों के लिए मसजिदें बनवाई थीं और उस राजा के मर जाने पर हिंदू उसकी लाश को जलाना और मुसलमान

गाड़ना चाहते थे। वह जमाना तुम्हारे जैसा हाकिम क्यों आने देगा? तुम तो हिंदू मुसलमानों को लड़ा कर हुकूमत करने की बहादुरी समझते हो और इस वक्त मुसलमानों के साथ बड़ी मुहब्बत जाहिर कर रहे हो। मगर तुम लोगों की मुहब्बत कलकत्ते में उस लाठे बनाने से ही समझदार मुसलमान समझ गए, जो तुम्हारा एक चलता अफसर सिराजुद्दौला का मुँह काला करने के लिए एक कयासी वकूएकी यादगारी के तौर पर बना गया है। मुसलमानों से तुम्हारी जैसी मुहब्बत है, उसे वह लाठ पुकार-पुकार कर कह रही है।

अखीर में मैं तुमको एक दोस्ताना सलाह देता हूँ कि खबरदार कभी पुराने जमाने को फिर लाने की कोशिश न करना। तुम लोगों को मैं सदा कमीने, झगड़ालू लोग और बेईमान बक्काल कहा करता। मेरे बाद भी तुम्हारे कामों से इस मुल्क के लोगों को कभी मुहब्बत नहीं हुई। यहाँ तक कि खुदा ने तुम्हें इस मुल्क का मालिक कर दिया तो भी लोगों का एतबार तुम पर न हुआ। हाँ, एक तुम्हारी जन्नत मकानी मलिका विक्टोरिया का जमाना ही ऐसा हुआ, जिसमें इस मुल्क के लोगों ने तुम लोगों की हुकूमत की इज्जत की। क्योंकि उस मलिका मुअज्जमा ने अदल से इस मुल्क के लोगों का दिल अपने हाथ में लिया। मैं नहीं चाहता कि तुम उस हासिल की हुई इज्जत को खोओ। रैयत के दिल में इंसाफ का सिक्का बैठता है, जुल्म का नहीं। जुल्म के लिए हम लोग बदनाम हो चुके, तुम क्यों बदनाम होते हो? जुल्म का नतीजा हम भोग चुके हैं, पर तुम्हें उससे खबरदार करते हैं। अपने कामों से साबित कर दो कि तुम इंसान हो खुदातर्स हो, यहाँ की रैयत को पालने आए हों, लोगों को गिरी हालत से उठाने आए हो। लोग यह न समझें कि मतलबी हो, नाखुदातर्स हो, अपने मतलब के लिए इस मुल्क के लड़कों को 'बन्दये मादरम्' कहने से भी बंद करते हो!

खयाल रखो कि दुनिया चंद रोजा है। आखिर सबको उस दुनिया से काम है, जिसमें हम हैं। सदा कोई रहा न रहेगा। नेकनामी या बदनामी रह जावेगी। तुम जुल्म से बंगालियों को मत रुलाओ, बल्कि ऐसा करो जिससे तुम्हारे लिए तुम्हारे अलग होने के वक्त बंगाली खुद रोवें। फकत।

–शाइस्ता खां अज जन्नत

['भारतमित्र' 25 नवंबर, 1905 ई.]

सर सय्यद अहमद का खत

अलीगढ़ कालिज के लड़कों के नाम।

मेरे प्यारो, मेरी आँखों के तारो, मेरी कौम के नौनिहालो!

जिंदगी में मैंने इज्जत, नामवरी बहुत कुछ हासिल की, मगर यह कहूँगा और मेरा यह कहना बिलकुल सच है कि तुम्हारी बेहतरी की तदबीर ही में मैंने अपनी उमर पूरी कर दी। तुम लोगों की तरक्की और बेहबूदी के खयाल ही को मैं अपनी जिंदगी का हासिल समझता रहा। होश सम्हालने के दिनसे अखीर दमतक इस कौमेमरहूम का मरसिया ही मेरी जुबान पर जारी था। लाख-लाख शुक्र की जगह है कि मेरी मेहनत बेकार न गई। तुम्हारे लिए मैं जो कुछ चाहता था, उसमें से बहुत कुछ पूरा हुआ और तुम्हें एक अच्छी हालत में देख लेने के बाद मैंने खुदा को जान सौंपी।

उस दिन मेरे मजार पर आकर तुमने निढाल होकर अपने आँसुओं के मोती बखेर दिए। उस वक्त की अपने दिल की कैफियत क्या जाहिर करूँ कि मुझ पर क्या गुजरती थी और तबसे मुझे कितनी बेचैनी है। हाय!

चि मिकदार खूँ दर अमद खुर्दा बाशम।
कि बर खाकम आई ओ मन मुर्दा बाशम॥

काश! मुझमें ताकत होती कि मैं उस वक्त तुमसे बोल सकता और तुम्हारे पास आकर तुम्हें गोद में लेकर कलेजा ठंडा करता और तुम्हारे फूल से मुखड़ों से आँसू पोंछकर तुम्हें हँसाने की कोशिश कर सकता। मगर आह! यह सब बातें नामुमकिन थीं, इससे मुझ पर जो कुछ बीती वह मैं ही जानता हूँ। मर कर भी मुझे आराम न मिला! इस नई दुनिया में आकर भी मुझे कल न मिली।

अजीजो! जिस हालत में तुम इस वक्त पड़े हो, इसका मुझे जीते जी ही खटका था। खासकर अपनी जिंदगी के अखीर दिनों में मुझे बड़ा ही खयाल था। इसके इंसदाद की कोशिश भी मैंने बहुत कुछ की, मगर खुदा को मंजूर न थी, इससे काम बनकर भी बिगड़ गया। तुममें से बहुतों ने सुना होगा कि मैंने अपनी मौजूदगी ही में यह फैसला कर दिया था कि मेरे बाद महमूद तुम्हारे कालिज का लाइफ सेक्रेटरी बने। इस पर वह शोरिश मची और वह तूफाने बेतमीजी बरपा हुआ कि अल अमान! मेरी सब करनी-धरनी भूल कर लोग मुझे खुदगरज और मतलबी कहने लगे। उस कौमी कालिज को मेरे घर का कालिज बताने लगे और ताने देने लगे कि मैं अपने बेटे को अपना जानशीन बनाकर कौम से दगा करता हूँ। मुझ पर 'अहमद की पगड़ी महमूद के सिर' की फबती उड़ाई गई। पर मैंने कुछ परवा न की। सय्यद महमूद को लाइफ सेक्रेटरी बनाया। अपने जीते जी एक अपने से भी बढ़कर लायक सेक्रेटरी तुम्हारे कालिज को दे गया था। पर अफसोस उसकी उमर ने वफा न की। मेरे थोड़े ही दिन पीछे वह भी मेरे ही पास चला आया।

इस वक्त तुम पर जो कुछ गुजरी है, अगर मैं होता तो उसकी यह शकल कभी न होती। न सय्यद महमूद की मौजूदगी में ऐसा करने की किसी की हिम्मत होती। मगर अफसोस हम दोनों ही नहीं! जो हैं, उनके बारे में और क्या कहा जाय, अच्छे हैं! कालिज के नसीब! कौम के नसीब! अजीजो! यह कालिज तुम्हारे लिए बना था। तुम्हीं उसमें से निकाले जाते हो, तो यह किस काम आवेगा? उफ! मेरी समझ में नहीं आता कि मैंने तुम्हारे लिए यह दारुलउलूम बनाया था या गुलाम खाना! तुम्हारे मौजूदा सेक्रेटरी क्या खयाल करते होंगे?

मगर क्या पस्तखयाली का नतीजा पस्ती न होना चाहिए? तुम्हारी और तुम्हारे कालिज की मौजूदा हालत का क्या मैं ही जिम्मेदार नहीं हूँ? क्या यह इस वक्त का दर्दनाक नज्जारा मेरी चाल का नतीजा नहीं है? हाँ! यह जंजीरें कौमी तरक्की के पाँवों में अपने ही हाथों से डाली गई हैं, दूसरा कोई इसके लिए कसूरवार नहीं ठहर सकता! अगर इबतिदा से अखीर तक मेरी चाल एक ही रहती तो यह खराबी काहे को होती? कौमी पस्ती का ऐसा सीन देखने में न आता!

न जिल्लत से नफरत न इज्जत का अरमां।

मैं वही हूँ, जिसने 'असवावे बगावत' लिखकर विलायत तक में खलबली डाल दी थी। इन सूबों में मैं ही पहला शख्स हूँ, जिसने अंगरेजों को आम रिआया की राय का खयाल दिलाया। मैंने ही सबसे पहले डंके की चोट यह जाहिर किया

था कि अगर हिंदुस्थान की कौंसिलों में अंगरेज, रिआया के कायममु काम लोगों को शामिल करते तो कभी गदर न होता। तुम कभी न समझना कि मैं अंगरेजों की खुशामद किया करता था, या खुशामद को किसी कौम की तरक्की का जीना समझा करता। बल्कि मैंने सदा अंगरेजों से बराबरी का बरताव किया है। कितने ही बड़े-बड़े अंगरेज अफसर मेरे दोस्त रहे हैं, मैंने सदा उनसे दोस्ताना और बेतकल्लुफाना गुफ्तगू की है। कभी उनकी अफसरी या हाकिमी का रोब मानकर उनसे बरताव नहीं किया। खुदा की इनायत से सय्यद महमूद की तबीयत में मुझ से भी ज्यादा आजादी थी और साथ ही उसने मगरबी इल्मों में भी फजीलत हासिल की थी, जिससे उस आजादी की चमक दमक और भी बढ़ गई थी। यही वजह थी कि मैंने महमूद को जीते जी अपना कायममु काम और तुम्हारे कालिज का सेक्रेटरी मुकर्रिर किया था। अगर वह होता तो आज तुम लोगों की आजादी और इज्जत एक मामूली हिंदुस्थानी कांस्टबल की हिमायत में ठोकर न खाती फिरतीं और तुम्हें कालिज से निकाल कर कांस्टबलों को कालिज के अहाते में न ला खड़ा किया जाता।

मेरे बच्चो! मेरी एक ही कमजोरी का यह फल है, जिसे तुम भोग रहे हो और जिसके लिए आज मेरी रूह कब्र में भी बेकरार है। मेरी उस कमजोरी ने खुदगरजी और खुशामद का दरजा हासिल किया। पर सच यह है, मैंने जो कुछ किया कौम की भलाई के लिए किया, अपने फायदे के लिए नहीं। पर वैसा करना बड़ी भारी भूल थी, यह मैं कबूल करता हूँ और उसका इतना खौफनाक नतीजा होगा, इसका मुझे ख्वाबमें भी खयाल न था। मैंने यही समझा था कि इस वक्त मसलहतन यह चाल चल ली जाए, आगे चलकर इसकी इसलाह कर ली जाएगी। मैं यह न समझा था कि यह चाल मेरी कौम के रगोरेशे में मिल जाएगी और छूटने के बजाय उसकी खूबू और आदत बन जाएगी। अफसोस! खुद कर्दा अम-खुद कर्दारा इलाजे नेस्त!

हिंदुओं से मेल रखना मुझे नापसंद नहीं था। मेरे ऐसे हिंदू दोस्त थे, जिन्होंने मरते दम तक मुझसे दोस्ती निबाही और जिनकी सोहबत से मुझे बड़ी खुशी हासिल होती थी। कालिज के लिए उनसे माकूल चंदे मिले हैं। पंजाब में कालिज के चंदे के लिए दौरा करने के वक्त लेक्चर में मैंने कहा था कि हिंदू मुसलमानों को मैं एक ही आँख से देखता हूँ। क्या अच्छा होता जो मेरे एक ही आँख होती, जिससे मैं इन दोनों को सदा एक ही आँख से देखा करता? अफसोस! अपनी कौम की शकस्ताहाली ने मुझे उस सच्चे रास्ते से हटाया। मैंने सन् 1888 ई. में इंडियन नेशनल कांग्रेस से मुखालिफत करके हिंदू-मुसलमानों को दो आँखों से देखने का

खयाल पैदा किया और अपने उन्हीं सच्चे और पुराने खयालात पर पानी फेरा, जिनका दावेदार कांग्रेस से पहले मैं खुद था! खयाल करने से तअज्जुब और अफसोस मालूम होता है कि मैंने वह सच्चा और सीधा रास्ता छोड़ा भी तो किस के कहने से कि जो 'असबाबे बगावत' लिखने के वक्त मेरे पिछले खयालात का तरफदार था और उसी ने मेरी उस उर्दू किताब का अंगरेजी तरजुमा कर दिया था! काश! सर आकलेंड कालविन इन सूबों के लफ्टनंट गवर्नर न होते और उसी हैसियत में रहते, जैसे उस किताब के तरजुमा करने के वक्त थे!

मेरे अजीजो! जमाने की रफ्तार को कोई रोक नहीं सकता। वह सबको अपने रास्ते पर घसीट ले जाती है। अगरचे तुम लड़के नहीं हो, जवान हो और माशाअल्लाह तुममें से कितनों ही के दाढ़ी मूँछें भी निकल रही हैं। मगर इस कालिज में तुम परदे की बूबू की तरह रखे जाते हो, गैर के साये से बचाए जाते हो। तुम्हारे हर काम पर अंगरेज प्रिंसिपल वगैरा वैसा ही पहरा रखते हैं, जैसे दाया और मामा छूछू गोद के और उँगली के सहारे के बालकों पर रखती हैं। पर इतने पर भी तुम निरे गोद के बच्चे नहीं बने रह सके। बहुत दबने पर तुम्हें जवानों की तरह हिम्मत करनी पड़ी। गोद के बच्चे क्या सदा गोद ही में रह सकते हैं? उफ! अजीब मखमसे में फँसे हो। तुम्हारे गोरे अफसर एक गोरे हाकिम की खुशामद को तुमसे अजीज समझकर एक कांस्टबल पर तुम्हें निसार करते हैं और तुम्हारे सेक्रेटरी ट्रस्टी अपनी वफादारी के दामन पर दाग नहीं लगने देना चाहते! अगर वह तुम्हारी तरफदारी करें तो अंगरेज अफसर उन्हें बागी समझेंगे! तुम्हारी साँप छछूँदर की सी हालत हुई!

सबसे गजब की बात है कि यह पस्त-हिम्मती मेरी ही पाली सी बताई जाती है और इसका अमलदरआमद करना मेरी रूह को सवाब पहुँचाना समझा जाता है! मेरा जी घबराता है कि हाय! एक मामूली सी कमजोरी के लिए यह जिल्लत! जो जूठे टुकड़े अंगरेज अपनी मेज पर से इस मुल्क के हिंदू-मुसलमानों की तरफ फेंक देते हैं, उनमें से दो चार मुसलमानों के लिए ज्यादा लपक देने के लिए यह जिल्लत! इस वक्त कुछ समझ में नहीं आता कि क्या कहकर तुम्हें तसल्ली दूँ। इससे एक उलुलअज्म शाइर का एक मिसरा पढ़कर यह खत खत्म करता हूँ—

"तुम्हीं अपनी मुशकिल को आसां करोगे।"

सय्यद अहमद—अज जन्नत

]'भारतमित्र' 9 मार्च, 1907 ई.]

मेले का ऊँट

भारतमित्र संपादक! जीते रहो—दूध बताशे पीते रहो। भांग भेजी सो अच्छी थी। फिर वैसी ही भेजना। गत सप्ताह अपना चिट्ठा आपके पत्र में टटोलते हुए 'मोहन-मेले' के लेख पर निगाह पड़ी। पढ़कर आपकी दृष्टि पर अफसोस हुआ। पहली बार आपकी बुद्धि पर अफसोस हुआ था। भाई! आपकी दृष्टि गिद्ध की सी होना चाहिए, क्योंकि आप संपादक हैं। किंतु आपकी दृष्टि गिद्ध की सी होने पर भी उस भूखे गिद्ध की सी निकली जिसने ऊँचे आकाश में चढ़े चढ़े भूमि पर एक गेहूँ का दाना पड़ा देखा पर उसके नीचे जो जाल बिछ रहा था वह उसे न समझा। यहाँ तक कि उस गेहूँ के दाने को चुगने से पहले जाल में फँस गया।

मोहन-मेले में आपका ध्यान दो एक पैसे की एक पूरी की तरफ गया। न जाने आप घर से कुछ खाकर गये थे या यों ही। एक पैसे की पूरी के मेले में दो पैसे हों तो आश्चर्य न करना चाहिए, चार पैसे भी हो सकते थे। यह क्या देखने की बात थी। तुमने व्यर्थ बातें बहुत देखीं, काम की एक भी तो देखते। दाईं ओर जाकर तुम 11 सौ सतरों का एक पोस्टकार्ड देख आये पर बाईं तरफ बैठा हुआ ऊँट भी तुम्हें दिखाई न दिया। बहुत लोग उस ऊँट की ओर देखते और हँसते थे। कुछ लोग कहते थे कि कलकत्ते में ऊँट नहीं होते इसी से मोहन-मेले वालों ने इस विचित्र जानवर का दर्शन कराया है। बहुत-सी शौकीन बीवियाँ कितने ही फूल बाबू ऊँट का दर्शन करके खिलते दाँत निकालते चले गये। तब कुछ मारवाड़ी बाबू भी आये। और झुक-झुक कर उस काठ के घेरे में बैठे हुए ऊँट की तरफ देखने लगे। एक ने कहा—"ऊँटड़ो है।" दूसरा बोला—ऊँटड़ो कठेते आयो?" ऊँटने भी यह देख दोनों ओठों को फड़काते हुए थूथनी फटकारी। भंग की तरंग में मैंने सोचा कि ऊँट अवश्य ही मारवाड़ी बाबुओं से कुछ कहता है। जी में सोचा कि चलो देखें वह क्या कहता है? क्या उसकी भाषा मेरी समझ में न आवेगी?

मारवाड़ियों की भाषा समझ लेता हूँ तो मारवाड़ के ऊँट की बोली समझ में न आवेगी? इतने में तरंग कुछ अधिक हुई। ऊँट को बोली साफ-साफ समझ में आने लगी। ऊँट ने उन मारवाड़ी बाबुओं की ओर थूथनी करके कहा–

"बेटा! तुम बच्चे हो, तुम क्या जानोगे? यदि मेरी उमर का कोई होता तो वह जानता। तुम्हारे बाप के बाप जानते थे कि मैं कौन हूँ, क्या हूँ। तुमने कलकत्ते के महलों में जन्म लिया तुम पोतड़ों के अमीर हो। मेले में बहुत चीजें हैं, उनको देखो। और यदि तुम्हें कुछ फुरसत हो तो लो सुनो, सुनाता हूँ। आज दिन तुम विलायती फिटिन टमटम और जोड़ियों पर चढ़कर निकलते हो, जिनकी कतार तुम मेले के द्वार पर मीलों तक छोड़ आए हो, तुम उन्हीं पर चढ़कर मारवाड़ से कलकत्ते नहीं पहुँचे थे। यह सब तुम्हारे साथ की जन्मी हुई हैं। तुम्हारे बाप पचास साल के भी न होंगे इससे वह भी मुझे भली-भाँति नहीं पहचानते। हाँ, उनके भी बाप हों तो मुझे पहचानेंगे। मैंने ही उनको पीठ पर लादकर कलकत्ते तक पहुँचाया है।

आज से पचास साल पहले रेल कहो थी। मैंने मारवाड़ी से मिरजापुर तक और मिरजापुर से रानीगंज तक कितने ही फेरे किए हैं। महीनों तुम्हारे पिता के पिता तथा उनके भी पिताओं का घर-बार मेरी ही पीठ पर रहता था। जिन स्त्रियों ने तुम्हारे बाप और बाप के भी बाप को जना है वह सदा मेरी पीठ को ही पालकी समझती थीं। मारवाड़ में मैं सदा तुम्हारे द्वार पर हाजिर रहता था, पर यहाँ वह मौका कहाँ? इसी से इस मेले में तुम्हें देखकर आँखें शीतल करने आया हूं। तुम्हारी भक्ति घट जाने पर भी मेरा वात्सल्य नहीं घटता है। घटे कैसे मेरा तुम्हारा जीवन एक ही रस्सी से बँधा हुआ था। मैं ही हल चलाकर तुम्हारे खेतों में अन्न उपजाता था। और मैं ही चारा आदि पीठ पर लादकर तुम्हारे घर पहुँचाता था। यहाँ कलकत्ते में जल की कलें हैं, गंगाजी हैं, जल पिलाने को ग्वाले, कहार हैं पर तुम्हारी जन्मभूमि में मेरी ही पीठ पर लदकर कोसों से जल आता था और तुम्हारी प्यास बुझाता था।

मेरी इस घायल पीठ को घृणा से न देखो। इस पर तुम्हारे बड़े, अन्न, रस्सियां यहाँ तक कि उपले लादकर दूर-दूर तक ले जाते थे। जाते हुए मेरे साथ पैदल जाते थे और लौटते हुए मेरी पीठ पर चढ़े हुए हिचकोले खाते वह स्वर्गीय सुख लूटते थे कि तुम रबड़ के पहिये वाली चमड़े की कोमल गद्दियोंदार फिटिन में बैठकर भी वैसा आनंद प्राप्त नहीं कर सकते। मेरी बलबलाहट उनके कानों को इतनी सुरीली लगती थी कि तुम्हारे बागीचों में तुम्हारे गवैयों तथा तुम्हारी पसंद की बीबियों के स्वर भी तुम्हें उतने अच्छे न लगते होंगे। मेरे गले के घंटों का शब्द उनको सब बाजों से प्यारा लगता था। फोग के जंगल में मुझे चरते देखकर वह उतने

ही प्रसन्न होते थे जितने तुम अपने सजे बागीचों में भंग पीकर, पेट भरकर और ताश खेलकर।"

भंग की निंदा सुनकर मैं चौंक पड़ा। मैंने ऊँट से कहा—बस बलबलाना बंद करो। यह बावला शहर नहीं जो तुम्हें परमेश्वर समझे। तुम पुराने हो तो क्या, तुम्हारी कोई कल सीधी नहीं है। जो पेड़ों की छाल और पत्तों से शरीर ढाँकते थे, उनके बनाये कपड़ों से सारा संसार बाबू बना फिरता है, जिनके पिता सिर पर गठरी ढोते थे, वही पहले दरजे के अमीर हैं, जिनके पिता स्टेशन से गठरी आप ढोकर लाते थे उनको सिर पर पगड़ी सम्हालना भारी है, जिनके पिता का कोई पूरा नाम न लेकर पुकारता था, वह बड़ी-बड़ी उपाधिधारी हुए हैं। संसार का जब यही रंग है तो ऊँट पर चढ़ने वाले सदा ऊँट ही पर चढ़ें यह कुछ बात नहीं। किसी की पुरानी बात यों खोलकर कहने से आजकल के कानून से हतक-इज्जत हो जाती है। तुम्हें खबर नहीं कि अब मारवाड़ियों ने 'एसोसियेशन' बना ली है। अधिक बलबलाओगे तो वह रिजोल्यूशन पास करके तुम्हें मारवाड़ से निकलवा देंगे। अतः तुम उनका कुछ गुणगान करो जिससे वह तुम्हारे पुराने हक को समझें और जिस प्रकार लार्ड कर्जन ने किसी जमाने के 'ब्लैकहोल' को उस पर लाठ बनवा कर और उसे सगंमरमर से मढ़वाकर शानदार बना दिया है उसी प्रकार मारवाड़ी तुम्हारे लिए मखमली काठी, जरी की गद्दियाँ, हीरे पन्नों की नकेल और सोने की घंटियाँ बनवाकर तुम्हें बड़ा करेंगे और अपने बड़ों की सवारी का सम्मान करेंगे।

—**श्री शिवशंभु शर्म्मा**

['भारतमित्र', 12 जून, 1901 ई.]

मनुष्य गणना

जय भङ्ग भवानी की! संपादक महाशय। अबके अच्छी घसीटन में फँसे थे, पर राम आसरे से 'भारतमित्र' में अपना चिट्ठा छपवाने को और कुछ दिन के लिए बच गए। इस बार गरीब शिवशंभु शर्म्मा की होली किरकिरी होती होती बच गई। सो अब गहरी भङ्ग भेजिये। ऐसी भेजिये कि पीते ही घर घूमे और छप्पर हिले।

आप अपने होली के नंबर की धुन में जान पड़ता है कि दीन दुनिया सब भूल गए। फिर शिवशंभु शर्म्मा को क्या याद रखते? पर एक बात आपको बता देते हैं कि जब आप अपना होली का नंबर तय्यार करने में लगे थे ठीक उसी समय कलकत्ते में मनुष्य गणना के बेगारी पकड़े जाते थे। सरहदी लड़ाई के समय जिस प्रकार पंजाब में ऊँट और छकड़े पकड़े जाते थे, इस कलकत्ता महानगर में ठीक उसी प्रकार बाबू लोग पकड़े जाकर 'एन्यूमरेटर' बनाये जाते थे। कई दिन तक यह बेचारे छकड़ों की भाँति लदे और ऊँट की तरह गर्दन उठाये गली-गली घूमते थे। इन गरीबों की दशा देखकर बड़ी हँसी आती थी, पर आगे चलकर वही हंसी आँसुओं में बदल गई।

मुझे यह खबर न थी कि बाजार में जाते ही बेगार का छकड़ा बनना पड़ेगा। एक कनिस्टबल मुझे देखकर पूछने लगा कि हे महाराज! आप अंगरेजी जानते हैं? मैंने कहा—हाँ। इतना सुनते ही कनिस्टबल ने कहा—तो फिर चलिये थाने में साहब बुलाते हैं। मैंने कितना ही कहा कि मुझ शिवशंभु शर्म्मा का थाने से काम ही क्या है, पर एक न सुनी गई। कनिस्टबल धकेलकर मुझे थाने में ले गया।

एक साहब ने आकर कागजों का एक पुलंदा मेरे सामने डाल दिया और कहा कि सेन्सस आईन की रू से तुम एन्यूमरेटर बनाये गये, तुमको एक मुहल्ले के बीस मकानों की मनुष्य गणना करना पड़ेगी। और खबरदार इस काम से इनकार करोगे या इसमें गफलत करोगे तो तुमको सजा हो जावेगी।

मेरी बुद्धि चकरा गई। मैंने कहा—साहब, मैं भंगड़ अंगड़ आदमी मुझसे भला यह काम कैसे होगा? इसके उत्तर में साहब ने कहा कि नहीं अलबट टुमको करना होगा और नहीं करने से जेल जाना होगा। जाओ अपना घर पर जाकर सब काम समझो।

"गले पड़ी ढोलकी, बजाये सिर" समझकर मैं कागजों का पुलंदा लिये चल निकला। साहब ने कहा घर जाओ, वह क्या जाने की शिवशंभु के घर है या नहीं? आज शिवशंभु को घर दरकार है। जिनके घर फालतू हो वह शिवशंभु को दे दें वह उसमें बैठकर सरकारी बेगार पूरी करेगा।

घर दर तो कुछ न सूझा। सूझा सरकारी बाग—बीडनगार्डन। वहाँ जाकर सब प्रकार की चिंताओं को भगाने वाली भगवती भङ्ग का ध्यान किया। इस भगवती की कृपा से सब चिंताएँ दूर होकर बुद्धि निर्मल हुई। तब पुलंदा खोलकर देखना आरंभ किया। नंबर, मकान, नाम, जाति आदि से लेकर पैदा होने की जगह तक का पता लिखने की बात देखी। देखते-देखते जब नीचे को दृष्टि गई तो कुछ विशेष बातें लिखी देखीं। उनमें यह भी लिखा था कि हीजड़ों को मर्द लिखो। विचार उत्पन्न हुआ कि यह दिल्लगी तो नहीं है? किंतु सरकार प्रजा से दिल्लगी करे ऐसा हो नहीं सकता!

मर्द मर्द लिखे जावें और स्त्रियाँ स्त्रियाँ, तो हीजड़ों को हीजड़ों ही की गिनती में क्यों न लिखा जावे? ईश्वर ने जब उनको स्त्री पुरुष दोनों ही में विलक्षण बनाया है तो मनुष्य गणना में उनका वह लक्षण लोप क्यों किया जावे? इसके सिवा जब हीजड़े मर्द लिखे गये तो मर्दों और हीजड़ों में पहचान ही क्या रही?

देर तक जी में यही उलझन रही कि किस कारण सरकार मर्द और हीजड़ों को एक कर रही है। क्या भारतवर्ष में मर्द और हीजड़ों में कुछ पहचान रखने की जरूरत नहीं है? मैं इसी विचार में था कि एक लंबी तरंग ने उठकर मेरी गर्दन दबा दी। नशे की गहरी झोंक में मर्दों और हीजड़ों की एकता भली भाँति समझ में आने लगी।

जब भारतवर्ष के मर्द मर्द कहलाने से प्रसन्न हैं तो यहाँ के हीजड़ों को मर्द कहना क्या बेजा है? मर्द ऐसा कौन काम करते हैं जो हीजड़े नहीं कर सकते? एक पुरानी फारसी कहावत है कि हीजड़े को हथियार से क्या लाभ। अर्थात हीजड़ों के पास यदि हथियार रहें भी तो उससे क्या लाभ है? भारतवर्ष में जो लोग मर्द कहलाते हैं सरकार ने उनसे हथियार छीन लिये हैं। केवल इसलिए कि उनके पास हथियार रहने से कुछ फायदा नहीं है। कितने ही वर्ष बीत गये बिना हथियार रहने पर भी इस देश के मर्द, मर्द ही कहलाते हैं। इससे जान पड़ता है कि हीजड़ों के

पास भी हथियार न रहने से उनको कोई नामर्दी का दोष नहीं लगा सकता। तथा जैसे हीजड़ों के पास हथियार रहने से कोई लाभ नहीं, वैसे ही अंगरेजी सरकार की समझ में भारतवर्ष के मर्दों के पास हथियार रहने से भी कुछ लाभ नहीं।

इस देश के हथियार-रहित मर्दों को जब सरकार कृपा-पूर्वक मर्द ही समझती है तो मनुष्य गणना में इस देश के हीजड़ों को भी उन्हीं की श्रेणी में रख देना कुछ युक्ति विरुद्ध नहीं है।

वह तो हुई हथियार की बात। अब हथियारों का खयाल छोड़ कर मर्दों और हीजड़ों का मुकाबला करना चाहिए। खाने में, पीने में, चलने फिरने में, सोने जागने और उठने बैठने में, कपड़ा पहनने में—सब में देखिये और बताइये कि हीजड़े और मर्दों के बीच इन सब बातों में क्या भेद है?

इस देश के मर्द दिन में खाते पीते कपड़ा पहनते और चलते हैं तथा रात को पाँव पसारकर सो रहते हैं। हीजड़े भी ठीक इसी प्रकार सब काम करते हैं। फिर उनका नाम भी सरकार मर्दों में क्यों न लिखे?

यदि गाने बजाने या हथेली पीटने और गले में ढोल की डालने की बात कहिये तो इस भारतवर्ष में वैसे मर्द कहलानेवालों की भी कमी नहीं है। मर्द नामधारियों में स्त्री बनकर नाचने वाले और ढोलकी बजाने वाले कितने ही हैं। हीजड़े अपनी ही ढोलकी और अपने ही पाँव के घुँघरुओं की आवाज पर नाचते हैं किंतु मर्द कहलानेवालों में कितने ही ऐसे हैं जो रण्डी या जोरू की उँगली के इशारे पर नाचते हैं। फिर भी हीजड़ों का नाम मर्दों में क्यों न लिखा जावे?

यदि यह कहो कि हीजड़े पराये द्वार पर जाकर बधाई देते हैं और न्यौछावर माँगते हैं, तो भी शिवशंभु शर्म्मा के निकट उनका कुछ हीजड़ापन नहीं है। सेठजी के जम्हाई लेने पर पास बैठनेवालों में से कितने ही चुटकियाँ बजाते हैं और बाबू साहब की बैठक में जाकर उनके मुँह पर उनके चेहरे मोहरे और कपड़े लत्तों की प्रशंसा कितने ही गाते हैं। यदि यह सब लोग मर्द कहला सकते हैं, तो हीजड़े भी मर्द कहला सकते हैं इसमें संदेह नहीं।

हीजड़े विवाह आदि उत्सवों पर दो घड़ी तुम्हारी खुशामद करने आते हैं। पर हे मर्द नामधारियो! तुममें से ऐसे बहुत हैं, जिनकी खुशामद करते उमरें बीत गईं। तुम मर्द हो तो भी तुम्हारी रक्षा सरकार करती है और हीजड़े, हीजड़े हैं तब भी उनकी रक्षा सरकार करती है! कौन काम में तुम उनसे बढ़कर हो जिससे तुम मर्द और वह हीजड़े कहलावें। तुम खाते हो, पीते हो, शौकीनी करते हो, बाबूपन दिखाते

हो और अंत में मर जाते हो, हीजड़े भी यही सब करते हुए तुम्हारी तरह मर जाते हैं! मरने पर दोनों बराबर! नहीं-नहीं हीजड़े तुमसे बेहतर क्योंकि हीजड़े मरकर अपने पीछे और हीजड़े नहीं छोड़ जाते, पर तुम अपने से मर्द बहुत छोड़ जाते हो!

इसके अतिरिक्त यह बात भी ध्यान रखने की है कि अब सरकार अंगरेजी के बनाये सब कुछ बन सकता है। वह तुम्हारे हथियार छीन कर तुम्हें हीजड़ा बना सकती है और मनुष्य गणना में हीजड़ों का नाम मर्दों के साथ लिखवा सकती है। इन सब बातों से तुम यह न समझ लेना कि शिवशंभु हीजड़ों का हिमायती है। नहीं नहीं, यह पागल ब्राह्मण तुम्हें हीजड़ों और मर्दों के पहचानने के दिव्य नेत्र देता है।

जिनके बाप दादा भेड़ की आवाज सुनकर डर जाते थे, जिनको स्वयं चाकू से कलम का डंक काटते भय लगता है उन्हें सरकार ने 'राय बहादुर' बनाया है! जिनकी हुकूमत उनके घर की चारदीवारी से कभी बाहर नहीं निकली है, वैसे कितने ही राजा बहादुर और महाराजा बहादुर कहलाते हैं। जब मारवाड़ का राजा भी राजा है और मोचीपाड़े का राजा भी राजा ही है तो हीजड़ों के मर्दों में लिखे जाने का कुछ अफसोस नहीं है। जहाँ गवालियर का महाराज भी महाराज है और पथरियाघाट का महाराज भी महाराज है, उस देश के हीजड़ों को सरकार मर्दों में लिखवावे तो शिवशंभु शर्म्मा उससे नाराज नहीं। वरंच यदि सरकार उनको मर्दों की सब उपाधियों से भी विभूषित किया करे तो शिवशंभु को अधिक प्रसन्नता होगी।

अपने इस नोट के साथ भंग प्रसादात मैंने अपने हिस्से की गणना कर डाली है। और कागजों का पुलंदा उन्ही साहब के सामने फेंक आया हूँ। साहब मेरे काम से प्रसन्न हुए हैं। मैंने यह भी सुना कि किसी के काम से भी वह अप्रसन्न नहीं हुए। बेगार में अप्रसन्नता ही क्या? जो हो—'जान बची लाखों पाये!'

—शिवशंभु शर्म्मा।

['भारतमित्र', 9 मार्च, 1901 ई.]

भाषा विचार

हिंदी-भाषा की भूमिका

वर्तमान हिंदी-भाषा की जन्मभूमि दिल्ली है। वहीं ब्रज-भाषा से वह उत्पन्न हुई और वहीं उसका नाम हिंदी रखा गया।

आरंभ में उसका नाम रेख़्ता पड़ा था। बहुत दिनों यही नाम रहा। पीछे हिंदी कहलाई। कुछ और पीछे इसका नाम उर्दू हुआ। अब फारसी वेष में अपना उर्दू नाम ज्यों का त्यों बना हुआ रखकर देवनागरी वस्त्रों में हिंदी-भाषा कहलाती है।

हिंदी के जन्म-समय उसकी माता ब्रज-भाषा खाली भाषा कहलाती थी। क्योंकि वही उस समय उत्तर-भारत की देश-भाषा थी। पर बेटी का प्रताप शीघ्र ही इतना बढ़ा कि माता के नाम के साथ ब्रज शब्द जोड़ने की आवश्यकता पड़ी। क्योंकि कुछ बड़ी होकर बेटी भारतवर्ष की प्रधान भाषा बन गई और माता केवल एक प्रांत की भाषा रह गई। अब माता ब्रजभाषा और पुत्री हिंदी-भाषा कहलाती है।

यद्यपि हिंदी की नींव बहुत दिनों से पड़ गई थी, पर इसका जन्मकाल शाहजहाँ के समय से माना जाता है। मुगल सम्राट् शाहजहाँ के बसाए शाहजहानाबाद के बाजार में इसका जन्म हुआ। कुछ दिनों तक वह निरी बाजारी भाषा बनी रही! बाजार में जन्म ग्रहण करने से ही इसका नाम उर्दू हुआ। उर्दू तुर्की भाषा का शब्द है। तुर्की में उर्दू, लश्कर या छावनी के बाजार को कहते हैं। शाहजहानी लश्कर के बाजार में उत्पन्न होने के कारण जन्म-स्थान के नाम पर उसका नाम उर्दू हुआ।

उसका नाम 'हिंदी' भी मुसलमानों का रखा हुआ है। हिंदी फारसी भाषा का शब्द है। उसका अर्थ है, हिंद से संबंध रखने वाली अर्थात् हिंदुस्थान की भाषा। ब्रजभाषा में फारसी, अरबी, तुर्की आदि भाषाओं के मिलने से हिंदी की सृष्टि हुई। उक्त तीनों भाषाओं को विजेता मुसलमान अपने देशों से अपने साथ भारतवर्ष में लाए थे। सैकड़ों साल तक मुसलमान इस देश में फारसी बोलते रहे। फारिस के विजेताओं ही का इस देश में अधिक बल रहा है। अरबी, तुर्की बोलने वाले बहुत

कम थे। जब इन लोगों की कई पीढ़ियाँ इस देश में बसते हो गईं तो इस देश की भाषा का भी उन पर प्रभाव हुआ। भारत की भाषा उनकी भाषा में मिलने लगी और उनकी भाषा भारत की भाषा में युक्त होने लगी। जिस समय यह मेल होने लगा था, उसे अब छः सौ वर्ष से अधिक हो गए। आरंभ में उक्त मेलजोल सामान्य-सा था। धीरे-धीरे इतना बढ़ा कि फारसी और ब्रजभाषा दोनों के संयोग से एक तीसरी भाषा उत्पन्न हो गई। उसका नाम हिंदी या उर्दू जो चाहिए सो समझ लीजिए। फारसी-भाषा के कवियों ने इस नई भाषा को शाहजहानी बाजार में अनाथावस्था में इधर-उधर फिरते देखा। उन्हें इसकी भोली-भाली सूरत बहुत पसंद आई। वह उसे अपने घर ले जाकर पालने लगे। उन्होंने ही उसका नामकरण किया और उसे रेख़्ता कहकर पुकारने लगे। औरंगजेब के समय में उक्त भाषा में कविता होने लगी। मुहम्मदशाह के समय में उन्नति हुई और शाहआलम सानी के समय में यहाँ तक उन्नति हुई कि बहुत अच्छे-अच्छे कवियों के सिवा स्वयं बादशाह उक्त भाषा में कविता करने लगे और एक नामी कवि कहलाए। कितने ही हिंदू कवि भी इस भाषा में कविता करने लगे। साधु महात्माओं के कुटीर तक भी इसका प्रचार होने लगा, वह अपने भगवद्भक्ति के पद इस भाषा में रचने लगे।

मुसलमानी अमलदारी में इस भाषा में केवल फारसी कविता के ढंग की कविता ही होती रही। गद्य की उस समय तक कुछ जरूरत न पड़ी। जब अंगरेजों के पाँव इस देश में जम गए और मुसलमानी राज्य का चिराग ठंडा होने लगा, तब इस भाषा में गद्य की नींव पड़ी। गद्य की पहली पोथी सन् 1798 ई. में लिखी गई। सन् 1802 ई. में जब दिल्ली में 'बागोबहार' नाम की पोथी तय्यार हुई तो गद्य की चर्चा कुछ बढ़ी। यहाँ तक कि हिंदुओं का भी इधर ध्यान हुआ। कविवर लल्लूलाल जी आगरा निवासी ने अगले ही वर्ष सन् 1803 ई. में प्रेमसागर लिखा। मुसलमान लोग अपनी पोथियाँ फारसी अक्षरों में लिखते थे लल्लूलाल जी ने देवनागरी अक्षरों में अपनी पोथी लिखी। पर दुःखकी बात है, लल्लूजी के पीछे बहुत काल तक ऐसे लोग उत्पन्न न हुए जो उनके दिखाए मार्ग पर चलते और उनके किए हुए काम की उन्नति करते। इसी से उनका काम जहाँ का तहाँ रह गया। देवनागरी अक्षरों में प्रेमसागर के ढंग की नई-नई रचनाएँ करनेवाले लोग साठ साल तक फिर दिखाई न दिए। अक्षरों वाले उन्नति करते गए। गद्य में उन्होंने और भी कितनी ही पोथियाँ लिखीं। पीछे सन् 1835 ई. में उनके सौभाग्य से सरकारी दफ्तरों में फारसी अक्षरों के साथ हिंदी जारी हुई। इससे नागरी अक्षरों को बड़ा धक्का पहुँचा। उनका प्रचार बहुत कम हो चला। जो लोग नागरी अक्षर सीखते थे, वह फारसी अक्षर सीखने पर विवश हुए। फल यह हुआ कि हिंदी-भाषा न रह कर उर्दू बन

गई। हिंदी उस भाषा का नाम रहा जो टूटी-फूटी चाल पर देवनागरी अक्षरों में लिखी जाती थी। न वह नियम पूर्वक सीखी जाती थी और न उसके लिखने का कोई अच्छा ढंग था। कविता करने वाले ब्रजभाषा में कविता करते हुए पुरानी चाल पर चले जाते थे, जो अब भी एकदम बंद नहीं हो गई है। गद्य या तो आपस की चिट्ठी-पत्रियों में बड़े गँवारी ढंग से जारी था या कोई एक-आध गुमनाम बेढंगी पोथी में दिखाई देता था।

पचास साल से अधिक हिंदी की यही दशा रही। उसका नाम-निशान मिटने का समय आ गया। उसके साथ-ही-साथ देवनागरी अक्षरों का प्रचार एकदम उठ चला था। देवनागरी अक्षरों में एक छोटी मोटी चिट्ठी भी शुद्ध लिखना लोग भूल चले थे। उर्दू का जोर बहुत बढ़ गया था। अचानक समय ने पलटा खाया। कुछ फारसी-अंगरेजी पढ़े हुए हिंदू सज्जनों के हृदय में यह विचार उत्पन्न हुआ कि फारसी अक्षरों का चाहे कितना ही प्रचार हो जाए और सरकारी ऑफिसों में भी उनका कैसा ही आदर बढ़ जाए, सर्व्वसाधारण में फैलने के योग्य देवनागरी अक्षर ही हैं। स्वर्गीय राजा शिवप्रसाद की चेष्टा से काशी से बनारस अखबार निकाला* उसकी भाषा उर्दू और अक्षर देवनागरी थे। राजा शिवप्रसादजी द्वारा देवनागरी अक्षरों का और भी बहुत कुछ प्रचार हुआ। पीछे काशीवालों ने हिंदी भाषा के सुधार की ओर भी ध्यान दिया और 'सुधाकर-पत्र' निकाला। पर वह चेष्टा भी विफल हुई। अंत को आगरा-निवासी स्वर्गीय राजा लक्ष्मणसिंहजी ने शकुंतला का हिंदी अनुवाद किया और अच्छी हिंदी लिखने वालों को फिर से एक मार्ग दिखाया। यद्यपि उसका शुद्ध अनुवाद 25 साल पीछे सन् 1888 ई. में प्रकाशित हुआ जब कि हिंदी की चर्चा बहुत कुछ फैल चुकी थी—तथापि राजा शिवप्रसाद के गुटके में मिल जाने से उसके पहले अनुवाद का बहुत प्रचार हो चुका था। सन् 1878 ई. में उक्त राजा साहब ने रघुवंश का गद्य हिंदी में अनुवाद किया। उसकी भूमिका में वह लिखते हैं—

"हमारे मत में हिंदी और उर्दू दो बोली न्यारी-न्यारी हैं। हिंदी इस देश के हिंदू बोलते हैं और उर्दू यहाँ के मुसलमानों और फारसी पढ़े हुए हिंदुओं की बोलचाल है। हिंदी में संस्कृत के पद बहुत आते हैं, उर्दू में अरबी-फारसी के। परंतु कुछ आवश्यक नहीं है कि अरबी-फारसी के शब्दों बिना हिंदी न बोली जाए और न हम उस भाषा को हिंदी कहते हैं, जिसमें अरबी-फारसी के शब्द भरे हों। इस उलथा में यह भी नियम रक्खा गया है कि कोई पद अरबी-फारसी का न आवे।"

---

* इसके पहले कलकत्ते से 30 मई सन् 1826 को 'उदन्तमार्त्तण्ड' नामक साप्ताहिक हिन्दी-पत्र प्रकाशित हो चुका था। उसके सम्पादक और प्रकाशक कानपुर निवासी पं. युगलकिशोर मिश्र थे। वे यहाँ सदर दीवानी अदालत में 'प्रोसिडिंग्स रीडर' थे।

—(बांगला सामयिक पत्र,—श्रीव्रजेन्द्रनाथ बन्द्योपाध्याय-लिखित, पृष्ठ 73)

राजा साहब उर्दू फारसी भली-भाँति जानते थे, तिस पर भी हिंदी और उर्दू को केवल इसलिए दो न्यारी न्यारी बोली बताते थे कि एक में संस्कृत के शब्द अधिक होते हैं और दूसरी में फारसी अरबी के शब्द। अस्तु, इस कथन से यह स्पष्ट है कि हिंदी और उर्दू में केवल संस्कृत और फारसी आदि के शब्दों के लिए भेद है और सब प्रकार दोनों एक हैं। साथ ही यह भी विदित होता है कि उर्दू से उस समय कुछ शिक्षित हिंदू घबराने लगे थे और समझने लगे थे कि फारसी, अरबी शब्दों के बहुत मिल जाने से हिंदी हिंदी नहीं रही कुछ और ही हो गई, हिंदुओं के काम वह नहीं आ सकती। ईश्वर की इच्छा थी कि हिंदी की रक्षा हो, इसी से यह विचार कुछ शिक्षित हिंदुओं के हृदय में उसने अंकुरित किया। गिरती हुई हिंदी को उठाने के लिए उसकी प्रेरणा से स्वर्गीय भारतेंदु बाबू हरिश्चंद्र का जन्म हुआ।

हरिश्चंद्र ने हिंदी को फिर से प्राण-दान किया। उन्होंने हिंदी में अच्छे-अच्छे समाचार-पत्र, मासिक-पत्र आदि निकाले और उत्तम उत्तम नाटकों और पुस्तकों से उसका गौरव बढ़ाना आरम्भ किया। यद्यपि उन्होंने बहुत थोड़ी आयु पाई और सतरह-अठारह वर्ष से अधिक हिंदी की सेवा न कर सके—तथापि इस अल्पकाल ही में हिंदी-संसार में युगांतर उपस्थित कर दिया। उनके सामने ही कितने ही हिंदी के अच्छे लेखक हो गए थे। कितने ही समाचार-पत्र निकलने लगे थे। जिस हिंदी की ओर पहले लोग आँख उठाकर न देखते थे वह सबकी आँखों का तारा हो चली थी। हरिश्चंद्र ने हिंदी के लिए क्या किया, यह बात आगे कही जावेगी। यहाँ केवल इतना ही कहना है कि आज उन्हीं की चलाई हिंदी सब जगह फैल रही है। उन्हीं की हिंदी में आजकल के सामयिक पत्र निकलते हैं और पुस्तकें बनती हैं। दिन-पर-दिन लोग शुद्ध हिंदी लिखना और शुद्ध देवनागरी लिपि में पत्र व्यवहार करना सीखते जाते हैं। यद्यपि बंगला, मराठी आदि भारतवर्ष की अन्य कई भाषाओं से हिंदी अभी पीछे है, तथापि समस्त भारतवर्ष में यह विचार फैलता जाता है कि इस देश की प्रधान भाषा हिंदी ही है और वही यहाँ की राष्ट्रभाषा होने के योग्य है। साथ साथ यह भी मानते जाते हैं कि सारे भारतवर्ष में देवनागरी अक्षरों का प्रचार होना उचित है। हरिश्चंद्र के प्रसाद से यह सब हुआ और आज हिंदी की चर्चा करने का अवसर मिला।

इस समय हिंदी के दो रूप हैं। एक उर्दू दूसरा हिंदी। दोनों में केवल शब्दों ही का नहीं लिपि-भेद बड़ा भारी पड़ा हुआ है। यदि यह भेद न होता तो दोनों रूप मिलकर एक हो जाते। यदि आदि से फारसी लिपि के स्थान में देवनागरी

लिपि रहती तो यह भेद ही न होता। अब भी लिपि एक होने से भेद मिट सकता है। पर जल्द ऐसा होने की आशा कम है। अभी दोनों रूप कुछ काल तक अलग अलग अपनी-अपनी चमक दमक दिखाने की चेष्टा करेंगे। आगे समय जो करावेगा, वही होगा। बड़ी कठिनाई तो यह है कि दोनों एक दूसरे को न पहचानते हैं न पहचानने की चेष्टा करते हैं। इससे बड़ा भारी अंतर होता जाता है! जो लोग उर्दू के अच्छे कवि और ज्ञाता हैं, वह हिंदी की ओर ध्यान देना कुछ आवश्यक नहीं समझते। इसी से देवनागरी अक्षर भी नहीं सीखते और भारतवर्ष के साहित्य से निरे अनभिज्ञ हैं। अरब और फारिस के साहित्य की ओर खिंचते हैं। साथ-साथ भारतवर्ष के साहित्य से घृणा करते और जी चुराते हैं। उधर हिंदी के प्रेमी भी उर्दू की ओर कम दृष्टि रखते हैं और उर्दूवालों को अपनी ओर की बातें ठीक-ठीक समझाने की चेष्टा नहीं करते। यदि दोनों ओर से चेष्टा हो तो इस भाषा की बहुत कुछ उन्नति हो सकती है। मैं इस पुस्तक* द्वारा दोनों ओर के लोगों को एक दूसरे की बातें ठीक-ठीक समझा देने की चेष्टा करूँगा। इसमें मेरा अधिक श्रम हिंदीवालों के लिए होगा।

---

* गुप्तजी हिंदी भाषा पर पुस्तक लिखना चाहते थे। अपने जीवनकाल में उन्हें उसे पूर्ण करने का अवसर न मिला। उनके देहावसान के बाद सन् 1908 में उसके लिखित अंश को पं. अमृतलाल चक्रवर्ती की भूमिका के साथ 'हिन्दी भाषा' के नाम से प्रकाशित किया गया।

हिंदी में ‘बिंदी’

काशी की नागरी-प्रचारिणी सभा हिंदी में ‘बिंदी’ चलाना चाहती है। यह ‘बिंदी’ अक्षर के ऊपर नहीं, नीचे हुआ करेगी। ऐसी ‘बिंदी’ लगाने का मतलब यह है कि उससे उर्दू शब्द हिंदी में शुद्ध लिखे पढ़े जाएँ। हिंदी में खाली ‘ज’ होता है और उर्दू में ‘जीम’, ‘जाल’, ‘जे’ और बड़ी ‘जे’, ‘ज्वाद’ और ‘जोय’। ‘जीम’ के सिवा इन सब उर्दू अक्षरों का उच्चारण ‘जे’ के उच्चारण के तुल्य होता है। ‘जे’ का उच्चारण जिह्वा के ऊपर के दाँतों के साथ मिलने से होता है। नागरी-प्रचारिणी वाले चाहते हैं कि हिंदी के ‘ज’ के नीचे एक बिंदी लगाकर उर्दू की ‘जे’ का उच्चारण करें। हिंदी में ऐसा उच्चारण नहीं है, क्योंकि वास्तव में ‘जे’ ‘जीम’ ही का विकार है। वह फारसीवालों के कंठ की खराबी के सिवा और कुछ नहीं है। उस खराबी को नागरी-प्रचारिणी हिंदी में भी धँसाना चाहती है। परंतु इस धँसाने से क्या लाभ है, इसका पता ठीक नहीं लगता।

‘जे’-‘जाल’ की खराबी उर्दू में यहाँ तक है कि बहुत लोग वर्षों शिक्षा पाने तथा लुगातों को कीड़ों की तरह चाट जाने पर भी ‘जे’-‘जाल’ का भेद ठीक-ठीक नहीं जान सकते। कितनी ही बार वह इस झगड़े में पड़ते हैं, कि अमुक शब्द ‘जाल’ से है या ‘जे’ से। जब स्वयं उर्दू जाननेवालों की यह खराबी है, तो नागरी-प्रचारिणी सभा हिंदी को पराये काँटों में क्यों घसीटना चाहती है? लज्जत, ‘जाल’ से होती है, लाजिम ‘जे’ से और जरूर ‘ज्वाद’ से और जाहिर ‘जोय’ से। नागरी-प्रचारिणी सभा के रूल से एक बिंदी लगाने से सबका उच्चारण शुद्ध हो गया! परन्तु इसमें ‘जाल’, ‘ज्वाद’ और ‘जोय’ की क्या पहचान रही? यदि ‘जाल’ ‘ज्वाद’ ‘जोय’ का फर्क रखना मंजूर नहीं है, तो बिंदी लगाने की जरूरत नहीं और यदि उन सब में भेद समझा जाता है, तो फिर ‘जाल’ ‘ज्वाद’ ‘जोय’ की कुछ पहचान रहनी चाहिए। नागरी-प्रचारिणी सभावालों से हमारा यह प्रश्न है कि इस बिंदी से उर्दू न जानने

वालों का क्या उपकार होता है? वह कैसे जानेंगे कि किस शब्द के नीचे बिंदी लगाना चाहिए? क्या आप लोग बिंदी लगा-लगाकर उर्दू शब्दों का उनके लिए कोष तैयार कर देंगे? और हिंदी पढ़े हुए उसे मियाँ मिट्ठू की तरह दिनभर रटा करेंगे? यदि ऐसा होगा तब तो आप लोगों की हिंदी खुदा के फजल से उर्दू से भी सरल हो जाएगी और तीन महीने की जगह तीन-तीए नौ वर्ष में सीखी जाएगी और यदि उर्दू न जाननेवालों को 'बिंदी' न आवेगी तो आप लोगों की हिंदी में लबड़-धौंधौं मच जाएगी। कोई 'बिंदी' लगावेगा, कोई नहीं लगावेगा।

बिंदी की बीमारी नागरी-प्रचारिणी-सभा के जन्म के पहले भी लोगों में हो चुकी है। वृन्दावन-निवासी पंडित राधाचरणजी गोस्वामी ने नागरीदासजी-कृत 'इश्क चमन' छापा था। उसमें उन्होंने उर्दू शब्दों में खूब बिंदी की भरमार की थी, यहाँ तक कि जिन शब्दों के नीचे बिंदी नहीं लगानी चाहिए, उनके नीचे भी उन्होंने 'बिंदी' लगा दी थी। स्वर्गवासी पंडित प्रतापनारायण मिश्र उसे पढ़ते-पढ़ते लोट-पोट हो गए थे और कहा था कि 'यह 'बिंदी' की बीमारी हिंदीवालों को अच्छी लगी! यह उनको दूर तक खराब करेगी।' नागरी-प्रचारिणी सभा ही के मेम्बरों में एक बहुत बड़े आदमी हैं, जो अंगरेजी-हिंदी के बड़े पंडित हैं। वह वकील शब्द में 'बड़ा काफ' बोलते थे। वह यह समझते थे कि 'बड़ा काफ' बोलने ही से उर्दू हो जाती है। हमने उनको समझाया कि साहब! वकील 'छोटे काफ' से ही है, बड़े से नहीं। इसी तरह बिंदी की बीमारी में पड़कर उर्दू न जाननेवालों को बड़ी ठोकरें खानी पड़ती हैं।

'सरस्वती' पत्रिका के देखने ही से हमें नागरी-प्रचारिणी वालों की 'बिंदी' का खयाल आया है। उक्त पत्रिका में लेखकों के लिए जो नियम लिखे गए हैं, उनके पाँचवें नियम में लिखा है—"लेख लिखने में उन्हीं नियमों का पालन हो, जो काशी नागरी-प्रचारिणी-सभा ने सर्व-सम्मति से निश्चय किया है।" इसमें ऊपर 'नियमों' है और नीचे 'किया है' है।

यदि इसी नियम पर हिंदी वाले चल पड़ें, तो बीच ही में बेड़ा पार हो जावेगा। इसी से हमें सावधान करना पड़ा है कि लेखक लोग आँख खोलकर चलें, नागरी-प्रचारिणी की लकड़ी पकड़कर ही न चलें। 'सरस्वती' पत्रिकामें 'मोगल' शब्द लिखकर 'ग' के नीचे बिंदी लगाई गई है। बिंदी का तो खयाल किया है, परतु शब्द के ठीक उच्चारण का कुछ भी विचार नहीं किया कि शब्द 'मुगल' है—'मोगल' नहीं है। गीत का बहुवचन 'गीतें' करके उसे स्त्रीलिंग लिखा है। नागरी-प्रचारिणी के नियम पर चलने से पुल्लिंग गीत को स्त्रीलिंग लिखना पड़ेगा। 'बाजार' शब्द का

उच्चारण नागरी-प्रचारिणी वाले जानते थे, इससे उसके नीचे बिंदी लगा दी है। परंतु 'तहकीकात' शब्द 'सरस्वती' के पाँचवें पृष्ठ पर दो जगह आया है, वह दोनों जगह बिंदी-शून्य है। यह चार बिंदियाँ हमारी नागरी-प्रचारिणी सभा के माथे हुईं।

'सरस्वती' में एक जगह शेख सादी का नाम आया है। शेख में जो 'ख' है, उसके नीचे बिंदी है; परंतु सादी के बीच में जो 'ऐन' है, उसका लेखक ने 'गैन' कर दिया है। उधर शेख शब्द भी 'शेख' नहीं है, वह अरबी भाषा का शब्द है—वह होता है 'शैख'। जब शुद्ध उच्चारण करना था, तो इन शेखजी बिचारे की मिट्टी खराब क्यों की? उर्दू में 'ते' होती है, 'तोय' होती है। दोनों के उच्चारण में नागरी-प्रचारिणी सभा ने क्या भेद रखा है, सो हमें मालूम नहीं। 'से', 'सीन', और 'स्वाद',—इन तीन अक्षरों का उच्चारण एक ही सा होता है। इसमें आप लोग क्या भेद रखना चाहते हैं? 'अलिफ' और 'ऐन' का भी कुछ भेद नहीं मालूम पड़ा। 'सरस्वती' पत्रिका में एक जगह 'अरक' लिखा है। इसी प्रकार की घसीटन में हिंदी को क्यों फँसाया जाता है, इस बात का उत्तर नागरी-प्रचारिणी वालों को देना चाहिए। तब वह दूसरों के लिए अपने चलाए रूल पर चलने का डंका बजा सकते हैं।

['भारतमित्र' 19 फरवरी, 1900 ई.]

हिंदी की उन्नति

हिंदी भाषा के संबंध में शुभ केवल इतना ही देखने में आता है कि कुछ लोगों को इसे उन्नत देखने की इच्छा हुई है। किंतु केवल इच्छा करने से कार्य्य सिद्ध नहीं होता है। यदि इच्छा करने ही से कार्य्य पूरा होता हो तो शायद पृथ्वी–लखपति, करोड़पति, जमींदार, राजा-महाराजाओं से भर जाती। क्योंकि अपरिमित धन की इच्छा न रखनेवाला संसार में कोई भी मनुष्य नहीं है।

इच्छा होने से उसको पूरा करने के लिए इच्छा के साथ-साथ और भी एक वस्तु जरूरी है। उसका नाम है चेष्टा। किंतु हिन्दी की उन्नति की इच्छा रखनेवालों में से आज तक कितने आदमियों ने कितनी चेष्टा की है? हम उन्नति-उन्नति चिल्लानेवालों से विनयपूर्वक पूछते हैं,–भाइयो, छाती पर हाथ रखकर कहिये तो सही, आपने मातृभाषा की उन्नति के लिए कितनी चेष्टा की है?

आप कहेंगे, यह देखो, हमने अखबार जारी किया है। आप कहेंगे यह देखो, हमने सरकारी अदालतों में नागरी अक्षर जारी कराये हैं। आप कहेंगे कि हमने बड़ी-बड़ी चेष्टा से बङ्गदेश की यूनिवर्सिटी की एल.ए. परीक्षा में हिंदी के लिए भी कुछ जगह देने के लिए शिक्षाधिकारियों को लाचार किया है। किंतु क्या यही सब हिंदी की उन्नति के लक्षण हैं?

इस लेख के लेखक ने मिडल क्लास के अतिरिक्त हिंदी नहीं पढ़ी थी, किंतु आज वह हिंदी-साहित्य के लेख लिखने का दावा रखता है, बड़े-बड़े लोगों को हिंदी के संबंध में दो बात कह कर लज्जित नहीं होता है। इसके क्या माने हैं? क्या इस लेखक की प्रकृति का दोष है, अथवा मिडल क्लास तक पढ़ना ही हिंदी-विद्या पूर्ण रूप से प्राप्त करने के लिए यथेष्ट है? मालूम होता है कि यह पिछली बात सही है। किसी लाइब्रेरी में जाइये, देखेंगे कि अलमारी की अलमारी अंग्रेजी किताबों से भरी हुई हैं। काव्य, अलंकार, न्याय, दर्शन, विज्ञान प्रभृति में से चाहे जिस विषय

की पुस्तकों की आलोचना करने में जीवन गँवा डालिये, किंतु किताबों का शेष नहीं होगा। और संस्कृत विद्या? संस्कृत विद्या के हर एक विभाग में केश पकाये हुए कितने सुविज्ञ लोग आज तक काशी की विद्यापुरी में विद्यामान हैं, अब तक विद्या ही सीख रहे हैं, विद्या का पार नहीं देख सकते। किंतु हमारी हिंदी-विद्या मिडल क्लास तक पढ़ने में प्रायः पूरी हो जाती है। आगे और किताब नहीं कि पढ़कर विद्या बढ़ावें।

पूर्वज कवियों के हिंदी काव्य-साहित्य की बात नहीं कहेंगे, प्रचलित गद्य पुस्तकें ही भाषा की उन्नति विचारने का निदान गिनी जाती हैं। वह किताबें हिंदी में कितनी हैं? यदि स्वर्गीय बाबू हरिश्चंद्र की अमृतमयी लेखनी कुछ भिन्न भाषा की पुस्तकों के अनुवाद प्रभृति न रचती तो आज तक शायद हिंदी-गद्य साहित्य का नाम तक सुनने में नहीं आता। वही आदि वही अंत। बाबू हरिश्चंद्र के पीछे और किस ने हिंदी की उन्नति के लिए उनका जैसा उत्साह दिखाया है? सिर्फ यही नहीं, उनकी किताबें ही कितनी बिकी हैं? जो लोग आज हिंदी की उन्नति-उन्नति पुकार रहे हैं क्या उनमें से हर-एक को हरिश्चंद्र-ग्रंथावली की एक-एक प्रति अपने घर में देखने का सौभाग्य प्राप्त है?

केवल गाल बजाने से भाषा की उन्नति नहीं होती है। भाषा की उन्नति के लिए लेखक चाहिए। लेखक बनाने के लिए पाठक चाहिए और पाठक होने के लिए मातृ-भाषा पर अनंत अनुराग, अनंत प्रेम, अनंत भक्ति चाहिए। जब तक इन वस्तुओं का अभाव रहेगा तब तक मातृ-भाषा की उन्नति-उन्नति चिल्लाना केवल गाल बजाकर भूख बढ़ाना है।

यदि सचमुच हिंदी की उन्नति की कामना आपके हृदय में चुभ गई है, तो कमर कसकर खड़े हो जाइये। आप ही आप प्रतिज्ञा कीजिए–'यत्नं साधयं वा शरीरं पातयंवा।' वह देखिये प्रति वर्ष कितने ही युवक अंग्रेजी विद्या की बी. ए., एम.ए. परीक्षा पास कर रहे हैं। उनके हृदय में हिंदी का रस प्रवेश कराइये। अब वह न हिंदी पढ़ते हैं, न हिंदी लिखते हैं। देश में जो थोड़े से लोग हिंदी लिखते हैं, उनमें से बहुत ही थोड़े लोग लिखने की योग्यता रखते हैं। जितने लोग हिंदी पढ़ते हैं, उनमें से बहुत ही थोड़े लोग पढ़ी हुई बात को समझने की शक्ति रखते हैं। यदि सचमुच ही आप हिंदी की उन्नति चाहते हैं तो यह दोष दूर करने की चेष्टा कीजिए। दोष दूर करने का उपाय केवल पढ़े हुए लोगों से लिखाने के साथ उनकी लिखी हुई चीजें बिकवाने की चेष्टा करना है। वह चेष्टा

धन के बिना नहीं हो सकती। यदि हिंदी पर सचमुच अनुराग हुआ हो तो हिंदी की उन्नति के लिए धन संग्रह कीजिए, सुयोग्य सुपण्डितों से हिंदी की प्रयोजनीय पुस्तकें लिखाकर संगृहीत धन से खरीद लीजिए। वह पुस्तकें देश में बाँटकर देशवासियों में हिंदी पढ़ने का शौक फैलाइए। तभी मातृभाषा की उन्नति होगी, तभी हिंदी अपने उचित स्थान को प्राप्त कर देशवासियों को अपने फल-फूल-पत्र-पल्लवों से सुशोभित होकर बहार दिखा सकेगी।

['भारतमित्र' 6 अप्रैल, 1901 ई.]

भारत की भाषा

'प्रवासी' बंग-भाषा का मासिक-पत्र है। प्रयाग से निकलता है। एक बार उसकी बात हम कह चुके हैं। बड़े आनंद का विषय है कि वह हिंदी भाषा की कुछ-कुछ चर्चा करने लगा है। गत अग्रहायण मास की संख्या में उसने 'हिंदी सामयिक साहित्य' के शीर्षक से कुछ हिंदी-समाचार-पत्रों और हिंदी-भाषा की आलोचना की है, उसमें दो एक बातें विशेष ध्यान देने योग्य हैं।

बंग-भाषा के समाचार-पत्रों में हिंदी की चर्चा कभी नहीं होती, यह बात हम कई बार कह चुके हैं। इसका कारण यही है कि बंगाली हिंदी-भाषा की कुछ कदर नहीं करते। न वह इसे सीखने के योग्य समझते हैं, न सीखते हैं और न इसके विषय में विशेष कुछ जानते हैं। इस पर प्रवासी कहता है—"देश व्यापक भाषा के संबंध में बंगदेश से बाहर कहाँ क्या होता है, यह न जानने के कारण शायद बंगला कागजों में इस विषय में कुछ नहीं लिखा जाता है। पर अब उनको अपना-अपना मत प्रकाश करना चाहिए।" आशा है कि जब एक अच्छे हाथों से निकला हुआ बंगला कागज ऐसा कहता है तो अन्यान्य बंगला कागज भी इस ओर ध्यान देंगे।

प्रवासी ने बंबई के 'भारतधर्म' मासिक-पत्र की बात कही है। उक्त पत्र हिंदी, मराठी और गुजराती तीन भाषाओं में निकलता है। हिंदी और मराठी दोनों भाषाएँ नागरी में लिखी जाती हैं। गुजराती अक्षर कुछ भिन्न होते हैं, पर बहुत भिन्न नहीं। इस पर प्रवासी को एक युक्ति सूझी है। वह कहता है—"एकदम एक व्यापक भाषा होना कठिन जान पड़ता है। ऊपर जैसे एक त्रैभाषिक पत्र की बात कही गई है, वैसे ही बंगला, हिंदी, मराठी और गुजराती—चार भाषाओं में यदि एक पत्र निकले तो कैसा हो? चारों भाषाएँ अलग-अलग रहें, अक्षर केवल देवनागरी हों। चारों भाषाओं के संपादक चाहे अलग-अलग रहें अथवा संभव हो तो एक ही संपादक चारों का संपादन करे। गुजराती, मराठी और हिंदी के अक्षर नागरी या देवनागरी हैं। बखेड़ा है केवल हमारे बंगाली अक्षरों के लिए। पर यदि इस पत्र में बंगला अक्षरों की

जगह देवनागरी अक्षर रहें तो क्या कुछ विशेष हानि है? शिक्षित बंगाली मात्र प्रायः देवनागरी अक्षर पढ़ सकते हैं। स्कूल-कालिजों में प्रचलित संस्कृत पुस्तकें देवनागरी अक्षरों ही में छपती हैं। जान पड़ता है कि यह चार भाषाओं का एक पत्र भारतीय साहित्य-जगत् में एक नई वस्तु होगा और उत्तर भारत की प्रधान भाषाओं को एक करने में बड़ी सहायता पहुँचावेगा।"

विचार उत्तम है। हम इसका अनुमोदन करते हैं। निश्चय चार भाषाएँ जब एक ही अक्षरों में एक पत्र में छपेंगी तो धीरे-धीरे वह बहुत मिलजुल जाएँगी। उक्त पत्र के पाठक भी चारों भाषाओं के जानने सीखने की चेष्टा करेंगे। देवनागरी अक्षरों का जितना अधिक प्रचार होगा, उतना ही भारतव्यापी होने के योग्य भाषा हिंदी का अधिक प्रचार होगा। हिंदी अब भी भारतव्यापी है। हिंदुस्तान के किसी विभाग में चले जाइए, वहाँ गाँववालों की भाषा समझना कठिन होगा। पर बड़े-बड़े नगरों में रहनेवालों से बातें करने में विशेष कठिनाई न होगी। कलकत्ते में जहाँ खड़े होकर हिंदी से काम निकालना चाहो निकल जाएगा। चीनियों से हिंदी में बात की जा सकती है, अरबों और यहूदियों से बात की जा सकती है। यहाँ तक कि जब एक अरब का एक चीनी से काम पड़ता है तो वह हिंदी में बातें करते हैं। चीनी अपने लहजे से गुनगुनाता हुआ और अरब अपने ढंग से हलक फाड़ता हुआ हिंदी बोलने की चेष्टा करता है। इससे उनका मतलब भी निकल जाता है। उस तरह न चीनी अरबी बोल सकता है, न अरब चीनी।

जब उदयपुर में रेल न थी तो हमको एक बार नाथद्वारे जाना पड़ा था। भीलवाड़े से तीन दिन तक बैलगाड़ियों में जाना पड़ा। मार्ग में जिन गाँवों में हम ठहरते थे, उनकी भाषा कुछ न समझते थे। पर नाथद्वारे में कुछ दिक्कत न थी। वहाँ खूब हिंदी बोली जाती है और वहाँ जो मेवाड़ी है वह भी सरल है। वहाँ के गीत तक समझ में आते थे। यही दशा पंजाब में हुई। लाहोर, अमृतसर, लुधियाना, जालंधर आदि शहरों की भाषा सब समझ में आती थी। देहातवालों की बात समझने में मगज चकरा जाता था। अधिक क्या मंद्राज जैसे विकट देश के नगरों में भी हिंदी समझी जाती है और हिंदी से काम निकाला जाता है।

बंगालियों को या दूसरे प्रांतवालों को हम क्या कह सकते हैं, जब स्वयं हिंदी वाले ही देवनागरी से कोसों दूर भागते हैं। जितने लोग भारतवर्ष में हिंदी बोलते हैं, यदि उनमें से चौथाई भी नागरी लिख पढ़ सकते तो हिंदी भाषा सबसे आगे दिखाई देती। पंजाबी लोग देवनागरी को हव्वा समझते हैं। लाहोर के पोस्ट आफिसों

में कोई नागरी अक्षर जाननेवाला नहीं। हिंदुस्तानी और खत्री मुड़िया अक्षर लिखते हैं। मारवाड़ियों के अक्षर भी मुड़िया के भाई बंधु होते हैं। सारांश यह कि हिंदी बोलनेवालों में अधिक लोग नागरी से अनभिज्ञ हैं, फिर क्यों कर हिंदी फैले?

उर्दूवालों को देखिए कि उनकी भाषा हिंदी ही है, उर्दू-हिंदी में कुछ भेद नहीं है, इतना होने पर भी देवनागरी अक्षर न जानने के कारण हिंदी से वह उतने ही दूर हैं, जितने बंगाली और मद्रासी। खाली मुसलमान ही नहीं, उर्दू जानने वाले हिंदू भी बहुधा हिंदी से कोरे हैं। यहाँ तक कि लाहोर के अखबारे-आम के सिवा एक भी उर्दू अखबार ऐसा नहीं, जिसमें कभी कोई हिंदी का लेख उद्‍धृत हुआ हो अथवा उसका संपादक हिंदी अखबारवालों की बातें ठीक-ठीक समझता हो। यदि उर्दू, देवनागरी अक्षरों में लिखी जाती तो आज उसमें और हिंदी में कुछ भेद न होता। अब भी यदि उर्दू जाननेवाले देवनागरी अक्षर जानने की चेष्टा करें तो उन्हें एक नई दुनिया का पता लगे, जिससे वह आज तक बेखबर हैं।

इन सब बातों पर विचार करने से हम 'प्रवासी' के खयाल को और भी पसंद करते हैं। बेशक चार भाषाओं का पत्र देवनागरी अक्षरों में निकलने से बहुत-कुछ उपकार हो सकता है। यह आनंद की बात है कि प्रवासी-संपादक का एक जरूरी बात की ओर इतना ध्यान हुआ है। सचमुच भारतवर्ष के लिए एक देशव्यापी भाषा की बहुत भारी जरूरत है। भारतवासियों के पास इस समय ऐसी कोई भाषा नहीं है, जिसमें भारत के सब प्रांतों के लोग बातें कर सकें। इसी से इंडियन नेशनल कांग्रेस में अंगरेजी से काम लिया जाता है। एक प्रवीण युरोपियन ने खूब कहा था कि यदि कांग्रेसवालों से अंगरेजी भाषा छीन ली जाए तो कांग्रेस एक दिन में बंद हो जाए। क्योंकि मंद्राजियों को पंजाबियों से और पंजाबियों को बंगालियों से और इसी प्रकार एक दूसरे प्रांतवालों को भिन्न प्रांतवालों से आपस में बातें करने के लिए कोई भाषा नहीं है।

बंकिम बाबू के समय के बंगदर्शन ने, 'भारते एकता' नाम के लेख में हिंदी को ही सारे भारतवर्ष की भाषा होने के योग्य माना था। प्रवासी को वह नंबर नहीं मिला, इससे हम उसका पता देते हैं। वह नंबर बंगदर्शन के पाँचवें खंड 1284 साल का था। 49 वें पृष्ठ से लेकर बारह पेज में वह लेख समाप्त हुआ है। लेख के उपसंहार में लिखा है—

"उपसंहार काले सुशिक्षित बंगवासिगण के एकटी कथा बलिते इच्छा करि। भारतवर्षेर मध्ये तांहाराई पाश्चात्य ज्ञानोपार्जने सर्वापेक्षा अधिक कृतकार्य्य हइयाछेन...।

इंराजी भाषा द्वारा याहा हउक, किंतु हिंदि शिक्षा न करिले कोन क्रमेई चलिबेना। हिंदि भाषाय पुस्तक ओ वक्तृता द्वारा भारतेर अधिकांश स्थानेर मंगल साधन करिबेन, केवल बांगला ओ इंराजी चर्चाय हइबेना। भारतेर अधिवासीर संख्यार सहित तुलना करिले बांगला ओ इंराजी कयजन लोक बलिते व बुझिते पारेन? बांगलार न्याय ये हिंदीर उन्नति हइतेछेना इहा देशेर दुर्भाग्येर विषय। हिंदी भाषार साहाय्ये भारतवर्षेर विभिन्न प्रदेशेर मध्ये यांहारा ऐक्यबंधन संस्थापन करिते पारिबेन तांहाराई-प्रकृत भारतवंधु नामे अभिहित हइबार योग्य। सकले चेष्टा करून, यत्न करून, यत दिन परेई हउक मनोरथ पूर्ण हइबे।"

1284 साल का बंगदर्शन जिसमें यह लेख लिखा गया है, हमारे पड़ोस में चोर बगान की यूनियन लाइब्रेरी में मौजूद है। प्रवासी उस नंबर को देखकर अपनी तसल्ली कर ले।

अंगरेज इस समय अंगरेजी को संसारव्यापी भाषा बना रहे हैं और सचमुच वह सारी पृथिवी की भाषा बनती जाती है। वह बने, उसकी बराबरी करने का हमारा मकदूर नहीं है, पर तो भी यदि हिंदी को भारतवासी सारे भारत की भाषा बना सकें तो अंगरेजी के बाद दूसरा दर्जा पृथिवी पर इसी भाषा का होगा।

[भारतमित्र, 1904 ई.]

एक लिपि की जरूरत

भारतमित्र की गत दो संख्याओं में हम माननीय जष्टिस सारदाचरण मित्र महोदय के उस लेख का पूरा अनुवाद छाप चुके हैं, जो आपने हाल में कलकत्ता यूनिवर्सिटी इंस्टिट्यूट में सुनाया था। हम आशा करते हैं कि हमारे विचारशील पाठकों ने उसे ध्यान से पढ़ा होगा। जिन सज्जनों ने उसे न पढ़ा हो उनसे हमारा अनुरोध है कि वह उसे एकबार खूब ध्यान से पढ़ें। लेखक महोदय ने बड़ी सुंदर युक्तियों और अपने दीर्घ-काल के अनुभव से भली-भाँति स्पष्ट कर दिया है कि अब भारतवर्ष भर में एक लिपि के जारी होने का समय आ गया और वह लिपि देवनागरी ही है, जो सारे भारतवर्ष में जारी हो सकती है। केवल हिंदुस्थान ही में नहीं, लेखक महोदय नागरी लिपि का प्रचार—ब्रह्मा, चीन, जापान और लंका आदि में भी चाहते हैं।

अक्षरों के विषय में बहुत से पंडितों का मतभेद है। बहुत लोग देवनागरी अक्षरों को बहुत पुराने नहीं समझते हैं। वह बताते हैं कि, इससे पहले और और प्रकार की लिपियाँ जारी थीं। बहुत से बंगालियों को इस बात का हठ है कि उनके बंगाक्षर देवनागरी अक्षरों से पुराने हैं। जष्टिस सारदाचरण मित्र ने इन सब बातों की बहस छोड़ दी है और यह दिखाने की चेष्टा की है कि हिंदुस्थान में इस समय जितनी लिपियाँ जारी हैं, उन सबमें नागरी सबसे सुगम, सुंदर और अधिक फैली हुई है और वही अधिक फैल सकती है। अपनी इस चेष्टा में वह सफल मनोरथ हुए हैं। उन्होंने केवल यही नहीं स्पष्ट कर दिया कि नागरी हिंदुस्थान भर की लिपियों में सर्वश्रेष्ठ है, वरंच यह भी दिखा दिया कि पृथ्वी भर में देवनागरी के समान शुद्धलिपि और कोई नहीं है।

लेखक ने दिखाया है कि भारतवर्ष में छापे की कल जारी होते ही बंबई, काशी और कलकत्ते आदि में संस्कृत के अच्छे-अच्छे ग्रंथ देवनागरी अक्षरों में ही

छपे। इससे स्पष्ट है कि भारतवर्ष भर में यही अक्षर सबसे अच्छे समझे गए हैं। फिर क्यों नहीं, इनका अधिक प्रचार किया जाय तथा छपने-लिखने दोनों में यही अक्षर चलें? यदि विद्वान् लोग अपने प्रांतीय अक्षरों का पक्षपात कुछ देर के लिए छोड़कर देवनागरी अक्षरों का विचार करें तो उनको आपसे आप नान लेना पड़ेगा कि अपने प्रांतीय अक्षरों का प्रचार घटाकर इन अक्षरों का प्रचार बढ़ाना चाहिए। कई प्रांतों में नागरी अक्षरों ही की प्रधानता है। युक्तप्रदेश में नागरी अक्षर चालू ही हैं और युक्त-प्रांत में संस्कृत और हिंदी की पोथियाँ इसी लिपि में छपती हैं। पंजाब में सिखों के समय से गुरुमुखी अक्षर जारी हो गये हैं, पर उनमें केवल सिख धर्म की पुस्तकें ही छपती हैं। संस्कृत पुस्तकें वहाँ भी देवनागरी अक्षरों ही में छपती हैं और इन्हीं अक्षरों की वहाँ प्रधानता है। काश्मीर में सैकड़ों वर्ष से देवनागरी लिपि चली आती है। पंजाब में भी गुरुमुखी अक्षर बहुत थोड़े लोग लिखते हैं। वह अक्षर नागरी अक्षरों ही से बने हैं और मिलते जुलते हैं। लिखने में वह देवनागरी से सुगम भी नहीं है। साथ ही यह हर्ष का विषय है कि सिख धर्म के ग्रंथ भी लाहौर आदि में नागरी ही में छपने लगे हैं।

महाराष्ट्र देश में लिखने के अक्षर अवश्य ही मुड़िया हैं, पर पुस्तकों के अक्षर वहाँ संस्कृत और मराठी दोनों भाषाओं में देवनागरी ही हो गए हैं। गुजरातियों ने अपने गुजराती अक्षर रखे हैं। उन्हीं में गुजराती भाषा की पोथी छापते हैं, पर संस्कृत पुस्तकें वहाँ भी देवनागरी ही में छपती हैं और गुजराती अक्षरों की पोथियों में भी जब बीच-बीच में संस्कृत श्लोक या संस्कृत नाम आते हैं तो वहाँ देवनागरी अक्षर ही दिए जाते हैं। गुजरातियों को देवनागरी अक्षरों के पढ़ने का वैसा ही अभ्यास है, जैसा गुजराती अक्षरों के पढ़ने का। गुजराती अक्षर भी संस्कृत से खूब मिलते-जुलते हैं। इससे गुजराती लोग बहुत आसानी के साथ संस्कृत अक्षरों को ग्रहण कर सकते हैं, उसमें उन्हें कुछ भी कठिनाई नहीं हो सकती। संस्कृत अंश में तो वह देवनागरी अक्षरों को ग्रहण कर ही चुके हैं, अपनी देशभाषा के लिए भी नागरी लिपि कर लें तो झगड़ा चुकता है। एक दो गुजराती पत्र नागरी में निकले भी थे। ठीक यही दशा बिहार के कैथी अक्षरों की है। बिहारी सब देवनागरी अक्षर जानते हैं, पर लिखने में कैथी अक्षर अधिक लिखते हैं, इसी से पोथियों के लिए भी उनके यहाँ अंत में कैथी टाइप ढल गए। कुछ हो, उनको अपने अक्षर छोड़ते और नागरी अक्षर ग्रहण करते कुछ भी देर नहीं लग सकती।

अब यदि झंझट होगा तो बंगाक्षर को लेकर। बंगालियों को अपने बंगाली अक्षरों के लिए कुछ हठ है। बंगाक्षर देवनागरी अक्षरों ही के एक रूप हैं, उनमें

मात्रा आदि प्रायः सब उसी प्रकार है। देवनागरी अक्षर और बंगाक्षर के टाइप भी ठीक एक ही संस्कृत नियम से बने हैं। जब यह बात है तो देश के हित के लिए बंगालियों को अपने अक्षर देवनागरी अक्षरों से बदल डालना कुछ कठिन नहीं है। पर जल्द इतनी उदारता वह कर नहीं सकते। क्योंकि बंगभाषा की पुस्तकों के अतिरिक्त संस्कृत की पुस्तकें भी वह बंग-लिपि में छापने लगे हैं। पर अब भी संस्कृत के सब ग्रंथ उनकी लिपि में नहीं छप गए हैं। वेदादि ग्रंथ अभी देवनागरी-लिपि में हैं। स्वर्गीय ईश्वरचंद्र विद्यासागर महोदय ने अपनी व्याकरण कौमुदी चार भाग में तैयार की है, पहले तीन भाग बंगाक्षर में छपवाए हैं, पर चौथे भाग के सूत्र देवनागरी में छपवाए हैं और उनकी व्याख्या बंगाक्षर में। राजा सर राधाकांतदेव का सुप्रसिद्ध कोष 'शब्द-कल्पद्रुम' देवनागरी अक्षरों ही में छपा है। पंडित जीवानंद विद्यासागर ने कलकत्ते में बहुत से संस्कृत ग्रंथ देवनागरी अक्षरों में छापे हैं। इन सब बातों से बंगदेश में भी देवनागरी अक्षरों की आवश्यकता स्पष्ट होती है और माननीय जष्टिस मित्र का आगे बढ़कर यह कहना कि सारे भारतवर्ष में देवनागरी लिपि होनी चाहिए, इस बात का और स्पष्ट प्रमाण है कि बंगाली सज्जन भी देवनागरी अक्षरों को सबसे आवश्यक समझते हैं।

कुछ दिन की बात है 'प्रवासी' पत्र के संपादक बाबू श्रीरामानंद चट्टोपाध्याय एम.ए. ने 'चतुर्भाषी' नाम का एक पत्र निकालने का उद्योग किया था, जिसमें हिंदी, बंगला, मराठी और गुजराती चार भाषाओं के लेख होते और सब लेख देवनागरी लिपि में छपते। दुःख की बात है कि पीछे वह उद्योग कई कारणों से शिथिल हो गया। हम आशा करते हैं कि उक्त महोदय फ़िर एक बार अपने उस मनोरथ के सफल करने की चेष्टा करेंगे। यहाँ हमको केवल यही दिखाना था कि बंगाली विद्वानों की न केवल देवनागरी अक्षरों से सहानुभूति ही है, वरंच वही देवनागरी अक्षरों के प्रचार के अगुआ कहे जा सकते हैं। क्योंकि सबसे पहले उन्होंने ही इस बात का प्रस्ताव किया है कि देवनागरी सारे भारतवर्ष के अक्षर बनें।

[भारतमित्र, 1905 ई.]

देवनागरी अक्षर

युरोप में 16 देश हैं। सबकी भाषा प्रायः अलग-अलग है, पर अक्षर एक हैं। जिन अक्षरों में अंगरेजी लिखी जाती है, उन्हीं में फरान्सीसी और जर्म्मन आदि भाषाएँ भी लिखी जाती हैं। रूसी, डच और इटली की भाषाएँ भी उन्हीं अक्षरों में लिखी जाती हैं। सारांश यह कि एक रूसी भाषा को छोड़कर सारे युरोप की भाषाएँ एक ही प्रकार के अक्षरों में लिखी जाती हैं और युरोप को छोड़कर युरोपवाले जहाँ-जहाँ जाकर बसते हैं, वहीं उनके यह अक्षर पहुँच जाते हैं।

पर भारतवर्ष के अक्षरों की विचित्र गति है। यहाँ भाषा एक होने पर भी अक्षरों की गति निराली ही रहती है। देवनागरी अक्षर भारत वर्ष में सबसे उत्तम अक्षर हैं। भारत की प्राचीन भाषा संस्कृत इन्हीं अक्षरों में लिखी जाती है। सीखने में भी यही सबसे जल्द आते हैं। तिस पर भी लोगों का इन पर वैसा प्रेम नहीं, जैसा होना चाहिए। पश्चिमोत्तर प्रदेश और अवध खास हिंदुस्थान है। हिंदी वहाँ की भाषा है। पर देवनागरी अक्षरों का जो खास हिंदी अक्षर हैं, वहाँ बहुत प्रचार नहीं। अपनी हिंदी को लोग नाहक फारसी अक्षरों में लिखते हैं, देवनागरी अक्षर एक महीने में आ जाते हैं, पर उन्हें नहीं सीखते। फारसी अक्षर तीन चार साल में भी शुद्ध लिखने नहीं आते, उन्हें सीखते हैं।

बिहारवाले हिंदी बोलते हैं। उनकी अदालती भाषा भी सौभाग्यवश हिंदी है। पर वह लोग देवनागरी अक्षरों को छोड़कर अपने टेढ़े-मेढ़े कैथी अक्षरों से प्रसन्न हैं। यदि वह लोग देवनागरी अक्षर लिखें तो उनका बहुत लाभ है। 'किस' की जगह-'कीश' और 'उस' की जगह 'उश' न लिखें। पर ऐसा करना उन्हें बहुत भारी जान पड़ता है।

पंजाब में सदा से देवनागरी का प्रचार है। पर अब सिख लोग गुरमुखी अक्षरों के तरफदार हैं। गुरमुखी अक्षरों को वह जातीय अक्षर बनाकर नागरी को दूर करना

चाहते हैं। गुरमुखी अक्षर नागरी ही का एक भद्दा स्वरूप है। उन्हें सिख पसंद करते हैं और सुंदर नागरी से भागते हैं। यदि सिख लोग गुरमुखी छोड़कर नागरी में ग्रंथ साहब छपवाते और नागरी से प्रेम रखते तो उनके ग्रंथी लोग एक-एक अक्षर टटोल टटोलकर न पढ़ते और विद्या-शून्य नहीं हो जाते।

गुजराती अक्षर नागरी ही का एक रूप है। आधी मात्रा होने से उससे नागरी का काम ठीक नहीं निकल सकता, तथापि गुजराती उन्हें छोड़कर नागरी को पसंद नहीं करते। हाँ, महाराष्ट्र लोगों ने अपनी भाषा में देवनागरी अक्षर को ही पसंद किया है। यद्यपि लिखने में मराठीवाले भी विलक्षण ही हैं। पर उनकी पुस्तकें देवनागरी में हैं। यदि इसी प्रकार गुरमुखी, गुजराती और कैथी अक्षरों के स्थान में नागरी का प्रचार हो जावे तो अक्षरों के सिवा भाषाओं का भी बहुत कुछ मेल-मिलाप हो सकता है। एक दूसरे की भाषा को लोग जल्द सीख सकते हैं।

सबसे गजब बंगाली लोग करते हैं। उनके अक्षर और मात्राएँ ठीक देवनागरी के बराबर हैं। तिस पर भी वह देवनागरी को छोड़कर उसी के विकृत स्वरूप बंगाक्षर को पसंद करते हैं। अपने उन वक्राकार अक्षरों को बड़ी फुर्ती से लिखते हैं, पर नागरी में अपना नाम भी लिखना उन्हें पहाड़ हो जाता है। संस्कृत पुस्तकों को भी टेढ़े उल्टे बंगाक्षरों में छपवाते हैं। बंगेश्वर छोटे लाट उडबर्न ने बंगालियों की एक साहित्य-सभा में कहा था कि आप लोगों को बंगाली हरफ छोड़कर देवनागरी अक्षरों से काम लेना चाहिए। इससे संस्कृत की बड़ी उन्नति होगी। पर वह लोग भी इस ओर ध्यान नहीं देते। यदि देते तो उन्हें ह्रस्व दीर्घ का बोध हो जाता और उनकी जबान का मोच निकलकर उन्हें दंत्य और तालव्य का बोध हो जाता।

उड़िया भाषा के अक्षर खूब ही मेंड़कों की शकल के हैं। हरफ क्या हैं मानो मेंड़क बैठे हैं। हरफ का असली आकार जरा सा नीचे छिपा हुआ रहता है। ऊपर से गोलाकार लकीर इस प्रकार घेरा लगाती है मानो हनुमानजी पूँछ का हलका लगाए बैठे हैं। अपने ऐसे विचित्र हरफों के सामने उन्हें देवनागरी की तरफ ध्यान तक नहीं होता। वह संस्कृत भी उन्हीं अपने मेंड़कनुमा अक्षरों में लिखते हैं।

सबके गुरु हैं, मारवाड़ी और मुड़िया हरफवाले। इनके हरफों का कुछ ठिकाना ही नहीं। एक ही कोठी में दस गुमाश्ते दस प्रकार के हरफ लिखते हैं। एक के हरफ दूसरा सहसा नहीं समझ सकता। अपने इन हरफों के पीछे वह लोग विद्या ही खो बैठे। यदि यह सब अक्षर एक होकर देवनागरी बन जावें तो कितना अच्छा हो?

[भारतमित्र, 1902 ई.]

हिंदुस्तान में एक रस्मुलख़त

कई साल से हिंदुस्तान के आला दरजे के तालीम-याफ्ता[1] लोगों का इस बात की तरफ़ ख़याल हुआ है कि हिंदुस्तान भर में एक ही रस्मुलख़त[2] जारी हो। सर गुरुदास बनर्जी साबिक[3] जज हाईकोर्ट कलकत्ता ने अंगरेजी में इस बारे में एक छोटा-सा रिसाला[4] लिखा था, जो-जो रस्मुलख़त हिंदुस्तान में जारी हैं, सबका ज़िक्र करके और सबका तौर-तर्ज़[5] बखूबी समझा के उन्होंने फैसला किया कि सिर्फ़ देवनागरी हरुफ ही ऐसे मुकम्मिल[6] और मौजू[7] हैं जो आसानी से हिंद के हर हिस्से में फैल सकते हैं। इससे कुल हिंद में रस्मुलख़त होने का हक इन्हीं हरुफ को हासिल है। इस रिसाले को शाया[8] हुए कई साल हो गए। इसका जिक्र मौके से फिर किया जाएगा।

दो साल हुए जस्टिस सारदाचरन मित्र ने जो इस वक्त कलकत्ता हाईकोर्ट के एक नामवर जज हैं और कलकत्ता यूनीवर्सिटी के एम.ए.बी.एल. हैं, यूनीवर्सिटी-मज़कूर के मेंबरों के रूबरू एक मज़मून पढ़ा था, जिसमें बहुत उम्दगी से यह दिखाया था, कि देवनागरी हरुफ़ ही सबसे आला हैं, और यही कुल हिंद में बतौर एक रस्मुलख़त के जारी होने चाहिए। उस मीटिंग में सर गुरुदास भी थे। इसकी उस मुहतरिम[9] बुजुर्ग ने ताईद की। यह मज़मून पीछे इलाहाबाद के मशहूर अंगरेजी रिसाला 'हिंदुस्तान रिव्यू' में छपा था और इसका मुकम्मिल तर्जुमा 'भारत-मित्र' कलकत्ता में शाया हुआ था। अलावाअजीं[10] खास बंगालियों के समझाने के लिए जस्टिस साहब ने बंगला में यह मज़मून लिखा और एक नामवर बंगला अखबार में छपवाया। फिर एक मज़मून आपने खास 'भारतमित्र' के लिए लिखा, जिसका एक बड़ा हिस्सा छप चुका है। यह मज़मून बंगाली ज़बान में था और छपा नागरी हरुफ़ में। इस मज़मून का तर्जुमा या मतलब कभी 'ज़माना' के नाज़रीन के लिए लिखा जाएगा।

---

1. शिक्षित। 2. लिपि, अक्षर। 3. भूतपूर्व। 4. पुस्तिका। 5. रंग-ढंग। 6. पूर्ण। 7. उपयुक्त। 8. प्रकाशित। 9. अवसरप्राप्त। 10. इसके सिवा।

जस्टिस साहब का यह मज़मून शाया होने के बाद कलकत्ता में एक अंजुमन[1] काइम हुई। जिसका नाम 'एक लिपि विस्तारपरिषद्' हुआ। कलकत्ता बड़ा बाज़ार के श्रीविशुद्धानंद सरस्वती-विद्यालय के साबिक प्रिंसिपल पांडेय उमापतिदत्त शर्मा बी.ए. इसके सेक्रेटरी और महामहोपाध्याय सतीशचंद्र विद्याभूषण एम.ए. असिस्टेंट सेक्रेटरी हुए। इस अंजुमन से 'देवनागर' नाम का एक माहवार रिसाला निकलना शुरू हो गया है। जिसमें हिंदी, बंगाली, मरहठी, गुजराती, उर्दू, उड़िया, तामिल, वगैरह कितनी ही ज़ुबानों के मज़ामीन होते हैं। मगर हरुफ़ देवनागरी ही होते हैं। इस रिसाले का पहिला नंबर निकल गया। इसमें ग्यारह हिंदुस्तानी ज़ुबानों के मज़ामीन हैं। इससे ज़ाहिर हो जाएगा, किस तरह देवनागरी-हरुफ़ हर मुल्क और हर सूबे की बोली को अदा कर देने की क़ुदरत रखते हैं।

बहुत अर्सा हुआ मरहठों ने अपनी ज़ुबान के लिए देवनागरी हरुफ़ क़बूलकर लिये। अब मरहठी ज़ुबान के कुल अखबार, रसायल और कुतब देवनागरी हरुफ़ में शाया होते हैं। हिंदी और मरहठी दो ज़ुबानें नागरी हरुफ़ में लिखी जाती हैं। गुजरातियों के ख़ास गुजराती हरुफ़ हैं। यह नागरी से बहुत मिलते-जुलते हैं। इनकी उम्र सौ साल से ज्यादा नहीं है। इनमें हरकात[2] की अलामतें[3] नागरी से निस्फ़[4] हैं। इसी से संस्कृत ज़ुबान इनमें सही नहीं लिखी जा सकती है। मजबूरन गुजराती लोग संस्कृत को नागरी में लिखते हैं और अपनी गुजराती ज़ुबान को गुज़राती हरुफ़ में। आजकल गुजराती भी कोशिश कर रहे हैं, कि जल्द गुजराती हरुफ़ को ख़ैरबाद कहकर नागरी हरुफ़ इख्तियार करें। हिंदुओं के हाथ में, जो गुजराती अख़बार या रिसायल हैं, अब उनके अनवान[5] नागरी में होते हैं, और मज़ामीन गुजराती में। यानी वह अपने नाज़रीन को नागरी पढ़ने का रब्त करा रहे हैं। बहुत-सी गुजराती किताबें अब नागरी में तबआ[6] होने लगी हैं। गुजरातियों की संस्कृत किताबें नागरी में तबआ होती हैं, और उनका गुजराती तर्जुमा गुजराती हरुफ़ में। बंगालियों को अभी अपने हरुफ़ पर ज़िद है। बंगला हरुफ़ नागरी हरुफ़ के बिलकुल हमशक्ल हैं। बंगाली उन्हें आसानी से छोड़ सकते और नागरी इख़्तियार कर सकते हैं; मगर अभी बंगाली अपने हरुफ़ की मोहब्बत नहीं छोड़ते हैं। वह संस्कृत और बंगला दोनों बंगला हरुफ़ ही में लिखते हैं, मगर संस्कृत किताबें बंगाली भी ज्यादातर देवनागरी हरुफ़ में ही तबआ करते हैं। खैर, उनकी रही सही ज़िद भी जल्द रुख़्सत होगी।

बंगालियों में सर गुरुदास और जस्टिस मित्र जैसे नागरी के तरफ़दार पैदा हो गए हैं। बंगला किताबें नागरी में तबआ होने लगी हैं। बंगाली लोग हिंदी और

---

1. संस्था। 2. मात्र। 3. चिह्न। 4. आधी। 5. हेडिंग। 6. मुद्रित।

नागरी सीखने लगे हैं। बंगालियों में पहिले भी ऐसे लोग हो गए हैं, जिनका ख़याल था, कि नागरी एक दिन कुल हिंद में रस्मुलख़त होगी और हिंदी हिंदोस्तान भर की एक ज़ुबान। यह खय़ाल खुद बाबू बंकिमचंद्र चटर्जी मरहूम का है, जिनका 'वंदेमातरम्' आजकल हिंदुस्तान भर में गूँज रहा है। दो साल हुए बंकिम बाबू के उस तवील।[1] मज़मून का ज़रूरी हिस्सा हिंदी होकर 'भारत-मित्र' में तबआ हुआ था।

हिंदुस्तान के पुराने हरुफ़ पर पंडित गौरीशंकर ओझा उदयपुर के विक्टोरिया हाल के लाइब्रेरियन ने कई साल हुए, एक उम्दा किताब लिखी है, जिसका नाम है, 'प्राचीन लिपि माला'। जितने क़िस्म के पुराने हरुफ़ हिंदुस्तान में जहाँ-तहाँ मिले, सब इस किताब में जमा कर दिए हैं। राजपूताना के आप बड़े नामी मुहक्किक[2] हैं। अढ़ाई हज़ार साल तक के पुराने हरुफ़ आपने पढ़ डाले हैं। आप अपनी किताब दूसरी बार छपवाया चाहते हैं। जो पहली बार वाली से बहुत जामअ[3] होगी, क्योंकि इस अर्से में उन्होंने और भी बहुत-सी कुतब और पत्थरों पर लिखे मज़ामीन पढ़ डाले हैं। उनकी किताब देखने से मालूम होता है, सबसे मुकम्मिल नागरी हरुफ़ हैं। यही वजह है कि हिंद के हर सूबा के हिंदू नागरी हरुफ़ इख्तियार कर रहे हैं। इसलिए उम्मीद है, बंगाली भी जल्द ज़िद छोड़ देंगे।

मदरास में दो ज़ुबानें हैं, उनके नाम हैं, तामिल और तेलगू। इनमें से तेलगू का लगाव संस्कृत से है, और तामिल का बहुत कम। ताहम इस ज़ुबान के एक अच्छे माहवार रिसाले में देखा गया कि और सब मज़ामीन तो तामिल हरुफ़ में हैं, मगर जहाँ संस्कृत से कुछ लेना पड़ा है, वहाँ देवनागरी हरुफ़ से काम लिया है और तेलगू जानने वाले तो नागरी हरुफ़ ज़रूर ही सीखते हैं। मदरास में और भी दो ज़ुबानें हैं, जो तेलगू और तामिल से कम फैली हुई हैं। यह अमर भी क़ाबिले गौर है कि मदरास से एक हफ्ताबार संस्कृत अखबार निकलता है। यह नागरी हरुफ में होता है और एक हिंदी रिसाला वहाँ से निकला है, जिसको एक मदरासी ने जारी किया है और वही उसका एडीटर है। संस्कृत की जो किताबें मदरास में तबआ हुई हैं, सब देवनागरी हरुफ़ में हैं। क्योंकि मदरासी हरुफ़ संस्कृत के काम के नहीं। उनमें संस्कृत नहीं लिखी जा सकती। इसी तरह हिंदुस्तान के तालीम-याफ्ता लोग कोशिश कर रहे हैं कि जिस तरह युरोप के मुख्तलिफ़ मुमालिक[4] और मुतलिफ़ ज़ुबानों के लिए एक ही रस्मुलख़त है, इसी तरह हिंदुस्तान में भी देवनागरी हरुफ़ को एक रस्मुलख़त बनाया जाए।

1. लम्बा, बहुत बड़ा। 2. खोज करनेवाला, अनुसन्धान-कर्त्ता। 3. बड़ी वृहत्। 4. विभिन्न देश।

29 दिसंबर सन् 1905 ई. को कांग्रेस हो जाने के बाद बनारस में वहाँ की नागरी-प्रचारिणी सभा की तरफ़ से हिंद में एक रस्मुलख़त के लिए खास जलसा हुआ था। मिस्टर रमेशचंद्र दत्त-सी.आई.ई. दीवान-बड़ौदा इसके प्रेसीडेंट थे। इस जलसे में नामी-नामी आदमियों ने जो कुछ कहा उसका खुलासा इस तरह है—

यह जलसा चाहता है कि हिंद में एक रस्मुलख़त जारी हो। बहुत अर्से से कुछ लायक लोग इस पर ग़ौर कर रहे हैं। मुझे याद है कि एक दफ़ा बंगाल में हिंदोस्तान भर के लिए रोमन हरुफ़ बतौर एक रस्मुलख़त के क़बूल करने की तहरीक[1] हुई थी,—वह बेशक वाहियात थी। इसी से चली भी नहीं। मगर आप चाहते हैं कि नागरी हरुफ़ हिंद भर में बतौर एक रस्मुलख़त के जारी हों। साहबो! शुरू में लोग एक नया रस्मुलख़त क़बूल करना मुशकिल समझेंगे। बंगालियों का खयाल है कि नागरी हरुफ़ बहुत मुश्किल हैं। वह उन्हें सीख नहीं सकते। गुजरात, बड़ौदा और दूसरे मुक़ामात में भी नागरी हरुफ़ बहुत आहिस्ता-आहिस्ता फैल रहे हैं। मगर मैं अपने तज़ुर्बे से कहता हूँ कि अगर एक दफ़ा आप नागरी हरुफ़ सीखने पर कमरबस्ता[2] हो जाएँ तो मालूम होगा कि वह कैसे आसान हैं। जब मैं सिविल सर्विस का इम्तिहान देने विलायत गया था, तो नागरी का एक हरुफ़ भी न जानता था। कुछ संस्कृत जानता था, वह भी बंगला हरुफ़ में लिख सकता था। मगर वहाँ बंगला हरुफ़ की परसिश[3] न थी और मैंने और मज़ामीन के साथ संस्कृत भी ली थी। मजबूरन मुझे नागरी हरुफ़ सीखने पड़े और तीन महीने में मैं नागरी उतनी ही जल्दी लिखने लगा जितनी जल्दी बंगला लिखता था।

महाराजा साहब बड़ौदा की इधर बड़ी तवज्जह है और कई साल से कोशिश कर रहे हैं, कि उनकी रियासत में नागरी हरुफ़ जारी हों। बड़ौदा में एक सरकारी गज़ट है, जिसका नाम 'आज्ञापत्रिका' है। इसका एक हिस्सा गुजराती हरुफ़ में छपता है और दूसरा नागरी में। ज़बान दोनों की गुजराती है। बड़ौदा के अहलकारों में ऐसे लोग बहुत कम हैं, जो नागरी हरुफ़ वैसे-ही तेजी से न लिख सकते हों, कि जिस तेज़ी से वह गुजराती लिखते हैं। इससे ज़ाहिर है कि अगर एक ज़ुबान हम जानते हों और उसे किसी जदीद[4] रस्मुलख़त में लिखने की आदत डालें तो बहुत मुशकिल बात नहीं है—

पचास साल पहिले जरमनी की सब किताबें पुरानी ज़रमन हरुफ़ में छपती थीं, मगर अब उन्हें युरोप के दूसरे मुमालिक के लोगों से ताल्लुक रखने का खयाल हुआ है। इससे पचीस साल गुज़श्ता[1] से उनकी किताबें रोमन हरुफ़ में तबआ होने

---

1. प्रचार। 2. तैयार, दृढ़। 3. पूछ। 4. नई अन्य।

लगी हैं। इससे उनको कुछ मुशकिल वाक़ै न हुई। हमलोगों को भी अहले जरमनी की तक़लीद[2] करना वाजिब है। ख़याल रहे कि हमारा ऐसा ख़याल उस वसीअ[3] ख़याल का एक टुकड़ा है, जो हम सब अहलेहिंद को एक करना चाहता है। या एक दूसरे को बहुत करीब-करीब ला देना चाहता है।

इसमें कामयाबी हासिल करने का पहिला असूल यह है कि हर ज़बान की मक़बूल[4] और हरदिलअज़ीज[5] किताबें नागरी हरुफ़ में छापकर शाया की जाएँ। ज़रूर शुरू में ऐसी किताब कुछ अर्से तक नागरीदां लोगों ही में बिकेंगी। मगर जल्द ही दूसरे लोगों में भी यह फैल जाएँगी।

मिस्टर तिलक ने कहा—

साहबो! इस मजलिस[6] की गर्ज़ प्रेसीडेंट साहब ने समझा दी है। चूँकि डेढ़ घंटे के अंदर दस स्पीकरों को बोलना है, इससे मैं बहुत मुख़्तसिर में कुछ कहना चाहता हूँ। सबसे पहिले तो यह ज़हनशीन[7] करना चाहिए कि यह ख़याल सिर्फ़ शुमालीहिंद में ही एक रस्मुलख़त जारी करने के लिए नहीं है। बल्कि यह एक आला क़ौमी ख़याल का एक हिस्सा है, जिसका मतलब हिंदुस्तान भर में एक ज़ुबान ज़ारी करने का है। क्योंकि क़ौमियत तैयार करने के लिए एक ज़ुबान का होना लाज़मी है। एक ज़ुबान होने के तुफ़ैल[8] से ही आप अपने खयालात दूसरों पर जाहिर कर सकते हैं। मनुजी ने भी कहा है कि हर एक शैका इल्म[9] ज़बान ही से होता है। बस, अगर क़ौम को एक धागे में बाँधना है तो पहिले सबके लिए एक ज़ुबान पैदा करो। इससे ज़बरदस्त ताक़त दूसरी नहीं है। यही इस मजलिस का असूल है।

सिर्फ़ शुमाली हिंद में नहीं, हम लोग रफ़्तारफ़्ता दक्खन और मदरास को लेकर कुल हिंद में एक ही रस्मुलख़त ज़ारी करना चाहते हैं। बहुत मेहनत करने से सब मुशकिलें आसान हो सकती हैं। पहिली मुशकिल तारीख़ी है। आर्य और ग़ैर-आर्य लोगों की पुरानी और हिंदू-मुसलमानों की मौजूदा अदावत और नफ़रत ने ज़बान से मुताल्लिक़ इत्तफ़ाक़ को ज़ाइल[10] कर डाला है। शुमाली हिंद के हिंदू ज्यादा संस्कृत निकली हुई आर्य ज़ुबानें ही बोलते हैं। मगर दक्खनी ज़ुबानें द्राविड़ से निकली हैं। उनका फ़र्क लफ़ज़ों ही में नहीं, हरुफ़ में भी है, जिनमें कि वह लिखे जाते हैं। फिर उर्दू और हिंदी का झगड़ा है। जिनको इन सूबाजात में इस क़द्र अहमियत[11] दी गई है। हमारी तरफ़ मूड़ी या घसीट चलती है, जो लिखने में बहुत इस्तेमाल होती है। यह रस्मुलख़त नागरी से अलग समझा जाता है। मगर

---

1. बीते पहले। 2. नकल। 3. बहुत बड़े। 4. मानी हुई। 5. सर्वप्रिय। 6. सभा। 7. समझ लेना। 8. प्रताप। 9. ज्ञान। 10. नष्ट। 11. महत्त्व।

अब हमारे अख़बार और किताबें नागरी ही में तबआ होते हैं—

गो हमारा मतलब हिंद भर में एक रस्मुलख़त और एक ज़ुबान बनाने का है। मगर पहिले हिंदुओं से शुरू करना होगा। पहिले नागरी और तामिल या द्राविड़ रस्मुलख़त में इत्तफ़ाक़[1] पैदा कराना होगा। इन दोनों में सिर्फ़ हरुफ़ ही का इख़्तलाफ[2] नहीं है, बल्कि तामिल में कुछ आवाज़ें ऐसी हैं, जो किसी आर्य ज़ुबान में नहीं हैं। हम सीढ़ी-सीढ़ी चढ़ना चाहते हैं, और शुरू में जैसा कि प्रेसीडेंट साहब ने इरशाद[3] फरमाया है, हम संस्कृत से निकली हुई ज़ुबानों को हाथ में लेते हैं। इन ज़ुबानों के नाम हिंदी, बंगला, गुजराती, मरहठी, और पंजाबी हैं। यह सब ज़ुबानें संस्कृत से निकली हैं और जिन हरुफ़ में यह लिखी जाती हैं, वह सब भी हिंदुस्तान के पुराने हरुफ़ से बदलते बदलते मौजूदा शक्लों में आए हैं। अब इन ज़ुबानों के क़वायद और बोलने और लिखने के ढंग में फ़र्क़ आ गया है। मगर वैसे देखिए तो इनके हरुफ़ क़रीब क़रीब यकसाँ और हम-शक्ल हैं।

नागरी-प्रचारिणी-सभा कुल आर्यज़ुबानों के लिए एक रस्मुलख़त पैदा करना चाहती है। जिससे उस रस्मुलख़त में लिखी हुई किताबों को आर्य ज़ुबानों के बहुत चाहने वाले पढ़ सकें। इस ख़याल की अहमियत हम सब तसलीम करते हैं। मगर मुशकिल पड़ती है, उस वक्त जब कहा जाता है कि फलां रस्मुलख़त सबसे उम्दा है। मसलन बंगाली कह सकते हैं कि उनके हरुफ़ गुजरातियों और मरहठों के हरुफ़ से क़दीम हैं। इससे सब ज़ुबानों के लिए बंगला रस्मुलख़त ही बेहतर है। और कुछ लोग देवनागरी हरुफ़ को एक रस्मुलख़त बनाने के तरफ़दार हैं और उन्हीं को सबसे क़दीम मानते हैं।

मेरे ख़याल में तारीखी सबूत से यह सवाल हल नहीं हो सकता। क्योंकि अगर अशोक के वक्त से आज तक के पत्थरों के कुतबे देखे जाएँ तो कम अज़ कम दस तरह के हरुफ़ मिलते हैं। इनमें खरोष्टी या ब्रह्मनी हरुफ़ सबसे क़दीम समझे जाते हैं। तब से अब तक रस्मुलख़त में बहुत इनक़लाब हुआ है और इस वक्त जो सब रस्मुलख़त इस मुल्क में जारी हैं, वह किसी-न-किसी पुराने रस्मुलख़त से तब्दील होकर मौजूदा सूरत में आए हैं। इससे तारीखी तलाश और तज़स्सुस[4] से यह मसला हल नहीं हो सकता।

यह मुशकिल आसान करने के लिए एक बार रोमन रस्मुलख़त अख़्तियार करने की सलाह हुई थी। इससे यह फ़ायदा भी सोचा गया था कि एशिया और युरोप में एक रस्मुलख़त हो जाएगा। मगर यह महज़ फिज़ूल बात थी। रोमन में

1. एकता। 2. भेद। 3. आज्ञा। 4. खोज।

इस मुल्क की आवाज़ों के लिख देने की ताक़त कहाँ है? उसकी इस ख़ामी[1] को अंगरेजी क़वायददान भी मानते हैं। एक ही हरुफ़ की उसमें कई आवाज़ें होती हैं और कभी-कभी एक ही आवाज़ के लिए तीन चार हरुफ़ कई तरह के नुक़ते वगैरह जब तक न लगाए जाएँ—हमारी आवाज़ों का अदा होना उनसे मुशकिल है।

इससे अगर हम कोई एक रस्मुलख़त चाहते हैं, तो नागरी सबसे बेहतर है। युरोप के संस्कृतदां लोगों ने तस्लीम किया है कि युरोप में जो हरुफ़ जारी हैं उन सबसे नागरी हरुफ़ मुकम्मिल हैं। फिर देवनागरी रस्मुलख़त को छोड़कर और की तलाश करना ख़ुदकशी[2] नहीं तो और क्या है?

मैं तो यहाँ तक कहता हूँ कि हरुफ़ और तलफ्फ़ुज़[3] के लिए हमने हिंद में बड़ी मेहनत की है। पाणिनि का संस्कृत क़वायद उसका शाहिद है। दुनिया-भर में न ऐसे हरुफ़ हैं और न तलफ्फ़ुज़ का इतना उम्दा ढंग है। हमारे यहाँ एक हरुफ़ के लिए एक ही आवाज़ है, और एक आवाज़ के लिए एक ही हरुफ़।

लार्ड कर्ज़न ने सब जगह एक वक्त मुक़र्रर कर दिया है। इसी तरह हम सब जगह एक ही रस्मुलख़त चाहते हैं। अगर कर्ज़न साहब एक वक्त की जगह एक रस्मुलख़त ज़ारी करा जाते तो हम उनके ज्यादा मशक़ूर[4] होते। बंगालियों को फितरत से ही अपने रस्मुलख़त का पास है। मैं इसके लिए शिकायत नहीं करता। इसी तरह कुछ गुजराती भी अपने रस्मुलख़त को आसान बताते हैं; क्योंकि उनके हरुफ़ के सिरों पर नागरी की तरह लकीर नहीं लगाई जाती, इसी तरह कुछ मरहठे भी कहते हैं कि मरहठे हरुफ़ही में संस्कृत लिखी जाती थी।

खैर, हमें वह रस्मुलख़त अख़्तियार करना चाहिए, जो आसान हो उम्दगी से लिखा जाए और आँखों को अच्छा मालूम हो। साथ ही जल्दी लिखने के लिए उसमें आसानी से कुछ हेर-फेर हो सकता हो। वह हिंदुस्तान की सब आर्य ज़ुबानों की आवाज़ों को ज़ाहिर कर सकता हो, और सबसे ज्यादा फैला हुआ हो।

अम्बालाल शंकरलाल देशाई एम.ए., एल.एल.बी. ने कहा—

शुरू में गुजरात के स्कूलों की दरसी किताबों में नागरी और गुजराती दोनों हरुफ़ होते थे। इसलिए गुजराती स्कूलों के तुलबा, नागरी हरुफ़ से वाक़िफ़ हैं। मगर अब सिर्फ़ गुजराती हरुफ़ ही, लोग रखना चाहते हैं। ऐसा करेंगे तो बड़ी बदक़िस्मती की बात होगी। प्रेसीडेंट साहब ने कहा कि अच्छी-अच्छी किताबें नागरी हरुफ़ में छपें। बेशक यह बहुत उम्दा राय है। मेरे ख़याल में साइंस की जो किताबें गुजराती में तैयार हों वह सब नागरी हरुफ़ में छपें। दूसरे सब तरह के तिजारती

---

1. कमी। 2. आत्महत्या। 3. उच्चारण। 4. कृतज्ञ।

कामों में आयन्दा से नागरी ख़तो-किताबत जारी की जाए। अहमदाबाद वालों ने यह काम शुरू भी कर दिया है।

सर भालचंद्रकृष्ण ने ताईद करते हुए कहा कि—हमारी सब संस्कृत किताबें नागरी हरुफ़ में तबआ होती हैं? बहुत ज़रूरत है कि यही हरुफ़ अब कुल सूबाजात हिंद में क़बूल किए जाएँ। यह अक्षर कुछ भी मुशकिल नहीं हैं। कुल हिंद की ज़ुबान हिंदी और हरुफ़ नागरी होने बहुत ज़रूरी हैं। यह कहकर आपने वह कहानी सुनाई जो बंबई अहाते में मरहठी ज़बान का रस्मुलख़त बदलने के मुताल्लिक थी। आपने कहा कि हमारे सरिस्ता-तालीम के डाइरेक्टर ने हमारी ज़ुबान का रस्मुलख़त और तलफ़्फ़ुज़ बदल देना चाहा था। हमने इसके लिए एतराज़ किया मगर सुनाई न हुई। आख़िरकार बंबई गवर्नमेंट तक बात पहुँची, और ज़ाहिर किया गया, ऐसा होने से झगड़ा होगा, तब हमारी अर्ज़ कबूल हुई।

कलकत्ता के प्रोफ़ेसर खीरोदप्रसाद विद्याविनोद एम.ए., मद्रास सलीम के विजय राघवाचार्य बी.ए., वगैरह आलिम शख़्सों ने इसी तरह अपनी-अपनी राय ज़ाहिर की।

हम उम्मीद करते हैं कि जो लोग हिंदी-उर्दू के लिए झगड़ा करते हैं, वह समझ लेंगे कि हिंदी वाले क्या चाहते हैं और उनकी क्या गर्ज़ है। उर्दूवालों से किसी क़िस्म का झगड़ा करना वह नहीं चाहते हैं और न उर्दू को नुक़सान पहुँचाना चाहते हैं, मगर नागरी हरुफ़ वह सारे हिंदुस्तान में जरूर फैलाना चाहते हैं। जिससे संस्कृत से निकली हुई ज़बानें क़रीब-क़रीब आ जाएँ। सब हिंदुओं और हिंदुस्तान की सब ज़ुबानों को एक करने के लिए यह कोशिश होती है। हिंदी और उर्दू को हिंदू एक ही ज़बान समझते हैं और मुसलमान भी पहले उर्दू को हिंदी ही समझते थे। ख़ासकर देहलीवाले। मगर लखनऊवालों ने इसमें अरबी के अलफ़ाज़ नाहक़ ठूँस-ठूँसकर इसे दूसरी ज़ुबान बना डाला है।

['जमाना' एप्रिल और मई, 1907 ई.]

आलोचना

व्याकरण-विचार

पंडित महावीरप्रसादजी द्विवेदी के 'भाषा और व्याकरण' वाले लेख की आत्माराम ने दस लेखों में आलोचना की है। 'भारतमित्र' के पाठकों ने यह लेख बड़े चाव से पढ़े हैं। ढूँढ़-ढूँढ़कर बड़ी आरजू से मँगाये हैं। जिनको न मिले, उनका तकाजा है कि वह लेख जल्द पुस्तकाकार छपें, जिससे हम भी देख सकें।

आलोचना की रीति अभी हिंदी में भली-भाँति जारी नहीं हुई है और न लोग उसकी आवश्यकता ही को ठीक ठीक समझे हैं। इससे बहुत लोग आलोचना देखकर घबरा जाते हैं और बहुतों को वह बहुत ही अप्रिय लगती है। यहाँ तक कि जो लोग स्वयं इस मैदान में कदम बढ़ाते हैं, अपनी आलोचना होते देखकर वही तुर्शरू हो जाते हैं। इससे हिंदी में आलोचना करना भिड़ के छत्ते को छेड़ लेना है। छेड़नेवाले को चाहिए कि बहुत सी भिड़ों के डंक सहने के लिए प्रस्तुत रहे।

एक बार हमारे एक कृपालु ने किसी एक छोटी-सी पोथी की एक छोटी-सी कविता में कुछ दोष दिखाया था। 'भारतमित्र' में एक सज्जन ने उसका उत्तर देकर आलोचक को होश दिलाया कि आपकी आलोचना ठीक नहीं। आप उस लेख को पढ़कर बेताब हो गए। उसके उत्तर में फिर कुछ लिखा और फिर कुछ सुना। उन्हीं के किसी एक मित्र ने उन्हें खबर दी कि वह पोथी 'भारतमित्र' सम्पादक की लिखी हुई है, आपने उस पर छेड़-छाड़कर अच्छा न किया। कृपालुजी ने झट एक माफी नामा लिखा कि मुझे मालूम न था, वह आपकी बनाई पोथी है, नहीं तो मैं कभी ऐसा अनुचित काम न करता। यहाँ से लिखा गया, पोथी मित्र की हो या शत्रु की—अपने की हो या बेगाने की, आलोचना उसकी न्याय से होनी चाहिए। यह तो कोई बात नहीं कि मित्र की हो तो उसकी प्रशंसा की जाए और शत्रु की हो तो निंदा। इतनी अनुदारता लेकर साहित्य के मैदान में कभी आगे न बढ़ना चाहिए।

ऐसी दुर्दशा हिंदी में आलोचना की है।*

एक लड़के ने एक दिन अपनी माँ से कहा—"माँ मुझे कोई न मारे तो मैं सबको मार आऊँ।" ठीक यही दशा हिंदी के कुछ आलोचकों की है। वह समझते हैं कि हमें सबकी आलोचना करने का अधिकार मिल गया है और हमारी आलोचना कोई करे तो हमारे भाई-बंधु जाति-धर्म्म की, भाई-बिरादरी की दुहाई देते हुए चारों ओर से लट्ठ लेकर सहायता के लिए आ धमकें और विद्या से नहीं तो उसे लट्ठ से सीधा कर दें। आत्माराम पर भी वही बीती। वह गरीब, लठैतों के दल में घिर गया।

पंडित महावीरप्रसाद द्विवेदी स्वयं बड़े भारी आलोचक होने का दावा रखते हैं। आत्माराम ने तो आलोचना के केवल दस लेख ही लिखे हैं, द्विवेदीजी ने बड़ी-बड़ी पोथियाँ बना के डाल दी हैं। लाला सीताराम की पोथियों की आप बहुत कुछ आलोचना कर चुके हैं और किए जाते हैं, यहाँ तक कि उन आलोचनाओं की आप पोथियाँ तक छपवा चुके हैं। केवल इतना ही नहीं, संस्कृत के स्वर्गीय पंडितों की भी आलोचना आपने की है और पोथियाँ रच डाली हैं। आलोचना में केवल उनकी तारीफों ही के ढोल नहीं बजाए गए हैं, वरञ्च उनकी भूलें दिखाई हैं, उनके साथ दिल्लगी की है, उनको टिटकारियाँ दी हैं। लाला सीताराम को सभ्यता का पाबंद बताकर उनकी बहुत हँसी उड़ाई है। मरुस्थल के एक महाकवि ने जिस प्रकार एक पोथा बनाकर 'भारत' आदि की भूल दिखाई है, द्विवेदीजी ने उसी प्रकार कालिदास तक की खबर ली है। अब गत नवंबर मास की 'सरस्वती' में 'भाषा और व्याकरण' का लेख लिखकर उन्होंने हिंदी के नए पुराने लेखकों से जो बर्ताव किया है, वह किसी से छिपा हुआ नहीं है। उस लेख से क्या स्पष्ट होता है? क्या यह कि हिंदी भाषा में कोई व्याकरण नहीं है और उसमें एक नया व्याकरण बनाना चाहिए? क्या हिंदी या हिंदी के किसी लेखक के साथ उसमें कुछ सहानुभूति या श्रद्धा प्रगट होती है? इन बातों में से एक भी नहीं है। केवल यही स्पष्ट होता है कि हिंदी में गदर मच रहा है। जितने पुराने लेखक थे, सब अशुद्ध लिखते थे। नए भी अशुद्ध और बेठिकाने लिखते हैं। जितने व्याकरण हिंदी में हैं वह किसी काम के नहीं, शुद्ध हिंदी लिखना कोई जानता नहीं। जो कुछ जानते हैं सो केवल उस लेख के लेखक! यदि हिंदी में अच्छे व्याकरण नहीं हैं और द्विवेदीजी को यह अभाव मेटने की भगवान

---

* जिस पुस्तक का उल्लेख किया गया है, वह 'खिलौना' नाम की पुस्तक थी और उसकी आलोचना द्विवेदीजी ने की थी। पुस्तक गुप्तजी की लिखी हुई थी सही किंतु उस पर उनका नाम नहीं छपा था। द्विवेदीजी को सावधान करने वाले उनके और गुप्तजी के, दोनोंके मित्र पंडित श्रीधरजी पाठक थे।
—संपादक गुप्त निबंधावली

ने शक्ति दी है तो एक अच्छा व्याकरण लिखने से उनको किसने रोका? और अब कौन रोकता है? पर व्याकरण लिखना तो शायद चाहते नहीं। चाहते हैं, अपनी सर्वज्ञता का डंका बजाना। आत्माराम को उनके लेख से उनकी सर्वज्ञता का सबूत नहीं मिला, इसी से उसने उनके लेख की आलोचना कर डाली। हमने आत्माराम के इस काम को बुरा नहीं समझा और द्विवेदीजी तथा उनके प्रेमी कहलाने वालों को भी ऐसा ही समझना चाहिए। क्योंकि हमारी समझ में द्विवेदीजी ने अपना वह लेख केवल इसलिए नहीं छापा होगा कि वह एक बार 'सरस्वती' में छपकर सदा के लिए गुमनामी के गढ़े में चला जाय। वरञ्च इसलिए छापा होगा कि उस पर लोग अपनी राय प्रकट करें और जो ठीक तत्त्व है वह निकल आवे।

आत्माराम के लेखों से विदित होता है कि उसने द्विवेदीजी के उस लेख से हिंदी लेखकों की कुछ अप्रतिष्ठा समझी। हमारी समझ में भी उस लेख से बहुत कुछ दंभ की ध्वनि निकलती है, चाहे उसे द्विवेदीजी ने मन की कितनी ही सफाई से लिखा हो।

शायद इसी खयाल से आत्माराम ने अपने लेखों में कटाक्ष से अधिक काम लिया है, पर उसके कटाक्ष हँसी से भरे हुए हैं, विषैला कटाक्ष उसने एक भी नहीं किया। कटाक्ष भी द्विवेदीजी पर नहीं हैं उनके किसी काम पर, या उनकी अगली पिछली दशा पर आत्माराम ने कोई कटाक्ष नहीं किया है। उनकी पोथियों को भी नहीं छुआ है; केवल उसी लेख को लेकर उसने जो कुछ कहा है—कहा है। आत्माराम के कटाक्ष, उसकी चुलबुली दिल्लगियाँ, मीठी छेड़ जो कुछ है, द्विवेदीजी के लिखने के ढंग पर, उनकी भाषा की बनावट पर, उनके व्याकरण संबंधी ज्ञान पर, उनके दखलदरमाकूलात पर, उनके गंभीरता की सीमा-लंघन करने आदि पर हैं। हमारी समझ में बहस की सीमा से बाहर आत्माराम बहुत कम गया है। किसी बात को उसने तूल भी नहीं दिया। वरञ्च जहाँ तक हो सका है, हरेक बात को बहुत थोड़े में कहा है—यहाँ तक कि उसकी लिखी किसी पंक्ति से यदि एक शब्द भी अलग कर दिया जाए तो सब मतलब गड़बड़ हो जाय, फजूल लिखने का तो काम ही क्या है? साथ ही आत्माराम ने द्विवेदीजी की बहुत सी भूलें दिखाई हैं, जिनमें से दो तीन मोटी-मोटी भूलें यह हैं—'अनस्थिरता' ठीक नहीं, द्विवेदी जी 'मुहाविरा' लिखते हैं, जिसका उच्चारण वह नहीं है जैसा वह लिखते हैं और बहुत बातें बताई हैं, जिनका अभी कुछ उत्तर नहीं मिला है। पर हम देखते हैं कि उनके कुछ तरफदार जामे से बाहर हो गए हैं। वह भारतमित्र-संपादक को आत्माराम समझकर गालियों

से प्रसन्न करने लगे हैं। यहाँ तक कि स्वयं द्विवेदीजी जैसे सभ्यता और शिष्टता के अभिमानी ने भी कल्लू भाई का आल्हा पसंद करके ऐसे लोगों के रवैये का समर्थन किया है। पंडित गंगाप्रसाद अग्निहोत्री सभ्यता की दुहाई देते हुए भी द्विवेदीजी की बड़ाई का डंका बजाते हैं। एक सज्जन देवीप्रसाद शुक्ल नामधारी ने श्री वेंकटेश्वर-समाचार में पदार्पण किया है। यह भी द्विवेदीजी की अनानीयत ही का डंका बजाते आए हैं। लेख के आरम्भ में ही गीदड़ों और शेरों का एक श्लोक लिखकर उनके महत्त्व और अपने शिष्टाचार का परिचय देने आए हैं। द्विवेदीजी की सब भूलों को जेवर समझकर उनकी गठरी अपने साथ लिये फिरते हैं। कोई इनसे पूछे कि जब आपके शिष्टाचार का यह हाल है तो दूसरों से आप किस शिष्टाचार की आशा रखते हैं? हम भी कह सकते हैं कि यह शुक्लजी और कोई नहीं द्विवेदी जी हैं, पर ऐसा कहने से लाभ क्या? द्विवेदी जी हों या और कोई, मतलब बात से है न कि लेखक के कुल-शील से और उसके नाम-धाम से। बहस भाषा और व्याकरण की है, चाहे उसे आत्माराम लिखे या भारतमित्र संपादक। चाहे लेखक वर्ण में ब्राह्मण हो या नाई, धार्मिक हो या अधार्मिक। भाषा की बहस में हम तो यही समझते हैं कि धर्म्म या जाति, स्वर्ग या नरक की जरूरत नहीं है। बात का बात से उत्तर दो, विचार से उत्तर दो, बिगड़ने या नाराज होने की कोई जरूरत नहीं है।

यदि द्विवेदीजी यह समझते हों कि जो कुछ वह लिखते हैं, वह ठीक है उसमें किसी हुज्जत की जगह नहीं, तो समझ लें कि आत्माराम ने जो कुछ कहा वह व्यर्थ है। उसको लेकर वह और उनके मित्र नाराज क्यों हों? और यदि वह यह समझें कि दूसरे लोगों को भी उनकी कही बात पर कुछ कहने का अधिकार है तो आत्माराम की बातों में उन्हें जो अच्छी मालूम हों, उन पर ध्यान दें। आत्माराम को उत्तर देने में उनकी शान न घटती हो, तो कुछ उत्तर दें। कुछ भी न हो, तो जो उनके जी में आवे सो करें और जो उनके मित्रों के जी में आवे सो वह करें। पर इतना जान लें कि आडम्बर, दंभ और धांधल मचाने से साहित्य का कुछ संबंध नहीं है। न ऐसी बातों से कोई सच्ची बात दब सकती है।

लिखने पढ़नेवालों को अपना मन खूब साफ रखना चाहिए। अपने को एक़दम बहुत ऊँचा और दूसरों को एकदम अनभिज्ञ कभी न समझना चाहिए। साथ ही यह भी देखना चाहिए कि मैं क्या कहता हूँ और दूसरा क्या कहता है। यदि कोई सत्य बात प्रगट हो जाए, तो उसे अन्याय से दबाना नहीं चाहिए और अपनी भूल हो तो उसे मान लेना चाहिए। खाली दूसरों पर दोष लगानेवाला ही पंडित नहीं

हो सकता और न अपनी भूल माननेवाला मूर्ख कहला सकता है। हमें इस विषय में कुछ बोलने की जरूरत न थी, क्योंकि एक ओर द्विवेदीजी का लेख है दूसरी ओर आत्माराम के लेख—लोग पढ़कर आप फैसिला कर सकते हैं। पर कुछ लोगों ने भारतमित्र-संपादक को ही आत्माराम समझकर मन में आया सो कह डाला है, इसी से यह लेख लिखना पड़ा है कि आप सज्जनों को आत्माराम से क्या मतलब है, उसके लेख हाजिर हैं।

[भारतमित्र, 1906 ई.]

भाषा की अनस्थिरता

जो लोग समझते थे कि हिंदी भाषा एकदम लावारिस है, कोई उसका मुरब्बी या सरपरस्त नहीं—वह यह खबर सुनकर खुश होंगे कि वास्तव में उक्त भाषा माता-पिता विहीन नहीं है। गत नवंबर मास की 'सरस्वती' के देखने से विदित हुआ है कि उक्त पत्रिका के संपादक पंडित महावीरप्रसाद द्विवेदीजी हिंदी भाषा के संरक्षक या वारिस दो में से एक कुछ हुए हैं। इसके लिए हिंदी के प्रेमियों और द्विवेदीजी महाराज को हम बधाई देते हैं।

कहावत है कि बारह वर्ष के पीछे घूरे के दिन भी फिरते हैं। उसके अनुसार अंत को हिंदी के दिन भी फिरे। बड़े ही अच्छे अवसर पर द्विवेदीजी ने सरस्वती की उक्त संख्या में 'भाषा और व्याकरण' लिखकर अपनी हिंदी दानी के झंडे गाड़ दिए हैं। आपने साबित कर दिया है कि हरिश्चंद्र से लेकर आजतक जितने हिंदी लिखने वाले हुए हैं, सबकी हिंदी अशुद्ध है। उन सबकी इसलाह के लिए आपको स्वयं खलीफा या उस्ताद बनना पड़ा है और सबको एक ही उल्टे उस्तरे से मूँडना पड़ा है। सच है इस तरह किए बिना ठीक सफाई भी नहीं हो सकती।

लल्लू और लक्ष्मणसिंह को द्विवेदीजी ने कुछ नहीं कहा। लल्लू को तो शायद इसलिए छोड़ दिया है कि स्वर्गीय पंडित अम्बिकादत्त व्यास 'बिहारी विहार' की भूमिका में उसे ठीक कर चुके थे। फिर वह उर्दू-शुर्दू का जाननेवाला अर्द्धशिक्षित लल्लू द्विवेदी जैसे हमादां संस्कृत के अद्वितीय पंडित, संस्कृत श्लोकों के लासानी उच्चारक (कोई सज्जन इस पर एतराज न करें, क्योंकि यह ईजादेबंदा है) अंगरेजी के परम पंडित की लेखनी के नीचे आने ही के योग्य कहाँ था! पर राजा लक्ष्मणसिंह को छोड़ दिया, इस पर आगरा भर हैरान है। हरेक के जी में रह रहकर यही प्रश्न उठता है कि राजा को बेलियाकत समझकर द्विवेदीजी ने माफ किया या वह कुछ शुद्ध हिंदी लिखना जानता था?

खैर, इस प्रश्न का उत्तर आगरेवाले तलाश करते रहें, पाठक द्विवेदीजी के लेख की तरफ आएँ। द्विवेदीजी ने पहले ही हमले में हरिश्चंद्र को वह धरकर फफेड़ा है कि सब हिंदीवाले चीं बोल जावेंगे। आप जानते हैं कि हरिश्चंद्र कौन? वही जिसको इस समय के हिंदी लेखक वर्तमान हिंदी का जन्मदाता और पालनकर्ता मानते हैं। वही जिसकी रचनाओं को पढ़कर 'हम पंचन के टूवालामां' बोलने वाले हिंदी बोलने को चोंच खोलने लगे हैं। हिंदीवालों का तो हरिश्चंद्र से यह नाता है। द्विवेदीजी का एक नाता भी बहुत खोज करने से निकल आया है। आपने पंडित श्रीधर पाठक का नाम सुना होगा। उन श्रीधरजी ने हरिश्चंद्र के गोलोकवास के पश्चात् एक हरिश्चंद्राष्टक लिखकर अपनी लेखनी को गौरवान्वित किया था। श्रीद्विवेदीजी ने पंडित श्रीधरजी की प्रशंसा में एक सप्तक लिखकर भारतमित्र में छपवाकर अपने को धन्य समझा था। इसी हिसाब से द्विवेदीजी की डबल श्रद्धा हरिश्चंद्र तक पहुँचती है। श्रीधरजी वाले अष्टक में मिलकर द्विवेदीजी का सप्तक पंचदशक बनता हुआ हरिश्चंद्र के चरणकमल तक पहुँच जाता है। ऐसे हरिश्चंद्र की जब द्विवेदीजी ने सबसे पहले खबर ली है तो फिर किसी ऐसे वैसे की बात ही क्या रही।

ग्राम्य पाठशाला के गुरुजी की भाँति द्विवेदीजी ने 'क ख ग' से ही अपना लेख आरंभ किया है। बड़ी सरलता से आप फरमाते हैं—"मन में जो भाव उदित होते हैं, वे भाषा की सहायता से दूसरों पर प्रकट किए जाते हैं। मन की बातों को प्रकट करने का प्रधान उपाय भाषा है।" क्या कवाइदे हिंदी समझाने की चेष्टा आपने की है। हरिश्चंद्र से लेकर आज तक किसी को यह बात मालूम न थी। विषय जरा कड़ा है—इससे आप उसे और भी सरल करके समझाते हैं—"संकेतों अर्थात् इशारों (अर्थात् रुसूज अर्थात् किनायों—भी जोड़ दिया जाता तो संकेत का अर्थ और सरल हो जाता) से भी मन के भाव प्रकट किए जा सकते हैं; पर यह उपाय अप्रधान है। इशारों से वह काम नहीं हो सकता जो भाषा से होता है। इससे मनोभाव प्रकट करने का प्रधान साधन भाषा है।" वाह वाह! आप न समझाते तो यह गूढ़ विषय कौन समझाकर हिंदी साहित्य का उपकार करता? आप जैसे विद्वान संसार से उठ जावेंगे तो कौन फिर ऐसी जरूरी बातें इस सफाई से समझावेगा? तब तो हिंदी की दुनिया में अँधेरा ही हो जाएगा!

पर बावजूद इस कवाइददानी के हमारे द्विवेदीजी दो कदम चलकर ही फिसलन्त फरमाते हैं। सुनिए—"मनुष्य और पशु-पक्षी आदि की उम्र देश, काल, अवस्था और शरीर-बंधन के अनुसार जुदा-जुदा होती है।" कोई पूछे कि जनाब व्याकरण-वीर

साहब! उम्र जुदा-जुदा होती है, या उम्रें जुदा-जुदा होती हैं? जुदा-जुदा होती है कि न्यूनाधिक होती है? एक बार सिंहावलोकन तो कीजिए! जरा अपनी कवाइदे हिंदी से मिलाकर तो देखिए कौन सी बात ठीक है? क्या आपकी व्याकरणदानी की इज्जत रखने के लिए बेचारी उम्र के टुकड़े कर दिए जाते हैं।

आप फरमाते हैं–"जिस तरह मनुष्य, पशु, पक्षी, वृक्ष और लता आदि की उत्पत्ति, वृद्धि और विनाश होता है, उसी तरह भाषा का भी होता है।" क्या होता है? विनाश? क्योंकि आपकी उत्पत्ति और वृद्धि को तो आपका 'होता' लातें मार-मारकर भगाता है और आपकी व्याकरणदानी की ओढ़नी उतारे लेता है। सचमुच जिस भाषा के ठेकेदार आप जैसे घरघमंडी हों, उस अभागी का विनाश ही होता है। वाजिदअली शाह खूब कह गए हैं कि खुदा किसी शहर की जबान को देहात में राइज न करे।

यह तो द्विवेदीजी की व्याकरणदानी की कैफियत है। अब जरा आप के बनाए हुए वाक्यों के अर्थ टटोलिए। आपका पहला ही वाक्य है–"मनमें जो भाव उदित होते हैं, वे भाषा की सहायता से दूसरों पर प्रकट किए जाते हैं!" क्यों जनाब, भाषा की सहायता से मन के भाव दूसरों पर प्रगट किए जाते हैं या भाषा से? आप टाँगों की सहायता से चलते हैं या टाँगों से? आँखों की सहायता से देखते हैं या आँखों से? कानों की सहायता से सुनते हैं या खास कानों ही से? लेखनी की सहायता से लिखते हैं या लेखनी ही से लिखने लग जाते हैं? जो अपनी बोली जानते हैं, वह इस वाक्य को इस तरह लिखते–"मन में जो भाव उठते हैं, वह भाषा से दूसरों को सुना दिए जाते हैं।" अथवा "मन की बात बोलकर दूसरों को जना दी जाती है।" द्विवेदीजी तरज में से भाषा तैयार करते हैं, उसमें असलियत कहाँ? भाषापन कहाँ? तिस पर भी सबको सिखाने के लिए कमर कसकर खड़े हो गए हैं।

आगे आप व्याकरण की उत्पत्ति सुनाने चले हैं। इसमें आपके वाक्य आपस में इस प्रकार टकराते हैं, जैसे भूकंप से घर के बर्तन या बंदर के कूदने से मकान की खपरैलें। आप फरमाते हैं–"शब्दों के समूह का नाम भाषा है। शब्दों के उत्पन्न होने के बाद व्याकरण उत्पन्न होता है। पहले शब्द तब अनुशासन–पहले साहित्य तब व्याकरण।" किसी हिंदी जाननेवाले को उक्त तीनों वाक्य सुनाकर देख लो, वह फौरन कहेगा कि मजजूब की बड़ है। ठीक यही मालूम होता है कि पहले दो वाक्यों के बीच से एक वाक्य गायब हो गया है और तीसरा वाक्य उन पर जबरदस्ती दुलत्तियाँ झाड़ रहा है। भाषा जाननेवाला इन वाक्यों को इस प्रकार लिखता–"शब्दों के समूह का नाम भाषा है। पहले शब्द उत्पन्न होते हैं पीछे व्याकरण।

व्याकरण शब्दों का अनुशासन करता है।''

अब जरा अनुशासन का भाष्य सुनिए। फरमाते हैं—''पाणिनि का एक सूत्र है—'अथ शब्दानुशासनम्' इसका नाम है अधिकार सूत्र। यहाँ 'अनुशासन' में जो अनु उपसर्ग है, वह इस बात को सूचित करता है कि शब्दों के अनंतर उनका शासन किया गया है। अर्थात् पाणिनि ने सदा के लिए यह शब्द-शास्त्र नहीं बनाया; किंतु उनके समय तक शब्दों के जैसे प्रयोग होते थे, उन्हीं का उन्होंने अनुधावन किया है—उन्हीं के प्रयोग-संबंधी नियम उन्होंने बना दिए हैं।''

यदि द्विवेदीजी सामने होते, तो पूछते कि महाराज! यह जो आपने गड्डमड्ड कई एक वाक्य आगे-पीछे मियाँ मदारी के गोलों की भाँति उगल दिए हैं, इसका कुछ सिर-पैर है या खाली हिंदीवालों को हैरान करनेके लिए यह लीला दिखाई है। कृपाकर के यह तो बताइए कि पाणिनि के सूत्र के अर्थ से आपके ऊपरवाले वाक्यों में से सबसे पिछले वाक्य का क्या संबंध है? सदा के लिए बनाया या न बनाया, इसके कहने से आपका क्या प्रयोजन है? यदि आप यह फरमावें कि मैंने जो यह भाषा और व्याकरणवाला लेख लिखा है, अब तक के हिंदी लेखकों की मरम्मत के लिए है—सदा के लिए नहीं, तो इसका क्या अर्थ होगा? मेरे एक मित्र इन वाक्यों को सुनकर बोल उठे कि द्विवेदीजी बहुत-सी विद्या और बहुत तरह की बातें एक साथ फाँक गए हैं। वह सब आपके पेट में बकर-कूद मचा रही हैं। आप एक को श्रीमुख से निकालना चाहते हैं, तो कई लधड़-पधड़ करती आगे-पीछे निकल पड़ती हैं और सिलसिला खराब कर देती हैं।

आप व्याकरण-शास्त्र का पता बताते हैं—''व्याकरण वह शास्त्र है, जिसमें शब्दों और वाक्यों के परस्पर संबंध के अनुसार अपेक्षित अर्थ के जानने के नियम होते हैं।'' क्या गुठल इबारत है। मजाल है, कोई जरा अर्थ समझ जाए! खैर, आपने इसको सरल करने की चेष्टा इस प्रकार की है—''अथवा यों कहिए कि जिसके पढ़ने से ठीक-ठीक लिखना और बोलना आता है।'' बारह साल के बाद तो बाबा ने कहा कि बच्चा! फावड़ी का नाम गुलसफा है!

आगे द्विवेदीजी ने व्याकरण की जरूरत पर सिर खपी की है। बहुत सी देहाती दलीलों को उलट-पलट करने के बाद इस सिद्धांत पर आकर ठहरे हैं—''अतएव व्याकरण की आवश्यकता सिर्फ इसलिए है कि नियम रचना के द्वारा सब प्रांतों के लिए वह एक-सी भाषा संगठित करें।'' अर्थात् बैसवाड़े और मंद्राज के लिए एक ही भाषा संगठित कर डाले! खैर साहब, करै तो करै और न करै तो न करै;

कितनी ही व्याकरणदानी का दावा करके भी आप अपने देश की करै-सरै को मत छोड़िए। पर यह तो कहिए कि ऊपरवाले वाक्य में 'सिर्फ' की जरूरत और 'नियम रचना' का अर्थ क्या है?

अब दो एक बातें द्विवेदीजी की व्याकरणदानी के विषय में और कहना चाहते हैं। आप लिखते हैं ''नया-नया साहित्य हमेशा उत्पन्न हुआ करता है।'' नहीं जनाब, नया साहित्य हमेशा या नित्य नया साहित्य कहिए। हमेशा के साथ दो बार नया रहने से आपका व्याकरण नाराज हो जाएगा। आप लिखते हैं–''किसी भी व्याकरण के नियम–'' इस वाक्य में खाली 'किसी' चाहिए। किसी में 'भी' तो आप ही मौजूद है। यों लिखनेवाले तो 'कभी भी' लिख डालने से भी नहीं चूकते। 'भाषा को स्थिरता आ जाती है' की जगह 'भाषा में स्थिरता आ जाती है'–चाहिए। स्थिरता कुछ नींद नहीं है, जो भाषा को आवे।

इस तूल कलाम के बाद द्विवेदीजी लिखते हैं–''बहुत दिन से हिंदी भाषा लिखी जाती है। (जनाब खता मुआफ! पढ़ी भी जाती है)–पर सर्वमान्य व्याकरण अब तक नहीं बना। (है महज़ूफ) इसका फल यह हुआ है कि पचास वर्ष की पुरानी भाषा आज कल की भाषा से नहीं मिलती। यहाँ तक कि वर्तमान समय में भी (अर्थात् इस समय भी) एक ही वाक्य को एक लेखक एक तरह लिखता है, दूसरा दूसरी तरह, तीसरा तीसरी तरह। (चौथा चौथी, पाँचवाँ पाँचवीं, दूर तक समझते चले जाइए) एक अखबार की भाषा दूसरे की भाषा से नहीं मिलती और दूसरे की तीसरे की भाषा से। इससे क्या हुआ कि भाषा को अनस्थिरता प्राप्त हो गई है।''

ईश्वर का धन्यवाद है कि 'अनस्थिरता' आ गई है न कहा। खैर, अब द्विवेदी जी अनस्थिरता को व्याकरण से सिद्ध करें और अपने राम उनके लिए एक और लेख तैयार करें।

[भारतमित्र, 1906 ई.]

हिंदी में आलोचना

"जब तक वर्ष छ महीने वे हरिश्चंद्र के पूर्वोक्त वाक्यों की स्थिरता के प्रमाण दें और हमारे इस लेख के एक-एक अक्षर का खंडन करें तब तक हम हर्बर्ट स्पेन्सर की एक आध किताब को हिंदी में लिखने की फिक्र करें।"

यह वाक्य श्रीयुक्त पंडित महावीरप्रसाद जी द्विवेदी के श्रीमुख से निकल कर गत फरवरी मास की 'सरस्वती' के 78 और 79 पृष्ठों में प्रकाशित हुए हैं। इनसे जान पड़ता है कि आप हर्बर्ट स्पेन्सर की किताबें समझ सकते हैं और उन्हें हिंदी में लिखना चाहते हैं। भगवान करे उनकी यह भली इच्छा जल्द पूरी हो। वह जल्द इस नेक काम में लगें और साधु स्पेन्सर के साधु स्वभाव का प्रभाव उनके स्वभाव पर पड़े। क्योंकि हम देखते हैं, जब से बाबू आत्माराम ने आपके नवंबर की सरस्वती वाले 'भाषा और व्याकरण' के लेख की आलोचना की है, तब से आपका मिजाज बहुत अधिक गर्म हो गया है। फरवरी की सरस्वती में उस आलोचना के उत्तर में आपने जो लेख लिखा है, उससे आपके मिजाज की वह हरारत विलक्षण रूप से प्रगट होती है। बहुत रोकने पर भी वह सरस्वती के 22 पृष्ठों में फैल गई है और उक्त पृष्ठ एक-एक तत्ता तवा बन गये हैं। उन पर उँगली रखना कठिन है। अत्यंत क्रोध या बेहोशी में मामूली आदमियों के मुँह से जैसी बेसिलसिला बातें निकला करती हैं, वैसे ही आप जैसे विद्वान् और असाधारण पुरुष के मुख से निर्गत हुई हैं। इतनी बदहवासी और घबराहट में आपको स्पेन्सर से साधु पुरुष की पोथियों का किसी तरह ध्यान आ गया है, यह बड़ी शुभ बात है।

स्पेन्सर की जीवनी की कुछ बातें पढ़ने का एक बार हमें भी सौभाग्य प्राप्त हुआ था। उसकी कुछ बात अपने पाठकों के लिये भारतमित्र में भी प्रकाशित कर दी थीं। कितने ही साल तक इस साधु पुरुष का लोग नाम सुनते थे, पर पता-ठिकाना कुछ नहीं जानते थे। कोई नहीं जानता था कि वह कहाँ रहता है। खाता कहीं

था, रहता कहीं था, किसी से मिलता-जुलता न था। जिनसे कभी मिलने का कुछ काम पड़ भी जाता था, तो उन पर प्रगट न होने देता था कि वही स्पेन्सर है! उसने सारी उमर एकांत में बैठकर विचार किया। उसी विचार का फल उसकी किताबें हैं। वह बड़ाई का भूखा न था। अपनी छटांक भर विद्या को मन भर करके दिखलाना तो क्या; विद्वान कहलाने तक में राजी न था। मान-बड़ाई ईर्षा से रहित था। धन, मान—किसी चीज का लालच उसे फुसला नहीं सकता था।

हाफिज ने क्या खूब कहा है—

बिरोई दाम बर मुर्गे दिगर नेह,
कि उनका रा बलन्दस्त आशियाना।

"जा यह जाल दूसरी चिड़ियों के लिये फैला, उनका घोंसला बहुत ऊँचा है।" ऐसे पुरुष की किताबें द्विवेदीजी हिंदी में लिखना चाहते हैं, इससे उत्तम काम और क्या हो सकता है। हिंदी जाननेवालों पर सचमुच आप बड़ी कृपा करना चाहते हैं, उनके साथ बड़ी उदारता का बर्ताव करना चाहते हैं

स्पेन्सर मत्सर-रहित, साधु पुरुष होने के सिवा विद्वान् और बड़ा नामी आलोचक था। अवश्य ही वह हम हिंदी अखबारवालों की भाँति कुछ अटरम-सटरम पोथियों के पन्ने नापनेवाला आलोचक न था, पर था बड़ा भारी आलोचक। संसार का कोई ऊँचा विचार या काम नहीं है, जिसकी आलोचना उसने न की हो। मनुष्य के कामों से लेकर, प्रकृति के कामों तक की आलोचना उसने की है। द्विवेदीजी भी हिंदी में अपने समय के एक बड़े आलोचक हैं। आशा है कि वह स्पेन्सर की किताबों से स्वयं भी लाभ उठावेंगे। जान लेंगे कि विद्वान् को अपने गले में ढोल डालकर अपनी विद्या का डंका बजाने की कोई जरूरत नहीं है। आलोचक में केवल दूसरों की आलोचना करने का साहस ही न होना चाहिए, वरंच अपनी आलोचना दूसरों से सुनने और उसकी तीव्रता सहने की हिम्मत भी होना चाहिए। जिस प्रकार वह यह समझता है, कि मेरी बातों को दूसरे ध्यान से सुनें, उसी प्रकार उसे स्वयं भी दूसरों की बातें बड़ी धीरता और स्थिरता से सुनना चाहिए। यह नहीं कि आप तो जो चाहे सो कह डाले और दूसरा कुछ कहे तो गुस्से से मुँह में झाग भर लावे, जबान काबू में न रख सके।

स्पेन्सर भी आलोचना से बचा नहीं। विद्वानों ने उसके विचारों की बड़ी कड़ी आलोचना की है। कह सकते हैं कि उतनी कड़ी आलोचना दूसरों की बहुत कम हुई है। पर इससे उसके माथे पर जरा भी बल न आया। अपने आलोचकों की बातें सुनकर वह जामे से बाहर कभी न हुआ और न अपने आलोचकों को उसने

अपने से जलनेवाला और पुराना शत्रु कहा।

फल यह हुआ कि उसके विचारों का इन आलोचनाओं से बड़ा आदर और प्रचार हुआ। बेन और हक्सले आदि विद्वानों को उसके विचारों का खूब ध्यान रखकर चलना पड़ा है। आश्चर्य है कि द्विवेदीजी स्पेन्सर की किताबों के समझने और उन्हें हिंदी में लिख डालने की योग्यता रखने पर भी स्पेन्सर की सी धीरता और दृढ़ता नहीं दिखा सकते! स्पेन्सर का यह गुण उनमें न आया।

अब मुख्य उद्देश्य की ओर आते हैं। गत फरवरी मास की सरस्वती में द्विवेदीजी ने जो लेख 'भाषा और व्याकरण' पर लिखा है, उसी की कुछ आलोचना इस लेख में करना चाहते हैं। उक्त लेख आपने लिखा तो अपने पहले लेख की पुष्टि और आत्माराम बाबू के लेखों के खंडन में, पर उससे वह अर्थ सिद्ध न हुआ। उक्त लेख एक व्यक्ति विशेष पर गालियों की बौछार बन गया। उसमें आपने प्रमाण, युक्ति और तर्क से बहुत कम काम लिया और गाली, गुस्से और स्वकल्पित इलजामों से बहुत अधिक। इस व्यर्थ कल्पना से आपने तर्क में कुछ सहायता न ली। लेते तो कोई दोष भी नहीं दे सकता। गजब यह किया है, कि इधर झूठी कल्पनाएँ करते गये और उधर इन्हें खूब सच्ची तांबे के पट्टे की भाँति मजबूत मानकर खयाली दौड़ में बहुत दूर निकले चले गये। इतनी दूर निकल गये कि आपको इतना होश न रहा कि कहाँ चले आये। इसका एक उदाहरण द्विवेदीजी के उक्त लेख से देते हैं। आपने किसी तरह समझ लिया है कि आत्माराम और कोई नहीं वह स्वयं 'भारतमित्र संपादक' है। इस नाम की ओट में वह छुपना चाहता है। यह विचार आपके जी में आते ही 'भारतमित्र-संपादक', उसके लिखे लेख, पुस्तकों और 'भारतमित्र' अखबार को आपने आत्माराम मान लिया। अब आप 'भारतमित्र-संपादक' के सब दोष आत्माराम के दोष और उसकी पोथियों की भूलों को आत्माराम की भूलें समझते हैं। भारतमित्र में लिखी एक-एक पंक्ति का उसी को जिम्मेदार समझते हैं। भला, इस खुशफहमी का कुछ ठिकाना है!

इतना ही नहीं, इससे भी बढ़कर सुनिये। जब आपने भाषा व्याकरण पर पहला लेख लिखा, तो यह नहीं बताया था कि इसमें आपके निज के विचार ही नहीं मैक्समूलर आदि अंगरेजी के विद्वानों और सतीशचन्द्र आदि बंगाली पंडितों के विचारों का निचोड़ भी शामिल है।

जब आत्माराम बाबू द्वारा उस लेख की आलोचना हुई, तो अब फरवरी के लेख में आपने यह बात खोली है। पर अब खोली तो क्या, आपने समझ रखा है कि जिस प्रकार यह बात पहले से आपके मगज में थी, वैसी ही आत्माराम के

मगज में मौजूद थी। अर्थात् आत्माराम न केवल भारतमित्र-संपादक ही है, वरंच आपके मगज में रखी हुई बातों को उड़ा ले जाने की शक्ति भी वह रखता है। आपने अपने पहले लेख में भाषा की 'अनस्थिरता' दिखाने के लिए कुछ वेदांत की बहार दिखाई थी। आत्माराम बाबू ने उस बेमौका वेदांत की कुछ दिल्लगी उड़ाई थी। अब द्विवेदीजी उस वेदांत को मैक्समूलर का बताते हैं और मैक्समूलर के मरने पर भारतमित्र-संपादक ने जो कविता लिखी थी, उसका हवाला देते हुए आत्माराम को भारतमित्र-संपादक समझकर ताना देते हैं कि तूने ही तो मैक्समूलर की तारीफ की है और उसमें मैक्समूलर के लेखों को 'उचित आज्ञा' की सनद दी है। कहिये इतनी लंबी दौड़ का कहीं ठिकाना है।

द्विवेदीजी से विनय है कि उस कविता को फिर पढ़ें। वह 'उचित आज्ञा' पुस्तकालय की पुस्तकों की है, न कि खास मैक्समूलर के लेखों की। उस कविता में पुस्तकों के पढ़ने के लाभ भी पूरे न दिखाये जा सके। मैक्समूलर की प्रशंसा तक तो वह पहुँची ही कहाँ? पर खैर, यदि वह मैक्समूलर ही की उचित आज्ञा हो, तो भी आपके दिमाग में बैठे हुए मैक्समूलर को भारतमित्र-संपादक कैसे पहचानता? भाषा के विज्ञान की उत्पत्ति तो सौ साल से हुई है, पराये दिमाग में घुसकर उसकी छुपी बातों को बमद्दे पेशगी जानने का कोई विज्ञान निकला हो, तो हमें भी बताना। भला कुछ तो लाभ अब भी आपके प्रसाद से होना चाहिए।

इसी प्रकार कपोल-कल्पित बातों का किला बनाकर द्विवेदीजी ने कयासी गोले मारे हैं। द्विवेदीजी ने फरवरी के लेख में यही जाहिर करना चाहा है कि भारतमित्र-संपादक ही आत्माराम है। 'अनस्थिरता' वाले लेख उसी ने आत्माराम बनकर द्विवेदीजी से पुरानी अदावत का बदला लेने के लिये लिखे, न कि भाषा या व्याकरण की भलाई के लिए। व्याकरण का वह विरोधी है, भाषा की अनस्थिरता को मिटने देना नहीं चाहता, पर हम इन बातों को एक तरह का भारी धोखा देना और असल बहस से भागना समझते हैं।

इससे इन सब इलजामों की सफाई कर देना चाहते हैं। जिससे आपस की लड़ाई का खयाल मिटकर खाली भाषा और व्याकरण संबंधी लड़ाई का खयाल रह जाय। तब भाषा और व्याकरण पर बहस करने का खूब मौका मिलेगा। जो तत्त्व है, शायद वह भी निकल आएगा। साथ ही जो लोग अदालत के भाड़ में झोंके लगाते हुए असली बहस को कूड़े के ढेर में दबाना चाहते हैं, उनकी सूरत भी लोग पहचान लेंगे।

तारा उपन्यास

बम्बई के हिंदी सहयोगी 'श्रीवेंकटेश्वर समाचार' से गोस्वामी किशोरीलालजी के 'तारा' उपन्यास की बात चली है। उक्त पत्र का 3 जुलाई का अंक पढ़कर यह मालूम हो गया कि गोस्वामीजी और उक्त पत्र के संपादक में राजीनामा हो गया। गोस्वामीजी ने यह मान लिया कि अमरसिंह का साला अर्जुन, गौड़ था—हाड़ा नहीं था, न वह बून्दी का राजकुमार था। बस, 'सहयोगी' वेंकटेश्वर, राजी हो गया। पर हम पूछते हैं कि अर्जुन चाहे हाड़ा हो, चाहे गौड़, वह अपनी भानजी का एक मुसलमान से ब्याह कराना चाहता है, इसके लिये गोस्वामी को या 'वेंकटेश्वर' को कुछ अफसोस है या नहीं? और भी हम देखते हैं कि गोस्वामीजी महाराज को अब तक भी यह मालूम नहीं है कि 'तारा' कैसी कलंक भरी पोथी है। क्योंकि यदि ऐसा होता तो वह यों 'वेंकटेश्वर' में उसकी तारीफ की तान न उड़ाते। आप फरमाते हैं—

''हमारे माननीय सहयोगी (वेंकटेश्वर समाचार) ने जो 'तारा' पर अपनी उदार निरपेक्ष और सच्ची सम्मति देकर उस (तारा) को हिंदी साहित्य में चमकता हुआ तारा स्वीकार कर आधुनिक उपन्यासों में उच्च स्थान प्रदान किया है, इसके लिये हम अपने आदरणीय सहयोगी को अनेक धन्यवाद प्रदान कर, शुद्ध हृदय से कृतज्ञता स्वीकार करते हैं।''

जब गोस्वामीजी अपनी पोथी के लिये ऐसी ऊँची हवा में हैं, तो हमें अपना चुप रहने का इरादा छोड़कर उन्हें कुछ नीचे उतार लाना चाहिए।

गोस्वामीजी देखें कि उनकी 'तारा' कैसी है। शाहजहाँ का बेटा दाराशिकोह अपनी बहन जहाँनारा के पास मिलने गया है। बहन दारा से बड़ी है। हमारे गोस्वामीजी महाराज ने बहन-भाई की जो बातचीत कराई है, सो सुनिये—

दारा—आखिर यह हैं किसकी तसवीरें?

जहाँनारा—(मुसकिराकर) मेरे दिलवर की!

भाई-बहन की कैसी रुचिपूर्ण बातें हैं। हमारे गोस्वामीजी के सिवा ऐसी रुचिसंपन्न बातें और कौन लिख सकता है? पर क्या गोस्वामीजी महाराज की सुरुचि यहीं समाप्त हो गई? नहीं, वह उसे और आगे ले जाते हैं–

दारा–(मन ही मन) हाँ-हाँ कमबख्त! तेरे फाहिशापन की खबर फकत मुझ ही को नहीं, बल्कि वालिद साहब को भी पूरे तौर पर है। मगर नालायक! तैंने ऐसे चकाबू के-जाल फैलाकर सभी को गिरिफ्त कर रखा है कि जान-बूझकर भी तेरा कुछ भी नहीं कर सकता।

जैसी शुद्ध भाषा है, वैसा ही यह दिव्य विचार है। भाई का विचार बहन के विषय में इतना सुन्दर होने ही से गोस्वामीजी की 'तारा' साहित्य का चमकता हुआ सितारा है।

अब भाई-बहन की बातें जरा और सुनिये–

"जहाँनारा–क्या गौर करने लगे

दारा–तुम्हारे दिलवर के बारे में?

जहाँनारा–यानी उसके हलाल करने के तरीके पर? ऐं? जैसे मेरे ऊपर शक करके उस दिन वालिद ने एक नौजवान गवैये नूरुद्दीन को हम्माम में खोजे से कतल करा डाला और एक दिन एक नौजवान गवैये नजीरखाँ को पान में जहर देकर मार डाला। क्या वैसा ही कोई तरीका तुम भी मेरे दिलवर के कतल करने के लिये सोचने लगे? * * *

जहाँनारा–ज्यादा खूबसूरत यह तसवीर यानी तारा है या मैं?

दारा–(मुस्कराकर) मेरी निगाह में तो तारा से तुम्हीं ज्यादा हसीन मालूम होती हो!"

क्या दिव्य साहित्य है! इसी के लिये वेंकटेश्वर 'तारा' को हिंदी साहित्य का चमकता हुआ तारा कहता है! कहाँ है काशी की नागरी-प्रचारिणी सभा? उसे आनन्द के मारे बांसों उछलना चाहिए कि उसके एक प्रधान मेम्बर गोस्वामीजी हिंदी साहित्य को कितना ऊँचा ले गये हैं।

दारा और जहाँनारा की कुछ और बातें सुनिये–

"दारा–प्यारी शाहजादी! अफसोस सद अफसोस है कि तुम्हारे दिल तक इश्क की वह आँच हरगिज नहीं पहुँची है जिसके श्वाले (?) में मैं भुन-भुनकर कबाब हुआ जाता हूँ। सच है दर्द-दिल की कैफियत से वे बिलकुल नावाकिफ रहते हैं, जिन्होंने इजरते इश्क के दाम में अपनी जान कभी न फँसाई हो।"

जहाँ—(मुस्कराकर) बेशक, बेशक और वाकई जनाब! भला यह कमतरीन इश्क की लज्जत क्या जाने। अफसोस! खुदा ने शाहजादियों को इश्क की लज्जत से बिलकुल ही महरूम किया।

दारा ने मन ही मन कहा—"जी हाँ सही है। बीबी को एक शब भी बगैर किसी को बगलगीर बनाये चैन न आता होगा।"

क्या सहयोगी 'वेंकटेश्वर' ने तारा में यह वाक्य नहीं पढ़े? क्या इन्हीं वाक्यों को लेकर 'तारा' हिंदी साहित्य का चमकता हुआ तारा है? हम नागरी प्रचारिणी सभा को सावधान करते हैं कि यदि सचमुच वह हिंदी की उन्नति चाहती है, तो सबसे पहले 'तारा' पढ़े और गोस्वामीजी महाराज को उनकी पुस्तक के गुण-दोष समझावे कि वह कैसा गंदा और भयानक काम कर रहे हैं। हम चाहते हैं कि हमें इस विषय में और आगे बढ़ना न पड़े। क्योंकि इस पुस्तक में आगे चलकर इससे भी बढ़कर भयानक और वाहियात बातें हैं।

[भारतमित्र, 1903 ई.]

अधखिला फूल

निजामाबाद-निवासी पंडित अयोध्यासिंह उपाध्याय ने इस नाम से एक कहानी लिखी है। यह उन्होंने 'ठेठ हिंदी' में लिखी है और उनकी इस कहानी की भूमिका पढ़ने से यह भी विदित होता है कि आगे वह इस 'ठेठ हिंदी' ही के प्रचार करने की चेष्टा करेंगे। इससे पहले भी 'ठेठ हिंदी का ठाठ' नाम की पोथी वह लिख चुके हैं। वह हमने नहीं देखी। पर जो पोथी हमारे सामने है, उसकी भाषा और भूमिका पढ़ने से हमने ठेठ हिंदी के ठाठ की भाषा का भी अनुमान कर लिया है। हम ठेठ हिंदी के तरफदार नहीं। ठेठ हिंदी का हमारी समझ में कुछ अर्थ भी नहीं। अधखिले फूल की भूमिका में पंडित अयोध्यासिंहजी ने ठेठ हिंदी का कुछ लक्षण बताया है, पर उसे हम नहीं मान सकते।

सौ साल से अधिक हुए, लखनऊ में उर्दू के कवि इंशा ने ठेठ हिंदी की एक कहानी लिखी थी। कोई 40-50 पृष्ठ की थी। उसकी कुछ भाषा हम नीचे उद्धृत करते हैं—"अब यहाँ से कहनेवाला यों कहता है कि एक दिन बैठे-बैठे यह बात अपने ध्यान चढ़ी कोई कहानी ऐसी कहिये जिसमें हिंदी छुट और किसी बोली की पुट न मिले। बाहर की बोली और गँवारी कुछ उसके बीच में न हो, तब मेरा जी फूलकर कली के रूप खिले। अपने मिलनेवालों में से एक कोई बड़े पढ़े-लिखे पुराने-धुराने ठाक बड़े ढाग यह खटराग लाये सिर हिलाकर मुँह थुथाकर नाक भौं चढ़ाकर गला फुलाकर लाल-लाल आँखें पथराकर कहने लगे यह बात होती दिखाई नहीं देती। हिंदीपन भी न निकले और भाखापन भी न ठुस जाय जैसे भलेमानस अच्छों से अच्छे लोग आपस में बोलते हैं जूँका तूँ वही सब डौल रहे और छाँव किसी की न पड़े यह नहीं होने का। मैंने उनकी ठंडी साँस की फाँस का ठोका खाकर झुंझलाकर कहा—मैं कुछ ऐसा बड़बोला नहीं जो राई को पर्वत कर दिखाऊँ और झूठ सच बोलकर उँगलियाँ नचाऊँ और बेसुरी बेठिकाने की उलझी-सुलझी

तानें लिये जाऊँ। मुझसे न हो सकता तो भला मुँह से क्यों निकालता? जिस ढब से होता इस बखेड़े को टालता। * * * अपना हाथ उठाकर मूँछों को ताव देता हूँ जो मेरे दाता ने चाहा तो वह ताव भाव और हाव चाव और कूद फाँद और लपट झपट दिखाऊँ आपके ध्यान का घोड़ा जो बिजली से भी बहुत चंचल उचपलाहट में है, देखते ही हरन के रूप अपनी चौकड़ी भूल जाय।''

यह तो हुआ उस कहानी के गद्य का नमूना। अब पद्य का भी लीजिए–''घोड़े पे अपने चढ़ के आता हूँ मैं, करतब जो हैं सब दिखाता हूँ मैं। उस चाहनेवाले ने जो चाहा तो अभी, कहता जो कुछ हूँ कर दिखाता हूँ मैं।''

इस कविता का नाम आपने रखा है चौतुका। इंशा ने अपनी यह कहानी केवल नवाब सआदतअली खाँ के चित्त विनोदार्थ लिखी थी, ठेठ हिंदी के प्रचार के लिये नहीं। ठेठ हिंदी के ठाठ के विषय में भी हमने समझा था, उसी ढंग की दिल्लगी पंडित अयोध्या सिंह ने की होगी। पर इस अधखिले फूल को देखकर जान पड़ा कि वह इस भाषा के प्रचार के पक्षपाती हैं! उनकी ठेठ हिंदी का कुछ नमूना उनकी पोथी में से नीचे नकल कर देते हैं–

पहली पंखड़ी।

''बैशाख का महीना, दो घड़ी रात बीत गई है। चमकीले-तारे चारों ओर आकाश में फैले हुए हैं, दूज का बाल-सा पतला चाँद, पच्छिम ओर डूब रहा है, अंधियाला बढ़ता जाता है, ज्यों-ज्यों अंधियाला बढ़ता है, तारों की चमक बढ़ती जान पड़ती है। उनमें जोत सी फूट रही है, वह कुछ हिलते भी हैं, उनमें चुपचाप कोई-कोई कभी टूट पड़ते हैं, जिससे सुनसान आकास में रह रहकर फुलझड़ी-सी छूट जाती है। रात का सन्नाटा बढ़ रहा है, ऊमस बड़ी है, पौन डोलती तक नहीं, लोग घबरा रहे हैं, कोई बाहर खेतों में घूमता है, कोई घर की खुली छतों पर ठंडा हो रहा है, ऊमस से घबराकर कभी-कभी कोई टिटिहरी कहीं बोल उठती है।

भीतों से घिरे हुए एक छोटे से घर में एक छोटा सा आँगन है, हम वहीं चलकर देखना चाहते हैं, इस घड़ी वहाँ क्या होता है। एक मिट्टी का छोटा सा दीया जल रहा है, उसके धुँधले उजाले में देखने से जान पड़ता है, इस आँगन में दो पलंग पड़े हुए हैं। एक पलंग पर एक ग्यारह बरस का हँसमुख लड़का लेटा हुआ उसी दीये के उजाले में कुछ पढ़ रहा है। दूसरे पलंग पर एक पैंतीस-छत्तीस बरस की अधेड़ इसतिरी लेटी हुई, धीरे-धीरे पंखा हाँक रही है, इस पंखे से धीमी-धीमी पौन निकल कर उस लड़के तक पहुँचती है, जिससे वह ऐसी ऊमस में भी जी लगाकर अपनी पोथी पढ़ रहा है। इस इसतिरी के पास एक चौदह बरस की लड़की

भी बैठी है। यह एकटक आकाश के तारों की ओर देख रही है, बहुत बेर तक देखती रही पीछे बोली माँ! आकाश में वह सब चमकते हुए क्या हैं?

माँ ने कहा, बेटी! जो लोग इस धरती पर अच्छी कमाई करते हैं, मरने पर वही लोग सरग में बास पाते हैं, उनमें बड़ा तेज होता है, अपने तेज से वह लोग सदा चमकते रहते हैं। दिन में सूरज के तेज से दिखलाई नहीं पड़ते, रात में जब सूरज का तेज नहीं रहता, हम लोगों को उनकी छवि देखने में आती है। यह सब चमकते हुए तारे सरग के जीव हैं, इनकी छटा निराली है, रूप इनका कहीं बढ़कर है। न इन लोगों के पास रोग आता, न यह बूढ़े होते, दुख इनके पास फटकता तक नहीं। यह जो तारों के बीच से उजली धार सी दक्खिन से उत्तर को चली गई है, आकाश गंगा है, इसका पानी बहुत सुघरा मीठा और ठंडा होता है, वह लोग इसमें नहाते हैं, मीठे अनूठे फलों को खाते हैं, भीनी-भीनी महकवाले अनोखे फूल सूँघते हैं, भूख प्यास का डर नहीं, कमाने का खटका नहीं, जब जो चाहते हैं मिलता है, जब जो कहते हैं होता है, सदा सुख चैन से कटती है, इन लोगों के ऐसा बड़भागी इस जगत में और दूसरा कोई नहीं है।

उत्तर ओर यह जो अकेला चमकता हुआ तारा दिखलाई पड़ता है, जिसके आसपास और कोई दूसरा तारा नहीं है यह ध्रुव है। यह एक राजा के लड़के थे, इन्होंने बड़ा भारी तप किया था, उसी तप के बल से आज उन को यह पद मिला हुआ है।

इन सर के ऊपर के सात तारों को देखो, यह सातों रिखी हैं। इनमें ऊपर के चार देखने में चौखूंटे जान पड़ते हैं, पर नीचे के तीन कुछ-कुछ तिकोने से हैं। इन्हीं तीनों में जो बीच का तारा है, वह वसिष्ट मुनी हैं। उनके पास ही जो बहुत छोटा सा तारा दिखलाई पड़ता है, वह अरुन्धती हैं, यह वसिष्ट मुनी की इसतिरी हैं। यह बड़ी सीधी, सच्ची, दयावाली, और अच्छी कमाई करनेवाली हो गई हैं, अपने पती के चरनों में इनका बड़ा नेह था। इनकी भाँति जो इसतिरी अपने पती के चरनों की सेवकाई करती हैं, पती को ही देवता जानती हैं, उन्हीं की पूजा करती हैं, उन्हीं में लव लगाती हैं, सपने में भी उनके साथ बुरा बरताव नहीं करतीं, भूलकर भी उनको कड़ी बात नहीं कहतीं, कभी उनके साथ छल-कपट नहीं करतीं, वह सब भी मरने पर इसी भाँति अपने पती के साथ रहकर सरग सुख लूटती हैं।''

आकास, पच्छिम, अन्धियाला, मिट्टी, यह सब शब्द ब्रजभाषा के भी नहीं हैं। ब्रजभाषा में अकास, अंधियारा, मट्टी या माटी, कहा जाता है और 'इसतिरी' शब्द भी ब्रजभाषा में नहीं। अच्छी भाषा बोलनेवाले किसी प्रांत में इन शब्दों को

नहीं बोलते। किसी प्रांत के बेपढ़े लोग बोलते हों, तो ऐसे शब्द साधारण भाषा में आने नहीं चाहिए। सिर को अयोध्यासिंहजी ने 'सर' लिखा है। हिंदी में 'सर' नहीं होता। उर्दू वाले भी 'सर' नहीं बोलते हैं, जहाँ फारसी तरकीब आ जाती है—जैसे 'सर दर्द'। खाली होता है तो 'सिर' बोलते हैं। पोथी की भाषा का जो अंश ऊपर उद्धृत किया है, उसमें कई एक मुहावरे भी गलत हैं।"कोई घर की खुली छतों पर ठंडा हो रहा है।" इस वाक्य का वह अर्थ नहीं है, जो अयोध्यासिंहजी ने यहाँ लगाया है, वरंच हिंदी में आदमी के लिये ठंडा होने का अर्थ मर जाने से है। "पंखा हाँक रही है" न ब्रजभाषा है, न हिंदी। हाँकना का प्रयोग गाय, बैल आदि के साथ होता है। "रात में जब सूरज का तेज नहीं रहता हम लोगों को उनकी छवि देखने में आती है।" यह भी गलत है। "देखने में आती" की जगह "दिखाई देती है।" चाहिये। यदि "देखने में आती है" रखा जाय तो "हमलोगों को" उसमें से निकाल देना होगा। भूख-प्यास का डर नहीं, कमाने का खटका नहीं, इसमें कमाने के साथ खटका चल नहीं सकता, क्योंकि खटके का अर्थ आशंका है। "कमाने की चिन्ता नहीं" या "कमाने का खटराग नहीं" कहा जा सकता है। "उत्तर ओर यह जो अकेला चमकता हुआ तारा दिखाई पड़ता है जिसके आस-पास और कोई दूसरा तारा नहीं है यह ध्रुव है।" एक ही वाक्य में "तारा है" और ध्रुव है ठीक नहीं होता। उनके पास ही जो बहुत छोटा-सा तारा दिखलाई पड़ता है वह अरुंधती है। * * * अपने पति के चरणों में इनका बड़ा नेह था। एक ही वाक्य में, एक ही शब्द के लिये एक वचन के साथ बहुवचन और वर्तमान के साथ भूतकाल एकदम बेमेल है।

भूमिका में अयोध्यासिंहजी ने लिंग-भेद के विषय में जो बातें लिखी हैं, उनमें भी कई बातें ठीक नहीं हैं। 'चाल चलन' सर्वत्र पुलिंग है। आपने दिखाया है कि 'भारतमित्र' में "तुम्हारी चाल चलन" लिखा गया था। यदि ऐसा लिखा गया हो तो वह भी गलत है। धरती, घनी-घनी कुंज बेलें लहलहा रही हैं, आब, आदि सब शब्द ब्रजभाषा के होने पर भी साधारण भाषा में चलते हैं, एक प्रांतीय नहीं हैं। 'लहलहाना' और 'घने' उर्दू में भी चलते हैं। 'न्यारी' शब्द साधारण हिंदी में चलता है,—उर्दू में नहीं। 'निगोड़ी' शब्द गँवारी नहीं है, शहर में भी चलता है, पर स्त्रियों की बोली में। 'भोली' शब्द तो उर्दूवाले भी खूब लिखते हैं। एक बात आपने भूमिका में विचित्र लिखी है—"हिंदी लिखने में ब्रजभाषा के शब्दों से छुटकारा नहीं मिल सकता।" खूब कही, जब हिंदी ब्रजभाषा से बनी है तो वह ब्रजभाषा के शब्दों को

कैसे छोड़ सकती है? ब्रजभाषा के जो शब्द हिंदी में मिलकर देशव्यापी हो गये हैं, वह हिंदी से अलग नहीं हो सकते और जो शब्द ब्रज के गाँवों में रह गये हैं उनके मिलाने की कुछ जरूरत नहीं है।

बात बढ़ाने से बहुत बढ़ जायेगी। थोड़े से शब्दों में हम अपना मतलब समझा देते हैं। हमारे लिये इस समय वही हिंदी अधिक उपकारी है, जिसे हिंदी बोलने वाले तो समझ ही सकें उनके सिवा उन प्रान्तों के लोग भी उसे कुछ-न-कुछ समझ सकें जिनमें वह नहीं बोली जाती। हिंदी में संस्कृत के सरल-सरल शब्द अवश्य अधिक होने चाहिये, इससे हमारी मूल भाषा-संस्कृत का उपकार होगा और गुजराती, बंगाली मराठे आदि भी हमारी भाषा को समझने के योग्य होंगे। किसी देश की भाषा उस समय तक काम की नहीं होती, जब तक उसमें उस देश की मूल भाषा के शब्द बहुतायत के साथ शामिल नहीं होते। अयोध्यासिंहजी स्त्री को 'इसतीरी' मित्र को 'मितर' स्वर्ग को 'सरग' शब्द को 'सबद' आदि लिखके अपनी भाषा को सौ साल पीछे धकेलने की चेष्टा क्यों करते हैं?

पोथी की कहानी अच्छी है। गँवारी शब्दों को छोड़कर भाषा बहुत अच्छी है। खड्गविलास प्रेस बांकीपुर से मिलती है।

[भारतमित्र, 1905 ई.]

परिशिष्ट

दिल्ली से कलकत्ता

"10वीं जनवरी की रात को मैं दिल्ली से कलकत्ते के लिये मेल ट्रेन में सवार हुआ। टिकट इंटर का लिया। ट्रेन प्लेटफार्म पर आकर लगी, तो देखा कि इंटरमिडियट की गाड़ी केवल एक ही है। उसमें भी एक कमरा युरोपियन साहबों के लिये और एक युरोपियन लेडियों के लिये। शेष तीन कमरों में हिन्दुस्थानी स्त्री-पुरुष सब। कड़कड़ाती हुई सर्दी के मारे असबाब के गट्ठड़ भी लोगों के पास कम न थे। इससे उनकी वह बुरी नौबत हुई कि कुछ न पूछिये। बहुत लोग घबराकर तीसरे दरजे की गाड़ी में चले गये और जो भिच-भिचाकर रह सके, वह इंटर में पड़े रहे। ट्रेन को देखा तो उसमें दूसरे और पहले दरजे की गाड़ियाँ केवल चार ही नहीं थीं; पाँच थीं; तीसरे दर्जे की भी दो थीं। परंतु इंटरमिडियट की जिसकी मेल में बड़ी जरूरत रहती है, केवल एक ही गाड़ी थी। भले मानुष हिंदुस्थानी इसी दरजे में सिर छिपाया करते हैं। उनके भाग्य से रेल में उसकी एक ही गाड़ी रह गई। दूसरे और पहले दरजे की गाड़ियाँ मजे से खाली चली जा रही थीं। उनमें कभी कोई एक-दो साहब-बीवी दिखाई देते थे।"

"इंटर का टिकट लिया था। इससे जी न हुआ कि तीसरे दरजे में बैठें। दबते-दबाते इंटरमिडियट ही में पड़े चले आये। जैसी दुर्दशा भोगी वह जी ही जानता है। जहाँ रेल ठहरती, वहाँ यदि एक आदमी उतरता था, दस घुसने को दौड़ते थे। धक्कम-धक्का होकर कम से कम दो आदमी तो घुस ही जाते थे। इस प्रकार भीड़ बढ़ती ही जाती थी। रात जिस प्रकार कटी उसे शरीर का जोड़-जोड़ जानता है।

सवेरा हुआ। सूर्य चमका। सरद हवा सनसनाती थी, तो भी सूर्य की चमक से जरा मुँह निकालने का साहस हुआ। खिड़की खोलकर देखा तो गाड़ी के दोनों ओर हरी खेती लहलहाती थी। गाड़ी उस समय कानपुर के पास थी। दिल्ली से उस तरफ इस साल खेती कम है। चने की फसल तो है ही नहीं। फसल हो तो

कहाँ से? कानपुर से बक्सर तक दिन था, खेती दिखाई देती थी। इतनी दूर में अब के चने की फसल अच्छी है। और भी खेती अच्छी है। बिहार का जो अंश जलमग्न हुआ था, उसमें फसल खूब लहलहाती दिखाई दी। पंजाब का जंगल, दिल्ली का प्रान्त, हरियाना और शेखाबाटी में अब के खेती नहीं है इस तरफ फसल अच्छी है। इतना भी भला।''

''प्रयाग में मकर के स्नान के लिये यात्री जा रहे थे। दोनों ओर से ट्रेनें भरी आ रही थीं। स्टेशन पर बड़ी भीड़भाड़ थी। कुछ कालेज के विद्यार्थी परीक्षा देकर प्रयाग से लौट रहे थे। इनका भी एक रेला मेल ट्रेन पर अच्छा पड़ा। दो-चार को जगह मिली। कुछ मित्र लोग इनको पहुँचाने प्लेटफार्म तक आये थे। एक गोरे साहब ने उनको धक्के लगाकर बाहर निकाल दिया और उनका उजर कुछ भी न सुना। बेचारे पढ़े-लिखे लड़कों की यह खराबी देखकर अनपढ़ों को भी दुःख हुआ।

यहाँ उतरकर मैंने फौजी ढंग का-सा स्नान किया परन्तु कुछ खा लेने को कहीं जगह न मिली। गाड़ी के भीतर की दशा तो सुना ही चुका हूँ। बाहर भी स्थान न था। यात्री फिरते थे, साहब-मेम फिरते थे। कबाब रोटीवाले फिरते थे, असबाबवाले कुली फिरते थे और गोरे-काले पुलिसवाले फिरते थे। हिन्दू बेचारा कहाँ भोजन करे? खैर, खड़े-खड़े ही दो पेड़े मुँह में डाल पानी पी गाड़ी में बैठना पड़ा। गाड़ी चली। सड़क के सहारे से नगर का जो भाग दिखता था, वह रमणीक मालूम होता था। पुल पर से देखा यमुनाजी की धारा बहुत ही क्षीण दशा में है। रेती चमकती थी। शायद इस मास से और सूख जायँगी। दिल्ली में यमुना की ऐसी दशा है, मानो वह दिल्ली से उठ जाने को है।''...

''शाम होते-होते गाड़ी चौसा स्टेशन पर पहुँची, यह प्लेग के बीमारों की देख-भाल का अड्डा है। यहाँ आकर ट्रेन ठहर गई। खिड़कियाँ पहले ही से बन्द थीं। पुलिस के दूत दौड़े आये और दरवाजे रोककर खड़े हो गये। ठीक इस प्रकार जैसे कैदियों को। मानो यात्री लोग भी गाड़ी से उतरकर भाग जायेंगे। इसके बाद खिड़की खुली और हमारे कमरेवालों को नीचे उतरने की आज्ञा हुई। हम लोग नीचे प्लेटफार्म पर उतरे। आज्ञा हुई कि कतार बाँधो। हमने कतार लगाई। इसके बाद गाड़ी की खिड़की में रस्से दोनों ओर डाले गये और उनमें हम लोग रोके गये। पशु रस्से से रोके जाते हैं परन्तु चौसे पर हम मनुष्य कहलाने वाले रस्से के घेर में थे। दो गोरे साहब हमें देखने आये और दूर ही से देखकर चल दिये, परन्तु कई आदमियों की जो हमारे पास ही थे खूब नाड़ टटोली गई। पीछे जान पड़ा कि, हम लोगों को मोटा ताजा जानकर साहब ने दूर ही से धता किया था।''

"हमारी वाली गाड़ी के एक कमरे में दो गोरी-मेम थीं। उनको गाड़ी से उतरने का कष्ट न हुआ। गोरी डाक्टरनी ने उनकी गाड़ी के पास जाकर कुछ पूछा और अलग हुई। परन्तु दो बंगालिन स्त्रियाँ भी उसी गाड़ी में थीं। उनको डाक्टरनीजी ने उतारा और देर तक उनकी नाड़ी पर हाथ धरे रहीं। उसी गाड़ी में दो साहब थे, वह भी नीचे उतरने के कष्ट से बचे। ट्रेन भर में किसी दरजे के किसी साहब को नीचे न उतरना पड़ा और हिन्दुस्थानी कोई भी रेल के भीतर न रहने पाया।"

"ट्रेन चली तो देखा कि तीन-चार आदमी उतार लिये गये। इनमें एक स्त्री थी और एक पुरुष कुछ दुर्बल। बेचारे कुछ बीमार भी न थे, कहा-सुनी भी उन्होंने बहुत की, परन्तु कुछ सुनाई न हुई। इनके चेहरे फीके पड़ गये थे। बेचारे हैरान थे कि क्या करें? प्लेटफार्म से नीचे उतारकर यह प्लेगी मकान की ओर किये गये। वहाँ दो प्लेगी ठेले थे, उन पर डालकर घसीटे गये, मानो वह सचमुच ही बीमार थे, मानो सचमुच प्लेगग्रस्त थे। जब कलकत्ते में प्लेग कहा जाता था तो कलकत्ता से जानेवाली ट्रेनें भी चौसे में रोकी जाती थीं। और उनमें से हक नाहक दस-बीस यात्रियों को उतारकर प्लेग-कैम्प में सड़ाया जाता था। वही दशा अब कलकत्ता की ओर जानेवाली ट्रेनों की होती है।..."

"जहाँ साहब लोगों का भोजन वहीं ट्रेन का मुकाम। पहले मेल ट्रेन मुकामों में ठहरती थी। परन्तु अब रात जल्दी होती है, इसी से दानापुर में तीस मिनट ठहरने लगी। आश्चर्य कुछ नहीं, रेल साहबों ही के लिये है। रेल में सुख पाना हो तो विलायत में पैदा होने की प्रार्थना करो।"

"हुगली से हावड़ा तक प्रभात का समय था। रेल के दोनों ओर जल भरा था। उसमें से इतनी भाप उठ रही थी कि पेड़-पत्ते और भूमि आदि कुछ दिखाई न देते थे। यह अधिक सरदी होने का प्रताप था। पंजाब और पश्चिमोत्तर प्रदेश में तो अब के अपार जाड़ा है ही, परन्तु बंग देश में भी खूब है।

[भारतमित्र, 1899 ई.]

दो दल

"राजनीति संबंधी आंदोलन करनेवालों के इस समय भारतवर्ष में दो दल हो गए हैं। इसमें जो नया और दूसरा दल है, यह कोई साल सवा साल ही से उत्पन्न हुआ है, पुराना दल वही है, जो आरंभ से इस काम में लगा हुआ है। पुराने दल का नाम अंगरेजी में 'माडरेट' पड़ा है और नए का एक्स्ट्रीमिस्ट।" हिंदीवालों ने इनका नाम नर्म और गर्म रखा है और उर्दूवालों ने मोत दिल और इन्तिहाई। पर हम इनको पुराना दल और नया दल ही कहना चाहते हैं।

पुराना दल चाहता है कि, अंगरेजी सरकार भारतवासियों के साथ भी वैसा ही न्याय करे जैसा कनाडा, आस्ट्रेलिया और दक्षिण अफरीका की कालोनियों के साथ करती है। भारतवर्ष से काले गोरे का भेद हटाया जाए, हिंदुस्थानियों को उसी प्रकार, सब पद दिए जाएँ जिस प्रकार अंगरेजों को दिए जाते हैं। भारतीय प्रजा के शिक्षित लोगों की सलाह मानकर सब बातें की जाएँ और भारत की प्रजा को भारत के शासन में यथेष्ट अधिकार दिया जाए। इंडियन नेशनल काँग्रेस में जो बातें माँगी जाती हैं, वही पुराना दल माँगता है। नया दल चाहता है कि, भारतवर्ष में भारतवासियों ही का पूरा अधिकार हो, अंगरेजों का इस देश से कुछ संबंध न रहे। यदि अंगरेज इस देश में रहें तो यहाँ के निवासियों के बराबर—उन पर वह बड़प्पन किसी प्रकार न जना सकें। दोनों दलों का दावा एक ही-सा है और एक बात में दोनों खूब मिलते हैं। अर्थात् स्वराज्य पुराना दल भी चाहता है और नया दल भी। पर स्वराज्य प्राप्त करने के उपाय दोनों दलों ने अलग-अलग सोच रखे हैं। वह क्या उपाय बताते हैं, यह हम आगे बतावेंगे।

हमारी समझ में यह दोनों ही दल नए हैं। हम पहले यह दिखाना चाहते हैं कि, इनकी उत्पत्ति क्योंकर हुई। गत दिसंबर (दिसंबर 1906 ई.) मास के अंत में कलकत्ते में जो काँग्रेस का उत्सव हुआ, वह बाईसवाँ था। वह काँग्रेस ही राजनीतिक

आंदोलन की जड़ है। इससे पहले भी इस देश में राजनीतिक आंदोलन होता था, पर वह अलग-अलग होता था; सब प्रांतों के लोग मिलकर नहीं करते थे। काँग्रेस में सब प्रांतों के लोग एकत्र होने लगे और यह समारोह भी देश के सब प्रधान-प्रधान नगरों में बारी-बारी से होने लगा। आरंभ में पाँच छः साल तक यह बड़े उत्साह से हुआ, पर पीछे कुछ ढीला पड़ गया। काँग्रेस का उत्सव बराबर होता था, पर बहुत उत्साह से नहीं, एक प्रकार पुरानी रीति पूरी कर दी जाती थी।

सन् 1904 ईस्वी में काँग्रेस का बीसवाँ उत्सव बंबई में हुआ और उसमें मि. काटन सभापति हुए। उनकी वक्तृता ने दबे हुए उत्साह को फिर चमकाया और भारतवासियों को बहुत हिम्मत दिलाई। उन्होंने यह बात बताई कि भारतवासी जो कुछ काँग्रेस द्वारा माँग रहे हैं वह बहुत उचित है और उसके पाने के योग्य वह इस समय हैं। अंगरेज सरकार को उचित है कि, बहुत जल्द उनकी बातों की ओर ध्यान दे। काटन साहब के इन वाक्यों से बहुत कुछ उत्साह बढ़ा और भारतवासियों की रगों में फिर से हिम्मत का खून दौड़ा। इसके साथ ही उत्साह चमकाने के लिए कई एक कारवाइयाँ और भी हुईं, जिनमें से अधिक उस समय के बड़े लाट लार्ड कर्जन की उठाई हुई थीं। उक्त बड़े लाट ने घोर अकाल में दिल्ली दरबार किया और दूसरी कई एक ऐसी बातें कीं, जिनसे भारतवासियों का बड़ा भारी अपमान और उन पर बड़ा भारी अन्याय हुआ। उनमें से एक तो यह थीं कि, अमुक विभाग में भारतवासियों को इतने रुपए से अधिक की नौकरियाँ नहीं मिलेंगी। जब इन अविचारों पर आंदोलन हुआ तो लार्ड कर्जन ने सरकारी भेदों को न खोलने के लिए एक कानून बना डाला। क्योंकि, आपने यह सब काम चुपके-चुपके करने चाहे थे और उनका भंडा फूट गया।

इसके सिवा एक और बहुत बुरा काम करने की लार्ड कर्जन चेष्टा कर रहे थे। वह चुपके-चुपके बंगाल के दो टुकड़े कर डालने की बात सोच रहे थे। इस बात को वह बड़े अन्याय से छिपाते रहे, प्रजा के पूछने पर कुछ उत्तर नहीं देते थे। काटन साहब ने बंबई से कलकत्ते आकर टौन हाल में लार्ड कर्जन के ऐसे खराब इरादे के विरुद्ध एक व्याख्यान दिया, जो बड़ी धूम का व्याख्यान था। पर फल कुछ न हुआ, अन्त में स्पष्ट हो गया कि, लार्ड कर्जन बङ्गाल के दो टुकड़े करना चाहते हैं।

इतने अन्याय के काम करके भी लार्ड कर्जन का मन नहीं भरा था। उन्होंने इससे भी बढ़कर अन्याय करना चाहा। अपने हाथों से वह भारतवासियों की बहुत कुछ हानि कर चुके थे। इस बार मुँह से भी काम लिया। इस देश की शिक्षा-पद्धति

को वह इससे पहले बिगाड़ चुके थे। अब उन्होंने यह और किया कि कलकत्ता विश्वविद्यालय के सिनेट हाल में कानवोकेशन का उत्सव करते हुए भारतवासियों को झूठा और बेईमान कहा और उनके पुराने साहित्य पर बड़ी चोटें कीं। उसका फल यह हुआ कि, उस समय तक जो भारतवासी अंगरेजी सरकार और अंगरेजी अफसरों का बड़ा अदब करते चले आते थे, वह सब उठ गया। समाचार-पत्रों में लार्ड कर्जन के इन अविचारों की बड़ी कड़ी आलोचना हुई और बङ्गाल के शिक्षित लोगों ने कलकत्ते के टौन हाल में एकत्र होकर लार्ड कर्जन के कामों की खूब कड़ी आलोचना की। भारतवर्ष में वह पहला दिन था कि, इस देश के एक गवर्नर जनरल को प्रजा की ओर से झाड़ सुननी पड़ी। इससे पहले ऐसा नहीं हुआ था। कलकत्ते की भाँति बंबई आदि दूसरे प्रान्तों में भी लार्ड कर्जन को झाड़ बताई गई थी।

इसके पीछे 7 अगस्त सन् 1905 को बंगाल के शिक्षित लोगों ने कलकत्ते के टौन हाल में एक और सभा की। यह भी भारत के अंगरेजी राज्य के इतिहास में नई घटना थी। लोगों ने जब देखा कि विलायत में भी कुछ सुनाई नहीं होती, लार्ड कर्जन नहीं मानते तो उन्होंने मर्माहत होकर निश्चय किया कि यदि बङ्ग भङ्ग होगा तो हम अंगरेजी चीजें लेना बन्द कर देंगे। जल्द-जल्द इसके लिए और कई एक बड़े-बड़े जलसे हुए पर फल कुछ न हुआ। बीच में इतना भी हुआ कि लार्ड कर्जन, लार्ड किचनर से लड़कर पद त्याग बैठे और उनका पद त्यागना स्वीकार भी हो गया। इतनी बेइज्जती पर भी उनका इतना अधिकार बाकी रह गया कि बङ्गाल के दो टुकड़े करते जाएँगे उन्होंने बंगाल के दो टुकड़े कर दिए। 16 अक्टूबर सन् 1905 इस घोर अन्याय भरे हुए कार्य के होने का दिन था, बङ्गालियों की दशा उस दिन पागलों की-सी थी, निराहार शोक में विह्वल हुए, दिनभर घूमते रहे और वह दिन उन्होंने एक महाशोक का दिन स्थिर किया।

तब इस बात की चेष्टा होने लगी कि बंगाली अंगरेजी चीजों का लेना एकदम बंद करें। बुरी हों या भली अपने देश ही की चीजें काम में लाई जाएँ और अंगरेजी माल बिल्कुल न लिया जाए। बंगाली लड़कों के झुंड 'वन्दे मातरम्' आदि जातीय गीत गाते हुए बंगदेश के सब स्थानों में, गली-कूचे बाजारों में घूमने लगे और लोगों से हाथ-पाँव जोड़ के विलायती माल खरीदने की आदत छुड़ाने लगे। देशी करघे जारी हुए। देशी चीजों की ओर लोगों का ध्यान हुआ। अखबारों ने यह समाचार हिंदुस्थान के और-और प्रान्तों में भी पहुँचा दिया और वहाँ भी इसकी नकल होने लगी। कलकत्ते में विदेशी माल के रोकनेवाले लड़कों के साथ पुलिस की मार-पीट हुई। बंगाल में अन्यत्र भी ऐसा बहुत जगह हुआ। मुकदमे होने लगे, लड़कों को

जेल जुरमाने की सजा होने लगी। इतने में लार्ड कर्जन यहाँ से चल दिए और मिंटो आ गए। प्रिंस आफ वेल्स भी उस समय भारतवर्ष में ही घूम रहे थे। पूर्व बंगाल में फुलरशाही आरंभ हुई और पश्चिम बंगाल में फ्रेजर साहब की अमलदारी में भी कुछ-कुछ उसकी नकल होने लगी। मैदानों में सभा का होना बंद किया गया, लड़कों का झुंड निकलना और उनका 'वन्दे मातरम्' कहना रोका गया, स्कूलों के लड़कों पर अत्याचार होने लगा, वह स्कूल से निकाले जाने लगे। यहाँ तक कि बरीसाल की कान्फरेंस, पुलिस ने लाठी की जोर से बंद की, लोगों को मारा-पीटा और सुरेंद्र बाबू को पकड़कर उन पर जुरमाना ठोका। यहाँ तक सब एक थे—एक ही दल था, दो दल नहीं हुए थे; पर इसके बीच ही में दो दल होने की नींव पड़ गई थी।

नए दल की नींव डालने वाले हम श्रीयुक्त श्यामजी कृष्ण वर्मा को समझते हैं। जब सन् 1904 की काँग्रेस बंबई में हुई तो मि. काटन के साथ वेडरबर्न साहब भी विलायत से बंबई आए थे। विलायत में वेडरबर्न साहब ही काँग्रेस कमिटी के प्रधान हैं। उनके नाम एक छपी चिट्ठी वर्मा महोदय ने जारी की थी, जिसमें लिखा था कि हिंदुस्थानी होमरूल चाहते हैं। अर्थात् जो आयरलैंड वाले चाहते हैं, वही भारतवासी भी चाहते हैं—यानी स्वराज्य चाहते हैं। उस समय इनका कहना एक बहुत ही लंबी छलाँग भरना समझा गया था। उनकी चिट्ठी पर कुछ ध्यान नहीं दिया गया। बहुत लोगों ने डर के मारे उस चिट्ठी की निन्दा भी की। पर उन्होंने विलायत से एक मासिक पत्र भी निकाला और अपनी बात को छोड़ा नहीं। यहाँ तक कि भारतवासियों के कानों में उनकी आवाज कुछ-कुछ पहुँची। लाला लाजपतराय ने विलायत जाकर और उनके यहाँ उतरकर स्वराज्य-मंत्र सीखा और बंगाल में बाबू विपिनचंद्र पाल ने उसकी प्रतिध्वनि गुँजाई और पीछे मालूम हुआ कि तिलक महोदय भी स्वराज्य के पक्षपाती हैं। आरंभ में नए दल की आवाज बहुत ही धीमी थी पर अब उसमें बहुत बल आ गया है।

[भारतमित्र, 1907 ई.]

सिडीशन का युग

"वर्तमान युग को सिडीशन का युग कहना चाहिए। अखबारों के सिर पर इस समय सिडीशन की तलवार तनी हुई है। कब किस पर वार हो जाए सो भगवान ही जाने। मार्ली साहब से पंजाब के एक संपादक को सिडीशन में पकड़ने की आज्ञा ली गई थी। पर एक की जगह दो की सफाई हुई। 'इंडिया' का एडिटर पिण्डीदास सिडीशन के लिए पाँच साल की जेल भेजा गया। और कहा गया कि तुम पर दया की जाती है। और 'हिंदुस्तान' का संपादक यह कह कर फँसा दिया गया कि उसी के प्रेस में 'इंडिया' का सिडीशन वाला नंबर छपा था। जब इस तरह से एक ढेले में दो शिकार हों तो अखबार लिखनेवाले ईश्वर के सिवा और किसकी शरण में जाएँ।

लाहौर में जो दंगे का मुकद्दमा हुआ उसमें भी दो एक आदमी ऐसे फँसाए गए हैं, जो एकाध टूटे-फूटे अखबार के संपादक हैं या संवाददाता। कितने ही आदमी उनकी निर्दोषता सिद्ध करने आए पर किसी की बात पर कुछ ध्यान न दिया गया और वह नाहक जेल में भेज दिए गए। 'पंजाबी' के मालिक और संपादक के हाथ में हथकड़ियाँ ठोकने से एक बार भारत सचिव को लज्जा आई थी। पर इस बार लाहौर में हथकड़ियाँ भी ठोकी गईं और वह सड़कों पर से पैदल निकाले गए और जो लोग दंगे के बहाने से जेल भेजे गए हैं, उनके साथ जेल तक वही गोरा पुलिस अफसर भेजा गया, जिसके लिए दंगा हुआ था।

इधर बंगाल में देखिए तो यहाँ भी सिडीशन बेतरह चक्कर लगा रहा है, आगे कुछ न था। सिडीशन का नाम-निशान न था। पर अब वह कलकत्ते में घर-घर गली-गली में मौजूद है। 'युगांतर' संपादक भूपेन्द्रनाथ दत्त इस समय कड़ी जेल भोग रहे हैं। 'साधना प्रेस' जिसमें वह छपता था, कुर्क कर लिया गया। इससे स्पष्ट होता है कि संपादक का ही दोष न था, उसके प्रेस का भी था। और मजा यह कि प्रेस संपादक का नहीं; किसी दूसरे का। इससे समझ लेना चाहिए कि आगे संपादक ही जेल न जाएँगे, उनके प्रेस भी एक-दो-तीन हो जाएँगे।

पंजाब में प्रेस का कसूर बेतरह अधिक माना गया है। 'हिंदुस्तान' संपादक लाला दीनानाथ पर जो अभियोग लगाया गया है, यदि वह सत्य हो और वह वास्तव में हिंदुस्तान प्रेस के मैनेजर हों तो कानूनन उनकी कितनी सजा होनी चाहिए थी? केवल 10-20 या 50-100 रुपए जुर्माना। पर जुर्माना कैसा? वह तो पाँच साल के लिए जेल में ढकेले गए। वहाँ से उनका जीते लौटना कठिन जान पड़ता है। और उनका 10-12 हजार का प्रेस भी कुर्क हो गया। यह न्याय, यह बर्ताव इस समय अखबारवालों के साथ किया जाने लगा है। युगांतर-संपादक में समझ-कुछ अधिक थी, इसी से वह अदालत से न्याय का प्रार्थी नहीं हुआ और उसने सीधी बात कह दी कि मैं न्याय की प्रार्थना नहीं करता, अपने देश की भलाई के लिए जो मुझे उचित मालूम हुआ वह मैंने किया; अब आपको जो भला लगे वह आप कीजिए। पंजाब में जैसा न्याय हुआ है, उससे भूपेन्द्र का विचार बिलकुल ठीक निकला। पंजाबवालों ने इतने दिन मुकद्दमा चलाकर बहुत-सा रुपया खर्च करके और बहुत से भले आदमियों को सफाई की गवाही के लिए बुलाकर क्या लिया? यदि वह भी विचार से हाथ उठाते तो जो कुछ उनका अब हुआ है, उससे बढ़कर और क्या होता?

इन मुकद्दमों की पैरवी के समय हाकिमों और सरकारी वकीलों के मुँह से जो बातें निकली हैं वह बड़ी लज्जाजनक हैं। युगांतर के मुकद्दमे के समय मजिस्ट्रेट किंगूसफोर्ड ने भूपेन्द्रनाथ की जमानत दस हजार से तोड़कर अधिक करना चाही और ताने की हँसी से कहा–"इनके लिए तो चंदा होता है न? हाकिम जानते थे कि किस तरह अंगरेज जरा-सी बात पड़ने पर चंदा करते हैं। अभी डेलीन्यूज के मामले में चंदे की लिस्ट खुली है। तथापि हिंदुस्तानी जब वैसा करते हैं तो इन्हें बुरा लगता है।

इसी तरह लाहौर के मुकद्दमे से सरकारी वकील पेटमैन साहब ने अभियुक्तों की ओर के हर प्रतिष्ठित आदमी की बेइज्जती करने की चेष्टा की है और सरकारी गवाही में ऐसे लोगों की भी तारीफ की गई है जिनके काम निंदा के योग्य हैं। साहब ने लज्जा छोड़कर अभियुक्तों के आर्य्यसमाजी गवाहों को नाहक 'रिबेल' यानी बागी कहा है। और आश्चर्य की बात है कि अदालत ने अक्षर-अक्षर उसकी बात को पूरा किया है। जो कुछ उनके मुँह से निकल गया वही हुआ। इसी कार्रवाई से अंदाजा कर लेना चाहिए कि आगे किस प्रकार का न्याय होगा।"

[भारतमित्र, 1907 ई.]

फूलों की वर्षा

"वसंत ऋतु है, फूलों का मौसिम है। होली का अवसर है। हिंदुओं के लिए यह बड़े ही आनंद और हर्ष का समय होता है। पर इस आनंद को मिटाने के लिए पंजाब के छोटे लाट रिवाज साहब एक अच्छा शगूफा छोड़े जाते हैं। पाठक अन्यत्र पढ़ेंगे कि लाहौर के 'पंजाबी' नामक पत्र के मालिक और संपादक को कड़ी जेल और जुर्माने की सजा हुई है। इस देश के शिक्षित समाज के हृदय पर यह खबर पत्थर की भाँति गिरी है।

एक पुलिस कानिस्टबल वजीराबाद में मारा गया था, पंजाबी के मालिक को खबर लगी कि वह पुलिस सुपरिंटेंडेंट की गोली से मारा गया है, क्योंकि वह साहब के कहने से उनके मारे हुए सूअर को नहीं उठाता था। पंजाबी ने यह खबर लिखकर सरकार से चाहा था कि इसकी जुडीशल तहकीकात हो, पर सरकार ने उसकी जरूरत नहीं समझी। जरूरत समझी, इस बात की कि पंजाबी को सजा दिलावे। उसने अपनी तरफ से नालिश की और 'पंजाबी' पर यह इलजाम लगाया कि यह अंगरेज और हिंदुस्थानियों में विरोध फैलाने के लेख लिखता है। कई महीनों से यह मुकद्दमा लाहौर के जिला हुजूर की अदालत में चलता था। गत पूर्व शुक्रवार को उसका फैसला हो गया है। पत्र के मालिक लाला जशवन्तराय को मजिस्ट्रेट ने दो साल की कड़ी जेल और 1000 जुर्माने की सजा दी है। इससे अधिक सजा देने का उनको अधिकार ही न था क्योंकि जिस धारा से यह मुकद्दमा चलाया गया था, उसमें इस अपराध के लिए अधिक-से-अधिक इतनी ही सजा लिखी है। संपादक को 6 महीने जेल और 200 जुर्माने की सजा दी।

मजिस्टर को कुछ और भी अधिकार था, वह भी आपने दिखाया। अर्थात् एक ही जंजीर से बँधी हुई हथकड़ी का एक कड़ा मालिक के हाथ में था और दूसरा संपादक के हाथ में पहनाया गया। डाका डालनेवालों के लिए भी इस देश

की न्यायवान सरकार के पास इस हथकड़ी से बढ़कर और कुछ नहीं है।

यह तो मजिस्ट्रेट के अधिकार की बात हुई। अब आगे जेल की कैफियत सुनिए। कोई तीन घंटे ही उक्त दोनों सज्जन जेल में रहने पाए, इसके बाद वह जमानत पर छुड़वा लिए गए थे, पर इतनी ही देर में उन पर जेल के बड़े-बड़े अधिकार भी पूरे कर दिखाए गए। पत्र के मालिक लाला जशवन्तराय की आँखें कमजोर हैं, चश्मे के बिना उनको दिखाई नहीं देता। जेल में उनके कपड़ों के साथ उनका चश्मा भी उतारा जाने लगा। उन्होंने जेलवालों से प्रार्थना की कि चश्मा उतार लिया जाएगा तो मुझे कुछ भी नहीं दिखाई देगा। इसका उत्तर मिला कि 'चुप रहो' और चश्मा उतार लिया गया। पर यहीं तक अधिकार समाप्त नहीं हुआ। मालिक और संपादक दोनों के कपड़े उतरवा लिए गए और उनको जेल के निहायत सड़े और बदबूदार कपड़े पहना दिए गए। फिर लाला जशवन्तराय जेल के एक पुराने कैदी के सुपुर्द किए गए। उसने उनको एक चक्की दिखाई और कई सेर मक्की लाकर उनके सामने रखी कि इसे खूब महीन पीसो। अच्छा न पीसोगे तो सुपरिंटेंडेंट तुम्हें सजा देगा। ओह! सभ्यता का यह कितना ऊँचा नमूना है। लार्ड मिंटो और मि. मार्ली देखें कि भारतवर्ष की जेलों में उनकी यूनिवर्सिटी की डिगरी पाए हुए एम.ए. से चक्की पिसवाई जाती है। इस विद्वान पुरुष ने किसी को मार नहीं डाला, किसी बादशाह पर बम का गोला नहीं फेंका, किसी का घर नहीं लूटा, कहीं आग नहीं लगाई वरंच महाराज एडवर्ड की प्रजा में से एक गरीब मुसलमान के मारे जाने की खबर सरकार तक पहुँचाई थी कि उसके मारने का शक लोगों को किस पर है। इसका उसे यह इनाम मिला।

इतने कष्टों का सामना होने पर भी अभियुक्त घबराए नहीं और न उन्होंने माफी माँगकर अपनी सचाई को धूल में मिलाया। मजिस्ट्रेट की दी हुई सजा को उन्होंने धन्यवाद के साथ स्वीकार किया। इसी से जो लोग वहाँ खड़े थे उन्होंने अभियुक्तों के हथकड़ी में फँसे हुए हाथों से हाथ मिलाकर उनके प्रति अपनी सहानुभूति दिखाई और साबित किया कि अच्छे काम के लिए हथकड़ी हाथ में पड़े तो भी वह इज्जत की चीज है और दूसरे भी उसकी पैरवी करने को तैयार हैं। जिस समय पुलिस वाले सवारों के पहरे के साथ अभियुक्तों को गाड़ी में बिठाकर ले चले तो दूर तक उनकी गाड़ी पर लोग 'वन्देमातरम्' की ध्वनि के साथ फूलों की वर्षा करते चले गए। फिर जब वह जमानत पर जेल से छुड़ाए गए तो लोग वहीं फूलों की मालाएँ और फूलों के टोकरे लेकर पहुँचे। उनके गले में फूलों की मालाएँ पहिनाईं और दूर तक उन पर फूलों की वर्षा करते चले गए।

यह वर्षा यहीं तक समाप्त नहीं हुई। पंजाबियों की उनके साथ यहाँ तक सहानुभूति है कि उसी दिन सन्ध्या समय जब मि. गोखले रेलवे स्टेशन से स्वागत कर के लाए गए तो उनको भी मि. गोखले की गाड़ी में बिठाया। कई घंटे तक यह जुलूस लाहौर के बाजारों में घूमा था। इस बीच में बराबर फूलों की वर्षा होती रही। छतों और खिड़कियों से स्त्रियाँ और लड़कियाँ उन पर फूल फेंकती थीं। इससे स्पष्ट हो गया कि जो उनके भारी से भारी कष्ट का दिन था, वही उन पर फूलों की वर्षा होने का था। जेल आदि का कष्ट उन्होंने कोई तीन घंटे सहा और फूलों की वर्षा उन पर कितने ही घंटे हुई। सज्जनों पर विपद सदा पड़ती आई है। घोर परीक्षा में पड़कर जो पूरे उतरते थे उन्हीं वीरों पर देवगण आकाश से फूल बरसाते थे। बीच में कुछ दिन ऐसे बीते कि देवगण ने अप्रसन्न होकर इस देश के लोगों पर फूलों की वर्षा करना छोड़ दी थी। पर देखते हैं कि अब फिर भारत का भाग्य सुप्रसन्न हुआ है। इस देश के लोगों के हृदय में देव भाव का आविर्भाव हुआ है। देवगण उनके द्वारा इस देश के वीर पुरुषों पर पुष्प-वृष्टि कराने लगे हैं। जल्द उनके स्वयं आकाश में स्थित होकर फूल बरसाने का समय आनेवाला है। इससे पंजाबी के मालिक लाला जशवन्तराय और सम्पादक श्रीमान् अथावले को हम वसंत की बधाई देते हैं। यह वसंत मानो उन्हीं के लिए है। धीरस मीर उन्हीं के यश का सौरभ चारों ओर फैला रहा है। कोकिल उन्हीं की कीर्ति के मीठे गीत गाती हैं।''

[भारतमित्र, 1907 ई.]

जिये सो खेले फाग!

होली हिंदू जीवन का आनंद है। जीवन में यदि आनंद न हो तो वह किस काम का? जिये सो खेले फाग, मरे सो लेखे लाग। मानो जीवन का सुख होली है और जीना है तो होली के लिए। चार त्यौहार हिंदुओं के मुख्य हैं। श्रावणी या सलोनो ब्राह्मणों का त्यौहार है, इसमें देव पितृगण का वार्षिक तर्पण होता है। यह हुआ केवल कर्म-धर्म। दूसरा है दशहरा। इसमें खड़ग आदि की पूजा होती है, वीरता के खेल होते हैं। यह क्षत्रियों का त्यौहार है। यह हुआ युद्ध-धर्म। तीसरा त्यौहार दीपमाला या दिवाली जगाई जाती है, यह है वैश्यों का त्यौहार वाणिज्य-धर्म। चौथी यह आनंद देने वाली होली है। यह शूद्रों का त्यौहार है। यह है केवल आमोद के लिए। चारों वर्ण के लोग सबको मनाते हैं। विशेषकर होली में सब एक हैं। मानो होली उस एकता को दिखाने ही आती है।

आज चारों वर्ण के लोगों की एक ही दशा है। सब मस्त हैं। ग्यारह महीने दूसरे कामों के और होली आनंद की। जीवन भर की हँसी-खुशी जिस पर निर्भर हो वह त्यौहार प्यारा क्यों न लगे। जिनका जैसा स्वभाव है, जैसी प्रकृति है, वह उसी तरह का आनंद इस हाथ में लाने का दावत जल से नाच रंग कराते हैं। अबीर गुलाल पिचकारी रंग से मित्रों को रंगकर आनंद में मग्न हो जाते हैं। जो इनसे भी अधिक खुले लोग हैं वह धौल चपत पगड़ी उछालने तक नौबत पहुँचाते हैं। धूल-कीचड़ तक हाथ बढ़ाते हैं। परंतु साल भर में केवल एक धुरहँड़ी का दिन ही ऐसा होता है। गंभीर लोग रंग पिचकारी तक ही बस करते हैं, दिल्लगीबाज गाली भी लेते हैं। ऊल-जलूल भी बक देते हैं। स्त्री पुरुषों में भी अपने दर्जे के अनुसार होली होती है।

भाभी देवर से होली खेलकर अपने वात्सल्य भाव का परिचय देती है। इस

आनंद को कुछ हिंदू कुटुंबी ही अनुभव कर सकते हैं। स्त्री पुरुषों की होली की बहार ब्रज में देखना चाहिए।

बच्चे खूब सरलचित्त परंतु खूब ही चंचल होते हैं। इससे उनका आनंद सबसे दो हाथ आगे बढ़कर होना चाहिए। वह गधे पर चढ़ते हैं, मुँह काला करते हैं, जूतों के हार पहनते हैं। खाक धूल कीचड़ की वर्षा करते हैं। उछलते-कूदते नाचते-गाते और ताली पीटकर खूब हो-हो करते हैं। आप इसे असभ्यता कहेंगे या सभ्यता? सभ्यता, सभ्यता, सभ्यता की चिल्लाहट भूलकर एक बार खूब गौर से देखो। कितनी बड़ी बेफिकरी है, कितनी भारी मस्ती है, कैसा आनंद है। यह प्रेम, यह एकता, यह आनंद क्या जीवन भर में फिर पाने की तुम्हें आशा है? इन बालकों के आमोद में कुछ बुरी इच्छा नहीं है। कुभाव नहीं है। खाली आमोद है। ऐसा स्वर्गीय भाव क्या असभ्यता है?

वर्षों की शत्रुता को यह होली तोड़ती है। जिनकी आपस में शत्रुता होती थी उनमें से एक को लेकर लोग दूसरे के घर जाते थे। वर्षों की शत्रुता का मैल धोने के लिए पिचकारियों से तर करते थे। अबीर उड़ाते थे। इससे भी काम न चलता तो धूल कीचड़ फेंककर जूते का हार दिखाते थे। गधे की सवारी सामने आती थी। मुँह काला करने को स्याही आती थी। हू-हुल्लड़ होकर सब एक हो जाते थे। आपस के बैर भाव का गधे पर चढ़ाकर काला मुँह करके जूतों का हार पिन्हाकर शहर में घुमाकर शहर से बाहर कर देते थे।

फूलों में काँटे भी होते हैं। कुछ नीची प्रकृति के लोग यदि बेहूदे स्वांग भरते हों या गंदे इशारे करते हों तो आश्चर्य नहीं है। उससे होली की पवित्रता में कुछ दोष नहीं आता है। इससे उल्टी लोगों की परीक्षा हो जाती है। कुछ लोग होली के दिन अधिक शराब पीकर शराबी की खराबी दिखाते हैं। होटलों और दुकानों पर पीकर सभा में आकर शराब के विरुद्ध लेक्चर देने वालों से यह लोग तब भी भले हैं।

घर में पीकर पन्टलून खोलकर नाचना और साहब के सामने शराब की निंदा करने वाले बारहमासिए शराबियों से यह फसली शराबी भले हैं। छिपकर पाप करने वालों से यह होली में बेहूदगी दिखाने वाले भले हैं।

होली द्वारा उच्च श्रेणी के सभ्यता का झंडा हाथ में लेकर हिंदू सभ्यता की रक्षा करते हैं। बड़ी परीक्षा का स्थल होली है। इतनी भारी बेहूदगी के बाद लोगों का चित्त प्रफुल्लित और हृदय पवित्र रहता है। होली पवित्र है प्रत्यक्ष है। होली

में किसी प्रकार का पाप नहीं, गुप्त रीति से बुरी इच्छा नहीं। होली खेलकर रंग धूल उड़ाकर सब लोग स्नान करते हैं। स्वच्छ वस्त्र धारण करके भगवान कृष्णदेव के मंदिर में जाते हैं। वहाँ स्वयं ईश्वर से होली खेलकर लाल-लाल होते हैं। कहिए होली कैसी चीज है? एक बार हृदय की आँखें खोलकर देखो कि होली के तुल्य संसार में किसी जाति का भी कोई भी आमोद भरा उत्सव है?

[भारतमित्र, 1899 ई.]

उन्नीसवीं शताब्दी

कालचक्र घूम गया। ईसामसीह के जन्मकाल से 1900 साल बीत गए। कृस्तान धर्मवालों की एक सदी पूरी हो गई। उन्नीसवीं सदी का अंत हो गया। 1 जनवरी से बीसवीं सदी आरंभ हुई। प्रतापी ईसामसीह का प्रताप आज 1900 साल बाद ज्येष्ठ मास के दोपहर के सूर्य की भाँति चमक रहा है। संसार में आज कोई उसके सामने आँख उठाकर देखने की ताब नहीं रखता।

उन्नीसवीं सदी कृस्तानी उन्नति की चोटी, कृस्तानी उज्ज्वल दिवस की धवल दोपहरी तथा कृस्तान तेज की बड़वाग्नि थी। यह सदी मानो कृस्तानों को सबसे बड़ा, सबसे यशस्वी और सबका सरदार बनाने ही को धराधाम पर उतरी थी। पृथ्वी इस समय मानो कृस्तानों की ठोकर की गेंद है। उक्त शताब्दी के आरंभ में यूरोपियनों की संख्या 17 करोड़ थी। आज सौ साल में कोई तिगुनी, पचास करोड़ हो गई। यूरोप में उनके पाँव टेकने को भूमि नहीं है। अमरीका, अफ्रीका, आस्ट्रेलिया, न्यूजीलैंड और हजारों समुद्री टापुओं में बंदूकधारी गोरे विचरते रहते हैं। वहाँ के असभ्य, जंगली, अर्धपशु लोग पूर्णपशु गति को प्राप्त हुए। जो बचे खुचे हैं, वह सभ्यता के सामने कब तक जीवन-संग्राम कर सकेंगे। सारांश यह कि प्रतापी ईसा का धर्म्म मानने वाली गोरी जाति इतनी बढ़ रही है कि सारी पृथ्वी पर फैलना चाहती है। यदि बीसवीं सदी उसकी बढ़ती इसी हिसाब से करे, तो गंभीर दार्शनिकों को भी मुसलमानों की कयामत संबंधी भविष्यवाणी माननी पड़ेगी। मुसलमानों ने अपने कयामतनामे में लिखा है कि कयामत के निकट ईसाई लोग सारी पृथ्वी पर फैलकर आकाश को विजय की चेष्टा करेंगे।

इस समय पृथ्वी पर 50 करोड़ गोरे हैं, 29 करोड़ मुसलमान, 40 करोड़ चीनी आदि तथा 15 करोड़ दूसरी जाति के लोग। हिंदू 25 करोड़ हैं। सो भी रोटी कपड़े के कंगाल, सुख-स्वच्छंदता दूर रहे, स्वास्थ्यमय जीवन के भी मोहताज। हिंदुओं की

वर्तमान दशा देखकर क्या कोई कह सकता है कि कभी पृथ्वी पर 56 करोड़ तो केवल यादव ही थे।

हिंदू

हिंदू लोगों पर इस शताब्दी का क्या प्रभाव पड़ा, यह बताते हुए दिल में एक दर्द सा उठता है, आँखों में आँसू भर आते हैं और छाती पर साँप सा लोटने लगता है। उन्नीसवीं सदी के आरंभ में जो हिंदू थे, वह अब कहाँ। काल ने एक-एक करके उन सबको समेट लिया है। जब उन्नीसवीं सदी लगी थी, इस बात का बताने वाला भारतवर्ष में इस समय शायद एक भी आदमी नहीं है। हाँ, मिले तो दो चार ऐसे मिल सकते हैं, जिन्होंने इस सदी भर जीवन धारण करके सौ वर्ष पूरे कर लिए हों। पर ऐसे भी कहाँ? साठ-सत्तर साल की आँखों देखी के सुनाने वाले कुछ जीवित हैं। कोई सुने तो अपने बड़ों से सुनी हुई इस शताब्दी के आरंभ की बात वह सुना सकते हैं। उनसे पूछो तो वह एक ठंडी साँस लेकर कहते हैं। भैया! वह समय लद गया। वह सुख का समय अब नहीं है। वह सतयुगी समय गया। जान पड़ता है कि पृथ्वी बाँझ हो गयी और आकाश सूख गया। नहीं तो वह अन्न कहाँ गया। पेट के लिए लोग हाय-हाय क्यों करते हैं? एक रुपए के पाँच-छः मन चने कहाँ हैं? वह दूध की नदी बहाने वाली गायें कहाँ हैं? घी-दूध के वह कुंड कहाँ हैं? हरे-हरे तृण से छाई हुई वह भूमि अब कहाँ है? जो देखा, जो सुना वह अब कहाँ है? जो देखा वह स्वप्न था, जो सुना सो कहानी थी।

सुख गया, स्वच्छंदता गई, बेफिक्री गई। मौत निकट आई, पर वह पुराना दृश्य फिर आँखों के सम्मुख न आया। आज पाँच वर्ष के बालक को अन्न की चिंता पड़ती है, वह दियासलाई की डिबिया लिए घर-घर बेचता फिरता है। घर के जितने लोग हैं, सब कमाते हैं, पर पेट नहीं भरता। किंतु तब बीस साल के लड़के गलियों में खेलते फिरा करते थे, लंगोटी बाँधने तक की उनको परवा नहीं थी–चिंता को वह जानते ही न थे कि कौन चिड़िया है। एक-दो कमाई से कुटुंब भर का काम चलता था। लोग संतोषी थे। इतनी बाबूगीरी तब कहाँ थी? सब अन्न-दूध खाते थे और घर का बना मोटा वस्त्र पहनते थे। निर्द्वन्द्व जीते थे। बड़ी-बड़ी उमरें पाते थे। शरीर में बल होता था, हृदय में शक्ति और मन पर फुरती रहती थी। जीवन की जरूरी चीजें घर में ही मिल जाती थीं।

आपस में मेलजोल था। ममता थी। परस्पर प्रीति थी और सच्चाई थी। लोग बात के पक्के थे, बात पर मर मिटते थे। धर्म पर प्रेम था। छः सौ वर्ष मुसलमानों की अधीनता करने पर भी हृदय का साहस नहीं गया था, स्वधर्म में निष्ठा थी।

गुरुजन की, साधु-महात्माओं की, तीर्थस्थानों की, गो-ब्राह्मणों की हिंदू मात्र के जी में भक्ति थी। यद्यपि अराजकता का बड़ा भारी भय रहता था, तथापि लोग सुख की नींद सोते थे।

बूढ़ों की इन बातों को मिलाओ, तो आज सब विपरीत है। आज भारतवासी टुकड़े के लिए दीन हैं। उन्नीसवीं शताब्दी में उन्हें बार-बार अन्न के लिए प्राण देने पड़े हैं। विशेषकर इसका अन्त और भी लोमहर्षक हुआ।

मुसलमान

इस सदी के आरंभ तक मुसलमान रैयत नहीं, रईस थे। परंतु इस सदी ने उनकी बादशाही को भी गोर में मिलाकर उन्हें हिंदुओं की भाँति प्रजा बना दिया। उनकी छः सौ साल से अधिक की हुकूमत धूल में मिली। अब वह हिंदुओं पर हुक्म नहीं चला सकते। वरंच उन पर तथा हिंदुओं पर अंगरेजी हुक्म चलता है। बचे-खुचे मुगल बादशाह कब्र में जो सोए। अब न मुसलमानों को तलवार याद है न हुकूमत। केवल अंगरेजी सरकार से यह कहना ही उनको याद है कि हमें दया करके अधिक नौकरियाँ क्योंकि शिक्षा में हम हिंदुओं के बराबर नहीं हो सकते। धन्य उन्नीसवीं सदी! अच्छा जादू किया! सैकड़ों साल की हुकूमत की बू एकदम गायब! पृथ्वी के अन्यान्य स्थानों में भी मुसलमान एकदम शिथिल हुए हैं तथापि हिंदुओं की भाँति उनकी हुकूमत एकदम लोप नहीं हो गई है।

अंगरेज

जिस दिन अठारहवीं सदी समाप्त होकर उन्नीसवीं सदी का प्रवेश हुआ था, तब के और आज के भारतवर्ष का नक्शा एक बार मिलाकर देखो। अंगरेजों को उस समय भारतवर्ष में आए कोई डेढ़ सदी बीत ली थी, तथापि उनका राज्य सामान्य ही था। मुगलों की कमजोरी ने भारत के राजसिंहासन के तीन दावेदार खड़े कर दिए थे। एक स्वयं मुसलमान थे, दूसरे इसके पुराने हिंदू और तीसरे अंगरेज सौदागर। यद्यपि अंगरेज उन्नति कर रहे थे, तथापि यह किसी को विश्वास न था कि बहुत शीघ्र सबको मिटाकर यही सारे भारत के स्वामी बन जावेंगे। वह सौदागारी करने आए थे और तब तक भी उनका सौदागरी का दावा था। किन्तु—

खुदा की देन का मूसा से पूछिए अहवाल।
कि आग लेने को जावें पयगंबरी मिल जाय॥

बाइबिल और कुरान में लिखा है कि जाड़े के मारे मूसा ठिठुरकर आग तलाश

करते थे, खुदा ने वहीं पैगंबरी देकर अपना दूत बना दिया। अंगरेज सौदागर बिसातीपन करने आए, ईश्वर ने उन्हें भारत का अधीश्वर कर दिया।

सतरहवीं सदी में अंगरेजों की तीन प्रेसीडेन्सियों की नींव पड़ी। कलकत्ते में फोर्ट विलियम, मद्रास में फोर्ट सेंटजार्ज तथा तीसरी बंबई। वह विलायत के पहले चार्ल्स का समय था। अठारहवीं शताब्दी के आरंभ में जब वेलेजली साहब ने चार्ज लिया, तो अंगरेजी हुकूमत मद्रास, बंबई में समुद्र के किनारे के जिलों तथा क्लाइव और हेस्टिंग्ज की कृपा से लोअर बंगाल में फैली थी। समुद्र से गंगा के डेल्टे तक अंगरेजों को मार्ग मिला था। मुर्शिदाबाद में नवाब नाजिम ने हुकूमत जमा ली थी। मुगल बादशाह तब तक दिल्ली के तख्त पर थे, पर उनकी दिल्ली चारदीवारी के भीतर ही थी। मुगलों का अंतिम बादशाह गदर का दुःख देख कैदी बन सन् 1862 ई. में रंगून में मरने ही को मानो दिल्ली के तख्त पर था। सन् 1719 ई. में फरुखसियर के मरने से ही एक प्रकार तैमूर के महल की नींव उखड़ चुकी थी। दक्षिण की बहुत-सी भूमि दिल्ली की बादशाही से अलग कर दी। उधर लखनऊ के नवाब वजीर ने सन् 1732 ई. में लखनऊ की रियासत अलग बना डाली। पंजाबी शेर रणजीत सिंह ने पंजाब में मुलतान से पेशावर तक और काश्मीर में सिखों का राज्य कर दिया। सन् 1800 ई. के आरंभ में मध्य प्रदेश में कई एक महाराष्ट्र सरदार थे। नागपुर के भोंसला राजा बरार से उड़ीसा के किनारे तक फैले हुए थे। पश्चिम घाट में पेशवाओं का राज्य था। गुजरात बड़ौदा वालों की रियासत थी। सिंधिया ने ग्वालियर और इन्दौर रियासतें बना ली थीं। राजस्थान में कितने ही राजाओं ने अपने रजवाड़े खूब पुष्ट कर लिए थे। दूर दक्षिण में हैदर अली और उसके पुत्र टीपू की मैसूर रियासत का दबदबा था। करनाटक में निजाम ही का एक नायब नवाबी करता था और अरकाट का नवाब कहलाता था। त्रिचनापल्ली भी हिंदू रियासत की राजधानी तन्जौर में अलग राज्य था। कोल्हापुर में शिवाजी के खानदानी राजा थे। विजय नगर भी एक छोटा राज्य था। सिंध में मुसलमान अमले की हुकूमत थी। यह उन्नीसवीं सदी का आरंभ में दो साल पहले का नक्शा भी इससे देखना चाहिए कि अंगरेजी हुकूमत तब कितनी थी।

लार्ड वेलेजली ने विचारा कि फ्रांस एशिया में बढ़ना चाहता है, इससे अंगरेजों का बढ़ने का यही समय है। अचानक वजीर अली नाम के एक बागी के हाथ से दो अंगरेज मारे गए। कंपनी के तरफ से इस बहाने लखनऊ पर जोर पड़ा और वहाँ के नवाब ने सन् 1801 ई. में कड़ा, इलाहाबाद, रुहेलखंड, गाजीपुर और आजमगढ़ अंगरेजों को दे दिए। इस प्रकार अंगरेजों को पश्चिमोत्तर प्रदेश के कलेजे में घुसने का अवसर मिला।

उधर 1799 ई. में टीपू मारा गया और मैसूर छिनकर फिर हिंदुओं के हाथ में आ गया। अराकाट के नवाब पर कंपनी के शत्रुओं से मिले रहने के बहाने चढ़ाई की। लड़ाई हुई और करनाटक छीनकर मद्रास में मिला दिया गया। अंगरेजों के सौभाग्य से उस समय के राजा नवाब आपस में इस प्रकार लड़ रहे थे कि लार्ड वेलेजली साहब को अपनी हुकूमत बढ़ाने का पूरा मौका मिल गया। उन्हीं की डाली हुई नींव से आज अंगरेज सारे भारतवर्ष के मालिक हैं।

लार्ड वेलेजली के बाद लार्ड कार्नवालिस दोबारा बड़े लाट होकर भारत में आए, पर आते ही मर गए। तब 1800 से 1813 ई. तक लार्ड मिंटो बड़े लाट रहे। इन दिनों कंपनी की हुकूमत बढ़ी नहीं, किंतु उसके शत्रु होल्कर आदि मरते गए। लार्ड एमहर्स्ट के समय में 20 हजार मनुष्य तथा 140 लाख पौंड खर्च कर अंगरेजों ने ब्रह्मदेश की पहली लड़ाई की। इसमें आसाम, अराकान और तनासरम अंगरेजों के हाथ लगे। लार्ड विलियम बेंटिक ने 1825-1835 ई. में बड़े लाट रहकर केवल कुर्ग का राज्य छीना। ठगी-डकैती उन्हीं के राज्य में हुई। चार्ल्स मेटकाफ ने थोड़े दिन लाट साहबी करके अखबारों को स्वाधीनता दी।

सन् 1839 ई. में रणजीत सिंह मर गए। सिखों में उनके बाद कोई योग्य राजा न रहा। इसी से बड़े लाट हारडिंज के समय में सन् 1845 ई. में सिखों से लड़कर अंगरेजों ने जालन्धर दुआब छीन लिया। अन्त में 1849 ई. में सिखों का राज्य ही उठ गया और अंगरेज पंजाब के भी मालिक हुए। इसी प्रकार दूसरी ब्रह्मदेश की लड़ाई में रंगून आदि ले लिया। 1853 ई. में नागपुर राज्य, राजा मरने से वह भी अंगरेजों का हुआ। अन्त में लार्ड डलहौजी ने सन् 1856 ई. में लखनऊ अंगरेजी राज्य में मिला दिया। इन्हीं दिनों भारतवर्ष में रेल-तार की नींव पड़ी और इन्हीं दिनों सारे भारतवर्ष में चिट्ठियों का महसूल एक हुआ। लाल सागर होकर विलायत को जहाज तभी जाने लगा।

लार्ड डलहौजी ने जिस तेजी से अंगरेजी राज्य बढ़ाया उसका फल भारत की प्रजा के लिए भला न हुआ। 1 मई, 1857 ई. को मेरठ में अंगरेजों की काली सेना बिगड़ी और कई महीने भारतवर्ष में बड़ा भारी गदर रहा। प्रजा के कष्ट का पारावार न रहा। गदर शेष हो जाने के बाद 1 नवंबर, 1858 ई. को भारतवर्ष महारानी के राज्य में मिल गया। ईस्ट इंडिया कंपनी की अढ़ाई सौ साल की मालकियत खत्म हुई। भारतवर्ष की निरीह प्रजा हथियार सरकार के चरणों में अर्पण कर चिरकाल के लिए शान्त और दासानुदास प्रजा बनी। अंगरेजों की जय-जयकार हुई।

[भारतमित्र, 1901 ई.]

हँसी-खुशी

'सुभाषितेन, गीतेन, युवतीनांचलीलया।
यस्य न द्रवते चित्तं स वै मुक्तोथवा पशुः॥'

हँसी भीतरी आनंद का बाहरी चिह्न है। जीवन की सबसे प्यारी और उत्तम से उत्तम वस्तु एक बार हँस लेना तथा शरीर के अच्छा रखने की अच्छी से अच्छी दवा एक बार खिलखिला उठना है। पुराने लोग कह गए हैं कि हँसो और पेट फुलाओ। हँसी कितने ही कला-कौशलों से भली है। जितना ही अधिक आनंद से हँसोगे, उतनी ही आयु बढ़ेगी। एक यूनानी विद्वान कहता है कि सदा अपने कर्मों को झीखने वाला हेरीक्लेस बहुत कम जिया, पर प्रसन्न मन डेमाक्रीटस 109 वर्ष तक जिया। हँसी-खुशी ही का नाम जीवन है। जो रोते हैं, उनका जीवन व्यर्थ है। कवि कहता है—'जिंदगी जिंदादिली का नाम है, मुर्दादिल क्या खाक जिया करते हैं।'

मनुष्य के शरीर के वर्णन में एक विलायती विद्वान ने एक पुस्तक लिखी है। उसमें वह कहता है कि उत्तम सुअवसर की हँसी उदास से उदास मनुष्य के चित्त को प्रफुल्लित कर देती है। आनंद एक ऐसा प्रबल इंजन है कि उससे शोक और दुःख की दीवारों को ढा सकते हैं। प्राण रक्षा के लिए सदा सब देशों में उत्तम से उत्तम उपाय चित्त को प्रसन्न रखना है। सुयोग्य वैद्य अपने रोगी के कानों में आनंदरूपी मंत्र सुनाता है। एक अंगरेज डाक्टर कहता है कि किसी नगर में दवाई लदे हुए बीस गधे ले जाने से एक हँसोड़ आदमी ले जाना अधिक लाभकारी है। डाक्टर हस्फलेंड ने एक पुस्तक में आयु बढ़ाने का उपाय लिखा है। वह लिखता है कि हँसी बहुत उत्तम चीज पाचन के लिए है, इससे अच्छी औषधि और नहीं है। एक रोगी ही नहीं, सबके लिए हँसी बहुत काम की वस्तु है। हँसी शरीर के स्वास्थ्य का शुभ संवाद देने वाली है। वह एक साथ ही शरीर और मन को प्रसन्न

करती है। पाचन-शक्ति बढ़ाती है, रक्त को चलाती है और अधिक पसीना लाती है। हँसी एक शक्तिशाली दवा है। एक डाक्टर कहता है कि जीवन की मीठी मदिरा है। डाक्टर ह्यूड कहता है कि आनंद से बढ़कर बहुमूल्य वस्तु मनुष्य के पास और नहीं है।

कारलाइल एक राजकुमार था। संसार त्यागी हो गया था। वह कहता है कि जो जी से हँसता है, वह कभी बुरा नहीं होता। जी से हँसो, तुम्हें अच्छा लगेगा। अपने मित्र को हँसाओ, वह अधिक प्रसन्न होगा। शत्रु को हँसाओ, तुम से कम से कम घृणा करेगा। एक अनजान को हँसाओ, तुम पर भरोसा करेगा। उदास को हँसाओ, उसका दुःख घटेगा। एक निराश को हँसाओ, उसकी आशा बढ़ेगी। एक बूढ़े को हँसाओ, वह अपने को जवान समझने लगेगा। एक बालक को हँसाओ, उसका अच्छा स्वभाव, अच्छा स्वास्थ्य होगा। वह प्रसन्न और प्यारा बालक बनेगा। पर हमारे जीवन का उद्देश्य केवल हँसी ही नहीं है, हमको बहुत काम करने हैं। तथापि उन कामों में, कष्टों में और चिंताओं में एक सुंदर आंतरिक हँसी, बड़ी प्यारी वस्तु भगवान ने दी है।

हँसी सबको भली लगती है। सभा में हँसी विशेषकर प्रिय लगती है। जो स्त्री स्नेह नहीं करती और जो पुरुष हँसते नहीं उनसे ईश्वर बचावे। जहाँ तक बने हँसी से आनंद प्राप्त करो। प्रसन्न लोग कोई बुरी बात नहीं करते। हँसी बैर और बदनामी की शत्रु है और भलाई की सखी। हँसी स्वभाव को अच्छा करती है। जी बहलाती है और बुद्धि को निर्मल करती है। हँसी सजे-सजाए घर के समान है। मनुष्य रोने के लिए ही नहीं बनाया गया है। हँसने के लिए ही आदमी बना है। मनुष्य खूब जोर से हँस सकता है, पशु-पक्षी को वह शक्ति ईश्वर ने नहीं दी है। मनुष्य हँसने-मुस्काने, हो-हो करने, टोपी उछालने, गीत गाने और स्तुति करने के लिए बनाया गया है। हँसी भय भगाती है, दुःख मिटाती है, निराशा को घटाती है। कंगाली का आधा बोझ उड़ा देती है। उदास आदमी से दूर रहो। लड़कियों की हँसी संसार के सब प्रसन्नकारी स्वरों से मधुर है। जो हँसता है, वह आयु बढ़ाता है। प्रसन्नता उत्तम भोजन, लड्डू, पेड़ा, कलाकंद, पूरी, कचौरी, हजम कराती है। संसार में फिराना समुद्र और पहाड़ों पर हवा खिलाना, सेनाओं का उत्साह बढ़ाना—सब प्रसन्नता का खेल है। मनुष्य को और दवा दरकार नहीं। उसे मित्रों में बैठाओ और खूब हँसाओ।

जो हँसते हैं, वह धन्य हैं, क्योंकि वह मोटे मुस्टंड होते हैं। धन्य हैं वह जो दूसरों को हँसाते हैं। उनकी बातों से शरीर में रक्त आनंदित होकर नाच उठता

है। हँसी जी में नित्य नई उमंगें पैदा करती है। चिंता को उड़ाती है और कष्टों को झेलने में सहायता करती है।

जो हँसता है वह बिना डिप्लोमा ही डाक्टर है। हँसते डाक्टर का चेहरा बीमार के घर में एक कड़वी दवा की बोतल से अच्छा है।

लोगों की मूर्खताओं पर हँसना रोने से भला है। एडीसन कहता है कि बुद्धिमानी में आकर संसार को हँसी जैसी वस्तु खो न देना चाहिए। हँसी से बढ़कर संसार में क्या है?

मेलबोर्न के डाक्टर ए. डब्लू. कोल ने डाक्टरी पर एक पुस्तक लिखी है। उसकी भूमिका में से यह सब बातें यूरोप के बड़े-बड़े बुद्धिमानों के लेखों से छाँटी हैं। इस विषय में वह एक कहानी लिखता है। एक डाक्टर अपने मित्रों सहित पहाड़ पर फिरता था। एक चट्टान पर उसे एक कौवे का घोंसला दिखाई दिया। डाक्टर ने कहा—आओ सब दौड़ो, देखें पहले उस घोंसले के पास कौन पहुँचता है। सब दौड़े। एक आदमी इतना तेज़ दौड़ा कि हाँफ कर बैठ गया। जब सब जमा हुए तो इतना हँसे कि पेट फूल गए। जब इन मित्रों को हँसना होता, तो उस घोंसले की कहानी को फिर दोहराते। कई साल पीछे उनमें से एक मित्र बीमार हो गया, मरने को था कि उस डाक्टर को खबर हुई। वह गया। लोगों ने कहा कि लो तुम्हारा मित्र आया, आँखें खोलो। पर वह कुछ न बोला। तब डाक्टर ने जोर-जोर से कौवे के घोंसले की कहानी सुनाई। कहानी सुन कर बीमार हँसा। यहाँ तक कि वह अच्छा हो गया और जीता है।

उसी हँसी को मनुष्य जीवन के साथ लगाए रखने के लिए हिंदुओं ने होली का त्योहार जारी किया था। होली की कृपा से अब भी हिंदू कुछ हँस लेते हैं। संसार में दुःख और उदासी अधिक है। उस दुःख और उदासी को दबाकर एक बार मनुष्य को हँसाना और प्रसन्न करना ही होली का उद्देश्य है। इसी से जानो कि होली हिंदू जीवन की कैसी प्यारी चीज है।

[भारतमित्र से उद्धृत]

कलकत्ते में लखनऊ

(1)

अवध के ताल्लुकेदारों के अभिनंदन पत्र के उत्तर में लार्ड मिण्टो ने कहा कि आगामी 12 फरवरी (सन् 1906) को अवध में अंगरेजी अमलदारी हुए पचास साल हो जाएँगे। बड़े लाट के इस कथन से अवध की पुरानी उस घटना का फिर स्मरण हो आता है, जिसने लखनऊ में नवाबी अमलदारी को समाप्त कर दिया। उस समय लखनऊ के तख्त पर वाजिदअली शाह विराजमान थे। उनमें बहुत गुण थे, पर वीरता का अभाव था। राजा होकर जो वीर नहीं, वह राजसिंहासन के योग्य नहीं। इसी दलील पर अंगरेजों ने वाजिदअली शाह को राज्यच्युत करके लखनऊ में अपना राज्य कर लिया। सब कहते हैं कि वाजिदअली शाह का कुछ दोष न था। लखनऊ की प्रजा उनसे बहुत प्रसन्न थी, लखनऊ खूब आबाद था। पर उन सब बातों से क्या होता है। खाली खेल-तमाशों में लगे रहने, नाच देखने या आप नाचने से किसी का राज्य राज्य नहीं रह सकता। यदि कहीं की प्रजा किसी राजा पर बहुत खुश हो, तो भी राजा में वीरता का गुण न होने से प्रजा उसके अधीन नहीं रह सकती। स्वर्गीय अब्दुर्रहमान खाँ काबुल का अमीर अपनी पोथी में कह गया है कि जो सिपाही नहीं, वह राजा होने के लायक नहीं। चेतसिंह से काशी की प्रजा बहुत प्रसन्न थी, पर वह वीर न था। उससे वारेन हेस्टिंग्स को उसके गिरफ्तार कर लेने में कुछ भी दिक्कत नहीं पड़ी; इसी भाँति वाजिदअली शाह का प्रजा प्रिय होना भी कुछ काम न आया। अवध की सल्तनत के मालिक अंगरेज़ बन गए।

कलकत्ते में राज्यच्युत वाजिदअली शाह को नगर से बाहर दक्षिण की तरफ कई मील की दूरी पर जगह मिली। लखनऊ की बहुत सी प्रजा उनके प्रेम में उन्मत्त होकर उनके साथ चली आई थी। यहाँ तक कि कुछ राजभक्त लोग उनके साथ

फोर्ट विलियम में कैद रहे थे। अंत में उन्हें रिहाई मिली और स्वच्छंदता से बसने की आज्ञा मिली। धीरे-धीरे जिस जंगल में वह रहते वह आबाद होने लगा। थोड़े ही दिनों में वहाँ एक छोटा सा नया लखनऊ बस गया। अपने इस शहर का नाम बादशाह ने मटियाबुर्ज रखा। उनका यह नया लखनऊ सन् 1888 ई. तक आबाद रहा। इसके बाद वाजिदअली शाह की मृत्यु हो गई। वह शहर उजड़ गया। वहाँ पुराने लखनऊ से भी बढ़कर तबाही आई। इस तबाही को कोई 17 साल हो गए हैं। 49 साल में इतनी घटनाएँ हुईं, असल लखनऊ लुटा, कलकत्ते में एक नया लखनऊ बसकर उजड़ गया। उसको उजड़े हुए भी बहुत दिन हो गए। इस समय अवसर है कि उस नई बस्ती के बसने और उजड़ने की बात कुछ सुनाई जाए। लखनऊ की बात बहुत लोग जानते हैं, पर मटियाबुर्ज की बातें जानने का अवसर बहुत कम लोगों को मिला होगा।

वाजिदअली शाह तीस साल की उमर तक लखनऊ में थे। और उनकी उमर के बत्तीस साल कलकत्ते में बीते। पचास साल की उमर में उन्होंने एक किताब उर्दू में लिखी थी। उसमें वह कहते हैं—'15 साल की उमर में स्वर्गवासी पिताजी ने मुझे अपना वलीअहद और वजीर किया। बीस साल की उमर में पिता के स्वर्गवास होने पर अवध के राजसिंहासन पर बैठा। तीस साल की उमर में किसी तरह का अन्याय अत्याचार या प्रजा पीड़न न करने पर भी बिना किसी कारण के राजसिंहासन से च्युत किया गया। अब बीस साल से कलकत्ते के मुहल्ले मोचा खोला में जिसका नाम अब मटियाबुर्ज पड़ गया है रहता हूँ। इस समय मेरी उमर 50 साल है। छब्बीस महीने किले विलियम फोर्ड विलियम में नाहक कैद रहा।' क्यों कैद रहना पड़ा इसका इशारा भी आपने एक जगह किया है और जो लोग आपके साथ किले में कैद थे, उनमें से भी किसी-किसी का नाम लिया है। यह बातें हम आगे चलकर लिखेंगे।

सारांश यह कि 15 साल की उमर तक वाजिदअली शाह का लड़कपन था। पीछे शाहजादे और वजीर हुए। बीस साल की उमर में लखनऊ के बादशाह हुए। दस साल बादशाही करने पाए थे कि राज्य छिन गया। तब कैदी होकर कलकत्ते के फोर्ट विलियम में आए। छब्बीस महीने वहाँ कटे। रिहाई होने पर मोचाखोले को मटियाबुर्ज बनाकर उसमें रहने लगे। चंद साल में मटियाबुर्ज लखनऊ का बच्चा बन गया। बहुत लोग तो बादशाह के साथ ही लखनऊ से घर छोड़कर चले आए थे। मटियाबुर्ज के आबाद होने पर लखनऊ से और बहुत से लोग सब जाति और पेशों वाले वहाँ आकर बसे। बाजार लगे, चौक बना, जौहरी और सर्राफों की दुकानें

लगीं। राज्यच्युत राजा की बस्ती में भी एक बार रुपए, असरफियों और गहनों की झंकार उठी। गंगा के किनारे-किनारे शाहीमहल बने। बाग बने और चिड़ियाघर बने। बादशाह के मरने और बस्ती के उजड़ने से पहले मटियाबुर्ज की शान जिन लोगों ने देखी थी, उनकी बात अलग लेख में कही जाएगी और इस समय उसकी जो कुछ दशा है उसका वर्णन भी किया जाएगा। सब बातों के उजड़ बिगड़ जाने पर भी कुछ चिह्न पुरानी शान की याद दिलाने वाले वहाँ बाकी हैं। उनको देखकर जी में अधिक दुःख ही उत्पन्न होता है। अब भी वहाँ पहुँचने से लखनऊ के बहुत लोग नजर पड़ते हैं। यही जान पड़ता है कि लखनऊ के किसी उजड़े हुए हिस्से में फिर रहे हैं। साथ ही चौंकना पड़ता है कि बंगालियों के देश में अवध! कलकत्ते में लखनऊ!

(2)

गत 12 फरवरी को अवध के सूबे को अंगरेजी अमलदारी में शामिल हुए पूरे पचास साल हो गए। उक्त तिथि के पायोनियर ने उस अर्द्धशताब्दी पहले की घटना का स्मरण दिलाने के लिए जो कुछ लिखा है उसका सारांश यह है–

13 फरवरी सन् 1856 ई. को आज से ठीक पचास साल पहले अवध का सूबा अंगरेजी राज्य में मिलाया गया और उसका निकम्मा नवाब तख्त से उतारा गया। जो लोग कहा करते हैं कि लार्ड डलहौजी ने केवल अंगरेजी राज्य बढ़ाने के लिए ही अवध पर अधिकार किया था, उनका कहना ठीक नहीं। उनसे पहले कई बड़े लाट अवध के नवाबों को सावधान करते आए थे। वह सावधान न हुए, इससे डलहौजी को उक्त सूबा अंगरेजी अमलदारी में मिलाना पड़ा। लार्ड डलहौजी ने सोच-विचारकर इसमें हाथ नहीं डाला था। इसी से गदर के समय कुछ ताल्लुकेदारों को बागी होने का अवसर मिला। तब से अब तक उस सूबे में बहुत कुछ उन्नति हुई है, रेल चली है, अधिक जमीन जोतने-बोने में आने लगी है, नए बाजार खुल गए। लोग खुशहाल हैं। एक ओर हमने भाँड़ों, गवैयों और नाचने वालों की सरकार देखी। उस समय अवध पर एक ऐसे नवाब की हुकूमत थी, जो अपने को अद्वितीय नचनियाँ और गवैया समझता था। उसके अमीर मनमाना जुल्म करते थे। उसकी फौजें लुटेरी थीं। रिश्वत और बेईमानी का बाजार गर्म था। दूसरी ओर देखते हैं कि एक शक्तिशाली गवर्नमेण्ट है जिसकी जड़ बड़ी पक्की और दृढ़ है। चारों ओर शांति है। किसान संतुष्ट हैं और ताल्लुकेदार नमक-हलाल हैं।

पायोनियर के इस कथन का मतलब यह है कि अवध ले लेने में डलहौजी की जबरदस्ती कुछ भी न था। अंगरेजी राज्य बढ़ाने के लिए अवध नहीं छीना गया, वरंच वर्तमान सुंदर समय लाने के लिए। पर असल बात क्या थी? वह पिछली बातों पर एक बार दृष्टि डालने ही से विदित हो जाएगी। पंजाब यह कहकर अंगरेजी इलाके में मिलाया गया था कि सिखों ने राज-विद्रोह किया था। झाँसी और नागपुर आदि यह कहकर अंगरेजी राज्य में मिलाए गए कि उनके उत्तराधिकारी नहीं थे। यह राज्य डलडौजी ने ऊपर कहे बहानों से अंगरेजी राज्य में मिला लिए, पर अवध के लिए ऐसा बहाना न था। क्योंकि अवध के अधिपति लोग सदा से अंगरेजों के मित्र रहते चले आए थे। उन्होंने समय-समय पर ईस्ट इंडिया कंपनी को रुपए और फौज से मदद दी थी। साथ ही उनके संतान का भी अभाव न था। राज्य के उत्तराधिकारी बराबर होते आते थे। इससे और क्या कहा जा सकता है कि अवध का सूबा लार्ड डलहौजी ने अंगरेजी राज्य बढ़ाने के लिए ही छीना। आदि कवि वाल्मीकि ने जिस अवध भूमि की महिमा रामायण में बड़े प्रेम से वर्णन की है, जो भूमि भगवान रामचंद्र की लीला भूमि होने के कारण हरेक भारतवासी की जिह्वा पर नृत्य करती है, मेकाले ने जिसकी यूरोप के फरांस और जर्म्मनी जैसे समृद्धशाली राज्यों से तुलना की है, वह अवध भूमि केवल लार्ड डलहौज़ी की इच्छा से अंगरेज़ी राज्य में मिल गई।

तब इसकी चौहद्दी इस प्रकार थी—उत्तर और पूर्व में नेपाल, पूर्व में अंगरेजी इलाका गोरखपुर, दक्षिण पूर्व में प्रयाग, दक्षिण पश्चिम में दुआब अंगरेजी इलाका फतेहपुर, कानपुर और फर्रुखाबाद और उत्तर पश्चिम में शाहजहाँपुर। इसका क्षेत्रफल 23923 वर्ग मील और जनसंख्या 50 लाख थी। इस सूबे की सुंदरता इतनी बढ़ी-चढ़ी थी कि उसे देखकर लार्ड डलडौजी अपना लालच किसी प्रकार रोक न सका।

तराई के मैदान में पृथ्वीराज का पतन होने के पश्चात् मुहम्मद गोरी का गुलाम कुतबुद्दीन ऐबक दिल्ली के तख्त पर बैठा। कुतबुद्दीन ने अवध को जीतकर अपने राज्य में मिलाया तब से अवध का सूबा दिल्ली के तख्त के अधीन हुआ। अकबर के 15 सूबों में एक अवध भी था। इस प्रकार अवध बहुत दिन तक मुसलमानी झंडे के अधीन रहा। पीछे उसने नवागत ब्रिटिश कंपनी से मेल किया। जब बंगाल का नवाब मीर कासिम अंगरेजों से हारकर अवध के नवाब शुजाउद्दौला की शरण में गया उसी समय ब्रिटिश कंपनी से अवध के संबंध का सूत्रपात हुआ था। शुजाउद्दौला ने मीर कासिम को शरण देकर अंगरेजों के विरुद्ध फौजी तैयारी आरंभ की थी।

23 अक्टोबर सन् 1764 ई. को बक्सर में अंगरेजी सेना से शुजाउद्दौला ने शिकस्त खाई। शिकस्त खाकर उसने अंगरेजों से संधि की। 16 अगस्त सन् 1765 ई. को उक्त संधि हुई। संधि में यह बात ठहरी कि शत्रु से मित्र राज्य की रक्षा करने के लिए कंपनी की जो सेना अवध में रहेगी उसका खर्च नवाब अपने खजाने से दे और 50 लाख रुपए लड़ाई के खर्चे के बावत कंपनी को दे। तब से शुजाउद्दौला अंगरेजों के साथ बड़ा प्रेम का बर्ताव करता था। यहाँ तक कि एक बार हैदरअली ने शुजाउद्दौला को लिखा था कि इतनी सेना और लड़ाई का सामान रखने पर भी तुम अंगरेजों से दबते हो, मेरी तरह इनको निकालने की चेष्टा नहीं करते। नवाब ने इसके बदले में हैदर को लिखा था कि यह न जानना, मेरी सेना किसी और काम के लिए है, वह केवल ईस्ट इण्डिया कंपनी के शत्रुओं को दबाने के लिए है।

पर बेचारे नवाब की यह भक्ति के दर्जे तक बढ़ी हुई मित्रता भी कुछ काम न आई। इस चिट्ठी-पत्री की बात उस समय के बड़े लाट तक पहुँच चुकी थी, तो भी संधि के तीन ही साल के बाद अंगरेजों को नवाब पर संदेह हुआ कि वह अंगरेजों पर चढ़ाई करने की सेना एकत्र कर रहा है। नवाब से इसकी कैफियत तलब की गई। नवाब ने इसका उचित उत्तर भी दिया और अंगरेजी अफसरों ने भी खूब जाँच-पड़ताल कर जान लिया कि वह बात गप थी, तथापि कंपनी प्रसन्न न हुई। इस संदेह के कारण नवाब से एक नई संधि की गई। उसके अनुसार निश्चय हुआ कि नवाब 35 हजार से अधिक सेना न रखने पावे। इस प्रकार ब्रिटिश सिंह से मित्रता करके नवाब का भाग्य चक्कर में पड़ा। एक विज्ञ पुरुष का कथन है कि संदेह ब्रिटिश शासन का प्रधानमंत्री है। ब्रिटिश इंडिया में मतभेद ही अंगरेजों की स्वार्थ सिद्धि का अद्वितीय साधन है।

सन् 1765 ई. की संधि के अनुसार नवाब ने जो 50 लाख रुपए अंगरेजों को लड़ाई के खर्च के तौर पर देने किए थे उसके बदले में कंपनी ने चुनार किले पर अपना अधिकार कर लिया था, पर रुपए अदा हो जाने पर किला खाली कर देना पड़ा था। विलायत से इशारा आया कि चुनार का किला जैसे बने फिर लिया जाए। इस अवसर पर मराठों की लुटेरी सेना ने रुहेलखण्ड को लूटकर अवध में उत्पात आरंभ किया। अवध रुहेलखंड से उत्तर-पश्चिम को है। उसकी ठीक उल्टी ओर अर्थात् दक्षिण-पूर्व को प्रयाग और चुनार के किले हैं। कंपनी ने इस अवसर पर अपनी कूट राजनीति चलाई। सन् 1765 की संधि के अनुसार कड़ा और मानिकपुर दिल्ली नरेश शाह आलम के हवाले किए। शाह आलम ने सन् 1771 ई. में वह

फिर नवाब ही को दिया। अंगरेजों ने अपने परम मित्र नवाब का राज्य बेखटके करने के लिए 20 मार्च सन् 1772 ई. को फिर दो संधियाँ कीं। इस संधि के अनुसार कंपनी ने चुनार पर अपना दखल कर लिया और प्रयाग कुछ दिनों के लिए अपने अधिकार में कर लिया। इस प्रकार कंपनी से मित्रता करके नवाब ने पहली बार सेना कम करवाई और दूसरी बार दो किले खोये।

इस अवसर पर कंपनी को रुपए की बड़ी जरूरत थी। उस समय के गवर्नर-जनरल हेस्टिंग्स साहब को विलायत से जो उपदेश मिला था, उसका चित्र मेकाले ने इस प्रकार खेंचा है, 'शांत भाव से राज्य करो और बहुत रुपया भेजो। पड़ोसी राजाओं में सूक्ष्म रूप से शांति वितरण करो, शांत व्यवहार दिखाओ और अधिक रुपया भेजो।' इस उपदेश की बात कहकर मेकाले कहता है—'प्राचीन समय के इसाई भिन्न धर्मियों से जो व्यवहार करते थे, विलायती डाइरेक्टरों ने ठीक वही भाव भारतवर्ष के साथ दिखाया था। वह कृस्तान लोग वध्य जीव को हत्यारे के हाथ में सौंपकर अनुरोध करते कि इस पर खूब दया और सौजन्य दिखाना।' नवाब शुजाउद्दौला के पास बहुत धन था। हेस्टिंग्स ने उधर हाथ फैलाया। 20 मार्च सन् 1772 ई. को कंपनी ने जो कड़ा और प्रयाग नवाब से ले लिये थे वह 7 सितंबर सन् 1773 ई. की संधि के अनुसार 50 लाख रुपए लेकर नवाब को बेच दिए। साथ ही यह भी तय हुआ कि जो अंगरेजी सेना नवाब की सहायता को जाय उसके हरेक दल के खर्च के लिए नवाब मासिक 2 लाख 10 हजार रुपए दे। इस प्रकार नवाब का रुपया अंगरेजी मित्रता की मोरी से कंपनी के खजाने में पहुँचने लगा और उसके इलाके की कितनी ही भूमि ब्रिटिश अधिकार के रंग से रंगीन होने लगी।

सन् 1775 ई.में शुजाउद्दौला मर गया और उसका पुत्र आसफुद्दौला अवध के सिंहासन पर बैठा। ब्रिटिश कंपनी ने उससे नई संधि की। अंगरेजी सेना के खर्च के लिए शुजाउद्दौला जो कुछ देता था उसमें पचास हजार रुपया महीना और बढ़ा। इसके सिवा बनारस, जौनपुर और गाजीपुर नवाब के अधिकार से निकलकर अंगरेजी अधिकार में चले आए। सन् 1787 ई. में आसफुद्दौला मर गया। उसका बेटा मिरजा अली तख्त पर बैठा, जिसका दूसरा नाम वजीर अली था। कंपनी ने आसफुद्दौला के भाई सआदत अली के तख्त पर बैठने में अपना सुभीता समझा। सर जान शोर इसके लिए काशी गया। और उसने यह दिखाकर कि मिरजा अली आसफुद्दौला का लड़का नहीं है, उसे तख्त से उतारने और उसकी जगह सआदत

अली 21 जनवरी सन् 1798 ई. को लखनऊ के तख्त पर बैठा। एक महीने बाद 21 फरवरी को सर जान शोर ने उससे संधि की। उसके अनुसार कंपनी की सेना के खर्च के लिए 76 लाख रुपए मंजूर कराए गए।

इस प्रकार संधि पर संधि होते-होते अवध का एक-एक अंग कटकर अंगरेजी राज्य की पुष्टि करने लगा। 13 मार्च सन् 1772 ई. को कंपनी ने चुनार का किला लिया था, पीछे 21 मई सन् 1775 ई. को काशी, गाजीपुर, कानपुर विभाग, सन् 1787 ई. में फतहगढ़ का किला और सन् 1798 ई. में प्रयाग कंपनी के अधिकार में आ गया। और अंगरेजी सेना के लिए पहले 55 लाख खर्च लिया जाता था वह 76 लाख कर लिया गया। इतना करने पर भी अंगरेजों की मित्रता नवाबों के साथ पूरी पक्की न हुई। मई सन् 1798 ई. में मारकुइस आफ वेलेस्ली ने कलकत्ते में पदार्पण किया। अक्टोबर में आपकी दृष्टि अवध पर पड़ी। आपने नवाब को मित्रतापाश में जकड़ने के लिए अवध में और अंगरेजी सेना बढ़ाने की आज्ञा दी। साथ ही लिखा कि नवाब चाहे इस सेना के खर्च के लिए आधा राज्य दे दे या सरकार से वार्षिक वृत्ति लेकर राज्य छोड़ दें। इसके अनुसार 14 नवंबर सन् 1801 ई. को फिर एक संधि के नियमानुसार नवाब सआदत अली ने अतिरिक्त अंगरेजी सेना के खर्च के लिए 1 करोड़ 35 लाख 26 हजार 474 रुपए की आमदनी का इलाका अर्थात् पूरे राज्य के आधे भाग से भी अधिक मित्रवर अंगरेजों के हाथ सौंप दिया।

(3)

नवाबी की खराबी

कंपनी का लालच और भी बढ़ता गया। उस दुर्निवार लोभ ने सआदत अली की संपत्ति घटा दी और क्षमता संकुचित कर डाली है। पर यह कष्ट उसने बहुत दिन भोगा। क्योंकि 11 जुलाई सन् 1814 ई. को मृत्यु ने आकर मित्र शिरोमणि ब्रिटिश कंपनी के हाथ से उसकी रक्षा की।

सआदत अली के बाद उसका बड़ा पुत्र गाजीउद्दीन हैदर अवध के तख्त पर बैठा। उससे भी जब तब रुपए वसूल करके कंपनी मित्रता दृढ़ करती रही। उसी साल नेपाल की लड़ाई हुई। नवाब ने उस समय के गवर्नर जनरल लार्ड माइरा से जिसको मारकुइस आफ हेस्टिंग्स कहते थे, कानपुर में मुलाकात करके 1 करोड़

रुपए देने किए। पर बड़े लाट ने यह सब रुपए एकदम नहीं लिए। वरंच छः रुपए सालाना सूद पर एक करोड़ 8॥ लाख ऋण लिये। पीछे जब उक्त युद्ध में अधिक खर्च पड़ गया तो नवाब से एक करोड़ रुपए ऋण और लिये। सन् 1819 ई. में अंगरेजों ने गाजीउद्दीन हैदर को पीढ़ी दर पीढ़ी के लिए किंग या शाहे अवध की पदवी दी।

गाजीउद्दीन के बाद उसका बेटा नसीरुद्दीन हैदर अवध का बादशाह हुआ। सन् 1837 में उसकी मृत्यु के बाद उसका चाचा मुहम्मद अली शाह गद्दी पर बैठा। लार्ड आकलैण्ड ने इसके साथ 18 सितंबर 1837 ई. को एक संधि की। इसकी सातवीं और आठवीं धारा में लिखा गया कि नवाब के राज्य में किसी प्रकार का अत्याचार होगा या बदइंतजामी होगी तो अंगरेजी गवर्नमेंट किसी योग्य अफसर द्वारा उक्त राज्य का उम्दा इंतजाम कराके नवाब को सौंप देगी।

लार्ड डलहौजी ने पंजाब आदि को अंगरेजी राज्य में मिलाने के बाद इस संधि पर दृष्टि डाली। उसे यह बड़ी नापसंद आई। वह साफ कहने लगा कि यह सन्धि विलायती डिरेक्टरों ने मंजूर नहीं की थी इससे यह ठीक नहीं। लार्ड डलहौजी के मन में अवध लेने की थी, भला वह इस सन्धि को क्यों पसंद करता? पर असल में उक्त संधि में कोई दोष न था उसका अनुमोदन हो चुका था। लार्ड हार्डिंग्ज ने सन् 1847 में अवध के नवाबों को पत्र लिखा था, उसमें भी उक्त संधि को पालन करने के योग्य लिखा था। सन् 1851 ई. में कर्नल स्लीमन ने लिखा था–'सन् 1837 ई. की संधि में हम लोगों को अपने अफसर द्वारा अवध के शासन कराने की जो क्षमता मिली है, जान पड़ता है कि हमें उसका प्रयोग करना पड़ेगा।' सर हेनरी लारेन्स ने लिखा था–'सन् 1837 ई. की संधि के अनुसार हम अवध का शासन भार अपने हाथ में ले सकते हैं, इसे कोई अस्वीकार नहीं कर सकता।'

सन् 1837 की संधि जब लिखी गई तो लार्ड ब्रोटन बोर्ड ऑफ कंट्रोल का सभापति था। उसने साफ लिखा था–'1837 की संधि गवर्नमेंट ने विधिबद्ध की थी इसका मुझे दृढ़ विश्वास है। उसका एक छोटा सा अंश नामंजूर हुआ था बाकी सब मंजूर हुआ था।' इसी प्रकार बड़े-बड़े अफसरों ने उस संधि को ठीक कहा था। संधि हुई थी आठ साल बाद, उसे भारत गवर्नमेंट ने यथा नियम प्रचारित किया था, वही प्रचार होने के 11 वर्ष बाद नामंजूर हुई। कई उच्च्व अंगरेज कर्मचारियों ने इसके विधिबद्ध न होने की तरफदारी भी की।

सन् 1842 ई. के मई महीने में मुहम्मद अली शाह की मृत्यु हुई। उनके

पुत्र अमजदअली शाह को शाही मिली। अमजदअली के बाद 13 फरवरी सन् 1847 ई. को वाजिदअली शाह तख्त पर बैठा। अब तक ब्रिटिश कंपनी की अवध ले लेने की जो लार टपकी पड़ती थी, अब उसके पूरा करने का मौका मिला। एक नवाब के बाद दूसरा नवाब अवध की गद्दी पर बैठता था और इधर एक गवर्नर जनरल के बाद दूसरा गवर्नर जनरल भारतवर्ष का शासन-दण्ड ग्रहण करता था तथापि अवध की बदइंतजामी की जो हवा उड़ रही थी, वह किसी प्रकार बंद न हुई। इसी अफवाह को लेकर लार्ड बेंटिक ने नवाबों को उपदेश दिया। लार्ड आकलैंड ने इसी के फेर में पड़कर सन् 1837 की संधि कर डाली। इसी को लेकर लार्ड हार्डिंग्ज ने नवाब को डराया। अंत को एक सर्वभुक् हाकिम ने आकर अवध की नवाबी का एकदम चिह्न मिटा दिया। लार्ड डलहौजी ने न्याय के सिर पर लात मारकर संधि तोड़ डाली और अवध लेने का संकल्प किया। कर्नल स्लीमन नवाब के दरबार का रेजीडेंट था। उसने यद्यपि बदइंतजामी की रिपोर्ट की तथापि वह नवाब की राजगद्दी बनी रहने और उसका सुप्रबन्ध होने की चेष्टा करता था। उसने सितंबर सन् 1852 ई. में लार्ड डलहौजी को साफ-साफ लिखा था–'यदि हम अवध या उसका कोई अंश छीन लेंगे तो हिंदुस्तान में हमारी नेकनामी नष्ट हो जाएगी। वह नेकनामी एक दर्जन अवधों से भी मूल्यवान है।' पर डलहौजी ने इस पर कान न दिया और अवध के सुशासन की ओर उसका जरा ध्यान न गया। जब गवर्नर जनरल की यह बेपरवाई देखी तो कर्नल स्लीमन ने बड़े दुःख से एक मित्र को लिखा–'मुझे भय है कि लार्ड डलहौजी मुझसे एकमत नहीं। मैं जो बात न्याय और सम्मान की नहीं समझता हूँ, यदि वह उसे करेगा तो मैं उसके संपादन का भार दूसरे को सौंप कर अलग हो जाऊँगा। अवध छीन लेने का हमें कुछ अधिकार नहीं है। सन् 1837 की संधि के अनुसार हम इसका इंतजाम कर सकते हैं पर इस पर दखल नहीं कर सकते। अपनी सरकार की सम्मान रक्षा और प्रजा के उपकार के लिए इसका शासन भार हम ले सकते हैं। पर राज्य छीन लेना बड़े असाधुपन और असम्मान का काम है।' यह पत्र 11 दिसंबर 1854 को लिखा गया था। इससे स्पष्ट होता है कि 6 साल रेजीडेंटी करके भी कर्नल स्लीमन लार्ड डलहौजी के मन की बात न जान सका था। कर्नल स्लीमन की भाँति सर हेनरी लारेन्स की भी इच्छा न थी कि अवध छीना जाए। उसने 'कलकत्ता रिव्यू' नामक पत्र में लिखा था–'अवध को यथासंभव नवाब के अधीन रखना अच्छा है। उसका एक पैसा भी कंपनी के खजाने में न जाने देना उचित है।' पंजाब लेने के 5 वर्ष बाद जून सन् 1854

ई. में प्रसिद्ध इतिहास लेखक के साहब को सर हेनरी ने एक पत्र लिखा था। उसमें उल्लेख था–'एक आदमी फिजूलखर्ची करता है और प्रजा को कष्ट देता है–यही कहकर हम उसका राज्य नहीं छीन सकते। हम उसके राज्य का रुपया अपने खजाने में न लाकर उसी की प्रजा की रक्षा में लगा सकते हैं।' कर्नल स्लीमन और सर हेनरी लारेन्स ने ऐसी ही सलाह दी थी पर लार्ड डलहौजी का लोभ इससे नहीं घटा।

24 नवंबर सन् 1854 ई. जनरल आउट्रम कर्नल स्लीमन की जगह अवध का रेजीडेंट हुआ। अंतिम शोचनीय कार्य संपादन करने का भार उसी पर पड़ा। सन् 1855 ई. में नीलगिरि का मलय-समीर सेवन करते-करते लार्ड डलहौजी ने एक लंबी-चौड़ी याददाश्त लिखी। 18 जून को उस पर उसके हस्ताक्षर हुए। अगले साल जनवरी महीने के अंदर-अंदर ही सब बंदोबस्त हो गया। कोर्ट आफ डिरेक्टर ने अवध लेने की सम्मति दी। बोर्ड आफ कण्ट्रोल ने भी यही राय दी और इग्लैंड की मंत्री सभा का भी यही मत हुआ। लार्ड डलहौजी ने 3 जनवरी को सबेरे एक सभा की। जरूरी बातें पहले ही तै हो चुकी थीं ब्रिटिश गवर्नमेंट का घोषणा-पत्र, अवध की नई शासन-प्रणाली का विवरण सब लिखा जाकर फौरन सेक्रेटरी के दफ्तर में पहुँच चुका था। इस सभा में केवल उसके अनुसार काम करने का हुक्म सुनाया गया। झटपट अवध के रेजीडेण्ट को खबर दी। आउट्रम ने जनवरी के अंत में यह खबर पाई। महीने के अंतिम दिन रेजीडेण्ट ने नवाब के मंत्री को अगले दिन सरकार का फैसला सुनाया। मंत्री ने दोष दूर करने के लिए समय माँगा। नवाब की माँ ने बेटे का विचार फिर से होने का अनुरोध किया। पर आउट्रम ने कुछ आशा न दिलाई, केवल यही कहा कि विचार का समय बीत गया, सहिष्णुता का समय बीत गया, अब नवाब को अंगरेजी सरकार का हुक्म सुना देना बाकी है। मन्त्री ने देखा कि भाग्य पलट गया, उसने सिर नीचा कर लिया। नवाब की माता अलग जाकर रोने लगी।

4 फरवरी को अंगरेजी रेजीडेंट नवाब वाजिदअली शाह से मिलने गया। नवाब के महल के दरवाजे के सामने से तोपें हटा दी गईं, पहरे वालों के हथियार अलग कर दिए गए। जो लोग पहले शस्त्र से रेजीडेण्ट को सलाम करते थे उस समय उन्होंने खाली हाथों से सलाम किया। नवाब ने अपने भाई और कुछ विश्वासी वजीरों सहित रेजीडेंट को दरबार में बुलाया। रेजीडेंट ने सरकारी आज्ञा सुनाई और एक संधि पत्र पेश किया कि इस पर हस्ताक्षर करो। नवाब ने बड़े शोक से संधिपत्र लिया और अपना ताज उतारकर रेजीडेंट के हाथ में दिया। कहा, 'संधि बराबर

वालों में होती है, अंगरेजी सरकार ने मेरी इज्जत ली, मेरा राज्य लिया, अब संधि क्या?' नवाब की इस कातरोक्ति का कुछ फल न हुआ। उसने जिनको मित्र समझकर आलिंगन किया था, मित्र समझकर जिनके आगे विनती की, इस समय उन्होंने शत्रु का काम किया। रंज और अफसोस से वाजिदअली शाह चुप हो गया। शोचनीय अभिनय की यवनिका गिरी। जल्द रेजीडेंट ने अंगरेजी घोषणापत्र प्रचार किया। आन की आन में 24 हजार वर्गमील का राज्य अंगरेजी अमलदारी में मिल गया और उसके मालिक नवाब की जीवन भर के लिए वृत्ति हो गई।

[भारतमित्र, 1906 ई.]

राजभक्ति

भूखे भक्ति न कीजे जी
प्रभु माला अपना लीजे जी।

—गुरुनानक

हमारे शासकों का हमारे ऊपर कोप हुआ है कि हम लोगों में राजभक्ति नहीं रही और हम लोग अपनी सरकार से विद्रोह कर रहे हैं। इसके लिए हमें दंड भी दिया जा रहा है। हममें से एक को देश निकाला मिल गया है, दूसरे की खोज हो रही है, कितने ही हवालात में हैं और बहुत पकड़े जाते हैं। निःशस्त्र यहाँ की प्रजा पहले ही से है, जिन लोगों के पास हथियारों के लाइसेन्स हैं, वह छीने जा रहे हैं। यहाँ तक कि बरीसाल के युवकों को लाठियाँ लेकर निकलने से रोका गया है। छोटे से लेकर बड़े तक सब हाकिम बिगड़े हुए हैं, सबका हम लोगों को दंड देने पर एक मत है। साथ-साथ एंग्लो इंडियन अखबार भी हमारी खूब निंदा कर रहे हैं। हमारे ऊपर मनमाने इलजाम लगा रहे हैं और हमें अराजभक्त कहना और विद्रोही बताना तो उनके लिए एक साधारण बात हो गई है। यह पत्र हमारे शासकों को उकसा रहे हैं कि वह हमें खूब दबावें, खूब पीसें। एक विपत्ति तो यह राजभक्ति के अभाव की है, इसके साथ-साथ एक दूसरी और भी लगी हुई है। कितने ही साल हो गए, अकाल इस देश में बराबर विराजमान रहता है। कभी यहाँ के सब लोगों को पेट भर खाने नहीं देता। फिर दस साल से प्लेग नाम की व्याधि ने यहाँ के निवासियों को घेरा है। जो हर साल लाखों आदमियों को खपा देती है और इस साल तो उसका इतना बल बढ़ा है कि एक महीने ही में तीन चार लाख आदमियों को समाप्त कर देती है। अकाल पड़ते हैं, पर सरकारी कर कभी न्यून नहीं होता; वह बराबर पड़ता है, वरंच वह कुछ न कुछ बढ़ता ही रहता है। शिल्प

और वाणिज्य की ओर से भी यहाँ के लोग एक प्रकार रिक्तहस्त हो चुके हैं पर सरकारी टैक्स उन पर बराबर बढ़ता ही चला जाता है। इन दो विपदों में देश फँसा हुआ है।

यदि एक विपद होती तो यहाँ की प्रजा उससे बचने की चेष्टा करती अर्थात् वह यदि बीमारियों और दुःखों से रहित होती—अकालों से पीड़ित न होती तो अपने शासकों को खुश करने की चेष्टा करती और राजभक्ति प्रकाश करने के लिए रास्ता निकालती। या शासक उस पर नाराज न होते और उसे दंड देने की चेष्टा न करते तो अकालों और महामारियों के हाथ से रिहाई पाने की चेष्टा करती। पर उसके दोनों पथ रुके हुए हैं। न इधर भाग सकती है, न उधर।

राजभक्ति इस देश की प्रजा में कभी थी ही नहीं, या अब उसमें से निकल गई है—इस बात का विचार कभी-कभी जी में उठता है। साथ ही यह भी विचार होता है कि राजभक्ति के लिए कुछ आधार भी होता है या नहीं? वह बिना कारण ही होती है या किसी कारण से? और इसी प्रकार उसका अभाव किसी कारण से होता है या बेकारण? प्रजा ही का यह कर्तव्य है कि वह अवश्य राजभक्त हो? इन विचारों के निश्चय करने के लिए राजभक्ति की कुछ मीमांसा होने की जरूरत है।

यदि राजभक्ति का यही अर्थ हो कि शासक लोग जो कुछ चाहें कि ये जावें, प्रजा के साथ वह जैसा चाहें बरताव करें, पर वह कुछ न बोले, कान तक न हिलावे और यही कहती रहे कि हाकिम लोग जो कुछ करते हैं, ठीक करते हैं तो ऐसी राजभक्ति भी इस देश की प्रजा ने कम नहीं की है। अंगरेजों ने इस देश में पदार्पण किया है, जब से इस ढंग की भक्ति प्रकाश करने में वह कभी नहीं चूकी। पर अफसोस, इतने पर भी उसे राजभक्त की पदवी न मिली। शासकों ने प्रसन्न होकर उसे राजभक्त कहने की कृपा कभी न की। उसकी समझ में न आया कि किस उपाय से वह इस देश के शासकों को प्रसन्न करे अथवा कोई ऐसी तदबीर भी है, जिससे यहाँ के शासक-प्रवर प्रसन्न हों।

1857 ईस्वी में जबकि अंगरेजों पर बड़ी विपद पड़ी थी, इस देश की प्रजा ने पूरी भक्ति दिखाई और अपनी जान जोखिम में डाली। क्या कोई शासक उसके लिए आज इस देश की प्रजा के पक्ष में चार अच्छे शब्द मुँह से निकालता है? अफसोस कोई भी नहीं। गदर के बाद स्वर्गीया महारानी विक्टोरिया ने इस देश को अपने शासन में लेकर यहाँ की प्रजा से कुछ प्रतिज्ञाएँ की थीं। पचास साल हुए, क्या उन प्रतिज्ञाओं पर किसी शासक ने कुछ ध्यान दिया? दिया तो यह दिया

कि, कुछ ने उनका अर्थ बदलने की चेष्टा की। यहाँ तक कि महारानी के एक बहुत बड़े प्रतिनिधि ने साफ कह दिया कि वह प्रतिज्ञाएँ उस समय भड़की हुई प्रजा को शांत करने के लिए की गई थीं, पूरी कर दिखाने की वह नहीं हैं! राम, राम! पूरा करना तो अलग रहा, उल्टा यह कहा जाने लगा कि वह प्रतिज्ञाएँ छल से की गई थीं। फिर किस मुँह से शासक कहते हैं कि भारतवासी राजभक्त नहीं!

गदर को पूरे पचास साल हो गए। जरा हमारे शासक एक सरसरी निगाह डालकर देखें कि इस अर्द्ध-शताब्दी में एक लार्ड रिपन के सिवा उनमें से किसी के मुँह से भी कुछ सहानुभूति सूचक शब्द इस देश की प्रजा के लिए निकले हैं? बाईस-तेईस साल हो गए दो-चार मीठी बातें भी इस बीच में किसी शासक के मुँह से सुनने में नहीं आईं। हाँ, कड़ाई का बरताव जोर के साथ होता चला आता है। सरकार जैसा कानून चाहती है, पास कर लेती है, जो चाहती है, करती है। प्रजा की बात सुनने की उसने एक प्रकार की कसम सी खा रखी है। कितने ही काम प्रजा की आशा और इच्छा के विरुद्ध हुए और हुए चले जाते हैं। सारांश यह है कि गत बीस साल से अधिक का समय बड़ा ही असहानुभूति का बीता है। तथापि प्रजा ने हिम्मत न हारी थी। उसे आशा बनी हुई थी कि किसी न किसी दिन उसकी आवाज सुनी जाएगी। उसे भरोसा था कि अंगरेजों में ऐसे भी लोग हैं जो उससे सहानुभूति रखते हैं। पर लार्ड कर्जन ने अपने शासनकाल के पिछले सालों में इतनी कड़ाई का बरताव इस देश के साथ किया कि लोग विकल हो उठे। उनका अकाल-पीड़ित प्रजा के सिर पर दिल्ली दरबार करना, शिक्षा का नाश करना, कलकत्ते की म्यूनिसिपालिटी की क्षमता को धूल में मिलाना और कमीशन पर कमीशन बिठाकर लोगों को हैरान कर डालना मामूली कड़ाई और बेपरवाई के काम न थे। सबसे बड़ी श्रद्धा अंगरेजी शासकों की ओर से उन्होंने तीन बातों से खोई। एक तो कहा कि महारानी का घोषणा-पत्र खाली मौके की चाल थी। दूसरे कनवोकेशन की स्पीच में उन्होंने यहाँ के लोगों को असत्यवादी और यहाँ के शास्त्रों को असत्य की शिक्षा देने वाला बताया। तीसरे बड़े भारी धोखे के साथ बंग-भंग किया। सबसे पिछले काम ने बंगाल को उत्तेजित किया। भारत में सबसे अधिक अंगरेज भक्त, अंगरेजी चाल पर चलने वाले तथा अंगरेजी शासन को मानने वाले बंगाली ही थे। उन्हीं को सबसे अधिक भड़काया। बंग-भंग के दुःख से उन्होंने प्रतिज्ञा की कि अंगरेजी माल बिकना बंद किया जाए और अपने देश की चीजें खरीदी जावें। चाहे बंगालियों ने ऐसा चिढ़कर ही किया हो, पर यह कुछ नीतिविरुद्ध न था। सब देशों के लिए स्वदेशी माल का पक्षपाती बनना स्वाभाविक है। पर बंगाल

के शासकों से वह न सहा गया। उसके मिटाने की चेष्टा करने लगे। फुलर साहब ने अपनी पूर्व बंगाल की नई लफटन्ट गवर्नरी के कई मास स्वदेशी आंदोलन को दबाने में ही खोये। उनके बाद हेयर साहब ने बंगाल में वह दिन ला दिया कि मुसलमान लाठियाँ लेकर हिंदुओं के घरों को लूटते, जलाते हैं, सती स्त्रियों का सत लेते हैं और देवताओं की मूर्तियाँ तोड़ते हैं। तिस पर भारत-सचिव साधुवर मार्ली साहब फरमाते हैं कि हिंदुओं ने मुसलमानों पर विलायती माल की रोक के लिए इतनी कड़ाई की कि वह बिगड़ कर हिंदुओं से लड़ बैठे। कहिए ऐसे शासकों पर प्रजा, क्या भक्ति दिखावेगी?

अब जरा पंजाब की बात लीजिए। प्लेग ने वह देश इतना तबाह किया कि भारतवर्ष भर में इतनी तबाही और कहीं नहीं हुई। इस साल वह तबाही और अधिक हो रही है। पिछले अकालों ने उस देश के सौ में नब्बे मार डाले, और प्रजा को कंगाल कर डाला। इस पर सरकार की ओर से और यह कृपा हुई कि अपनी खेती की जमीनों को पंजाबी प्रजा दूसरे के हाथ गिरवी रखने या बेचने से वंचित की गई और ऐसा करते समय उसकी पुकार पर कोई ध्यान नहीं दिया गया। अब नए बंदोबस्त ने वहाँ और भी अंधेर मचाया है। नई आबादियों के पंजाबी जिलों पर सरकारी कर क्या बढ़ाया गया है, एकदम अंधेर किया गया है। इसके लिए प्रजा की ओर से पुकार की गई थी, पर कुछ न सुनी गई। इतनी भारी कड़ाई और असहानुभूति न सहकर पंजाब की प्रजा ने कुछ ऊँचे स्वर से पुकार मचाई और दस-पाँच जगह खुली सभाएँ करके शासकों के कानों तक अपनी आवाज पहुँचाई। यह आवाज उनके कानों तक पहुँची तो सही पर उसका फल बहुत बुरा हुआ है। अवश्य पंजाब के छोटे लाट ने एक साल तक नया कर लगाना रोक दिया है, पर उसके साथ ही आंदोलन करने वालों पर भारी वज्र गिराया है।

हो सकता है कि पंजाबियों ने अपना आंदोलन कुछ कड़ाई से किया हो। जब सरकार ने उन पर बहुत ही कड़ा कर लगाया तो क्या उनको कड़ाई से फरियाद करने का भी हक नहीं? पर हाकिमों ने उनकी फरियाद को मिट्टी में मिलाने के लिए पंजाब के लीडरों से जो घोर बरताव कर डाला है, वह बहुत ही अनुचित है। इस प्रकार का बरताव करके शासक लोग क्या प्रजा से कुछ भाव-भक्ति की आशा रख सकते हैं?

आंदोलन करने वालों के विरुद्ध जो तूफान उठाया गया है, वह बड़ा ही शोकजनक है। सबसे अधिक दुःख की बात यह है कि प्रजा की कातर से कातर पुकार पर भी ध्यान नहीं दिया जाता, पर उसके विरुद्ध चाहे कैसा ही क्यों न तूफान उठाया

जाय, उसके सुनने और स्वीकार करने वाले विलायत में भी कान लगाए बैठे रहते हैं। भारत-सचिव मार्ली साहब के हृदय पर प्रजा की किसी पुकार का असर न हुआ, पर पंजाब गवर्नमेंट ने जब कहा कि पंजाब चला, नहीं तो मैं जो कहूँ सो करिए तो उसकी बातें उन्होंने स्वीकार कर लीं और इतना सोचने की भी चेष्टा न की कि यह सच है या झूठ! जिस प्रजा के साथ शासकों का ऐसा बरताव हो, कहिए वह क्या राजभक्ति दिखा सकती है। गुरुनानक कह गए हैं कि भगवान की भूखे भक्ति नहीं होती है, यह अपनी माला लो। वही उत्तर यहाँ की प्रजा की ओर से देश के शासकों के लिए है कि आप तो हमें पीसते चले जाएँगे और हम आपको राजभक्ति दिखावेंगे—यह कैसे हो सकता है?

[भारतमित्र, 1907 ई.]

अकबर बादशाह

अकबर बादशाह का दादा बाबर काबुल से हिंदुस्थान में आया और सं. 1583 विक्रमाब्द में दिल्ली के बादशाह इब्राहीम खाँ लोदी को मारकर उसके राज्य का अधिकारी हुआ। संवत् 1588 में बाबर मर गया और उसका बड़ा बेटा हुमायूँ उसके राज्य सिंहासन पर बैठा। संवत् 1597 में शेरखाँ पठान ने उससे लड़कर उसकी बादशाहत छीन ली। तब हुमायूँ पंजाब और सिन्ध से होकर मारवाड़ को गया और उसी विपद्ग्रस्त दशा में फिर सिन्ध को लौटा। सिन्ध देश के अमरकोट स्थान में पहुँचने पर कार्तिक सुदी 5 सं. 1599 को अकबर का जन्म हुआ। हुमायूँ अकबर को काबुल ले गया और उसे वहीं छोड़कर ईरान चला गया। ईरान के बादशाह ने उसे सहायता दी और उससे उसने सं. 1612 में पठानों को निकालकर फिर दिल्ली पर अपना अधिकार कर लिया। पर छः ही महीने पीछे हुमायूँ बादशाह छत से गिरकर मर गया। अकबर ने अपने पिता हुमायूँ के मरने की खबर सरहिंद में सुनी। वहाँ वह पठानों से लड़ रहा था। वहाँ से वह कलानोर में आया। वहाँ उसका राज्याभिषेक हुआ। उस समय बहुत थोड़ा-सा हिस्सा पंजाब और काबुल का उसके अधीन था, पर 50 वर्ष पीछे जब संवत् 1662 में अकबर का देहांत हुआ, तो सारे भारतवर्ष में उसका शासन चलता था। शांति और सुशासन का वह बड़ा पक्षपाती था। इसी से राज्य के प्रबन्ध और प्रजा के सुख के लिए उसने अच्छे-अच्छे नियम बनाए थे।

अकबर दुनिया के नेकनाम बादशाहों में से था। उसने नेकी और नेकनामी के बड़े-बड़े काम किए, जिनके कारण आज तक लोग उसका नाम बड़े प्रेम से लेते हैं। उसे लोगों ने सुलहकुल की उपाधि दी थी, जिसका अर्थ है सबसे मिलकर चलने वाला। अकबर में सबसे बड़ा गुण यह था कि उसे किसी जाति, किसी संप्रदाय और किसी धर्म्म से द्वेष नहीं था। हिंदुओं को उसने ऐसा प्रसन्न किया कि वह उस पर जी जान से मोहित थे। हिंदुओं ने उसको 'जगद्गुरु' तक की उपाधि दे डाली थी। हिंदी और संस्कृत पुस्तकों में अकबर की बहुत कुछ प्रशंसा लिखी गई

है। राजा रामदास कछवाहे के बनवाये हुए एक संस्कृत ग्रंथ में अकबर की जो कुछ प्रशंसा लिखी गई है, उसका भावार्थ इस प्रकार है—"जो समुद्र से सुमेरु पर्वत तक प्रजा का पालन करता है, जो गायों को मृत्यु से बचाता है, जिसने तीर्थों और व्यापार के कर छोड़ दिए हैं, जिसने पुराण सुने और जो सूर्य्य का जाप करता है, जो योग का साधन करता है और गंगा जल के सिवा और कोई जल नहीं पीता, जिसने कलिकाल से घटे हुए धर्म, वेद, ब्राह्मण और गायों की रक्षा के लिए जन्म लिया है—उस जलालुद्दीन अकबर की जय हो।"

पोथियों ही में नहीं; अमीर से लेकर कंगाल तक के झोपड़े में अकबर का यश गाया जाता था। वह जीते जी यशस्वी हुआ और आज उसको मरे तीन सौ वर्ष हो गए; अब भी लोग उसे भूले नहीं हैं। निरक्षर से निरक्षर लोग भी अकबर के न्याय और उदार-भाव की कहानियाँ कहा करते हैं। ऐसा भाग्य हरेक का नहीं होता। भाग्य से अकबर को मुसाहिब भी अच्छे-अच्छे मिले थे। वह उसकी सभा के नौरत्न कहलाते थे। अद्वितीय बुद्धिमान राजा टोडरमल उसका वजीर था। उसने लगभग सारे हिंदुस्थान की पैमाइश करके हरेक गाँव की अलग-अलग सीमा निकाल दी थी। राजा बीरबल सा दानी, दूरदर्शी, मिष्टभाषी और प्रत्युत्पन्नमति सभासद् उसे मिला था, जिसके उत्तम व्यवहार से हिंदू और मुसलमानों में बड़ा मेल होकर भेदभाव उठ गया था। फैजी-सा कवि, अबुलफजल सा मुंशी, खानखाना सा सेनापति, राजा मानसिंह सा सूबेदार फतहउल्लह और अब्दुलफतह से हकीम अकबर को मिले थे। गंग से कवि, तानसेन से गवैये उसे मिले थे। ऐसे लोग और बादशाहों को नहीं मिले। एक कवित्त नीचे लिखते हैं। उससे अकबर के दरबार के अच्छे-अच्छे लोगों के नाम मालूम होंगे—

"दिल्ली से तख़्त बख़्त मुगलन से न होयँगे, होयँगे नगर न कहूँ आगरा नगर से। गंग से न गुनी न तानधारी तानसेन जैसे, बूचन से न कानूगो न दाता बीरवर से। खानन में खानखाना, राजन में राजा मान, होंगे न वजीर कहूँ टंडन टोडर से। सात द्वीप के मझार सातहूँ समुद्र पार होंगे न जलालुद्दीन गाजी अकबर से।"

अकबर बादशाह के बसाये हुए आगरा, इलाहाबाद, काबुल के पास जलालाबाद आदि नगर और अटक आदि किले सदा उसका स्मरण दिलाते हैं। उसने अपने राज्य को 15 सूबों में बाँटा था। हरेक सूबे में एक-एक सूबेदार रहता था और उसके नीचे कई फौजदार होते थे, जो चोरी डाके आदि का पता लगाते थे और बड़े-बड़े जमींदारों और राज्यों से बादशाही हुक्मों की तामील कराते थे। दीवानी और माल का काम सूबे का दीवान करता था और सूबे का फौजी अफसर उस सूबे

का बख्शी होता था। इन्साफ के लिए काजी और मीर अदल नियत थे। मार्गों की रक्षा के लिए बड़े-बड़े फौजी अफसर थे, वह मनसबदार कहलाते थे। पंद्रह सूबों के नाम यह हैं :—आगरा, इलाहाबाद, अवध, अजमेर, अहमदाबाद, बिहार, बंगाल, दिल्ली, लाहौर, काबुल-कंदहार, मुलतान, मालवा, बरार, खानदेश, अहमदनगर। इनके सिवा मरहटा, तिलंगाना और कर्नाटक नामक तीन सूबे अहमदनगर, गोलकुंडा और बीजापुर के बादशाहों के पास थे, वह भी अकबर के अधीन हो गए थे। राजा लोगों में से केवल महाराणा प्रतापसिंह ने अकबर की अधीनता स्वीकार नहीं की थी।

अकबर के समय में बड़ा अमन चैन था। अन्न सस्ता था, प्रजा सुखी थी। सब सुख से दिन बिताते थे। उस समय की कुछ चीजों का भाव नीचे लिखते हैं, पढ़कर आश्चर्य होगा। स्वप्न सा मालूम होगा कि जिस भारतवर्ष में अब हर साल अकाल और अन्न के लिए हाहाकार रहती है, वह कभी इतना सुखी था।

गेहूँ	फी मन	)॥।
काबुली चने	”	=)।
देशी चने	”	≡)।
मसूर	”	।)॥।
जौ	”	≡)।
चावल बढ़िया	”	2।)
दूसरे चावल	”	1)
साठी चावल	”	≡)।
मूंग	”	।≡)
उड़द	”	।=)॥
मोठ	”	।)॥।
तिल	”	≡)॥
ज्वार	”	।)
मैदा	”	।=)॥।
आटा	”	।=)
घी	”	2॥=)
तेल	”	2)
दूध	”	।=)
दही	”	।≡)
खांड सफेद	”	3—)।
लाल खांड	”	1।=)॥
अंगूर	”	2)॥।

अकबरी मन अंगरेजी तौल से 26 सेर 10। छटांक का होता था। किशमिश≡)॥ खोपरा—)॥। बादाम ।)॥ पिस्ता≡)॥ सुपारी≡)। सेर बिकती थी। अकबरी सेर अंगरेजी सेर का 10। छटांक होता था।

अकबर का समय

ता. 16 अक्टोबर अकबर बादशाह के मरने की तिथि कही जाती है। उक्त तिथि को अकबर बादशाह को मरे पूरे 300 वर्ष हो गए। कई महीने पहले कुछ शिक्षित लोगों के जी में यह विचार उठा था, कि उक्त तिथि को अकबर के स्मरणार्थ कुछ उत्सव किया जाए। कई एक मासिक पत्र वालों ने अकबर-नंबर निकालने की बात भी सोची थी। पर वही 16 अक्टोबर की तिथि बंगाल के टुकड़े होने की तिथि निकल आई। उससे एक नई ही बात खड़ी हो गई। अकबर को उसके सामने लोग याद न रख सके। अपनी विपद् में मनुष्य और की बात भूल जाता है।

अकबर की मृत्यु की ठीक-ठीक तारीख कौन सी है, उसमें भी कुछ गड़बड़ पड़ गई है। भारतमित्र के इस वर्ष के उपहार के लिए जो जहाँगीरनामा छप रहा है, उसमें मुंशी देवीप्रसाद साहब मुंसिफ जोधपुर ने अकबर के मरने की तारीख 13 जमादिउस्सानी सन् 1014 हिजरी लिखी है, जिसके मुकाबिले में कार्तिक सुदी 15 सम्वत् 1662 विक्रमाब्द पड़ता है। हिंदी मिती के अनुसार कार्तिक सुदी पूर्णिमा को अकबर को मरे 300 वर्ष होंगे, पर हिसाब लगाने से अंगरेजी तारीख उस दिन 16 अक्टोबर होती है, जो गत सोमवार को बीत चुकी। अकबर की मृत्यु बुधवार को हुई, यह बात निश्चय है। बुधवार को मुसलमान चहारशम्बा कहते हैं। उक्त दिन को पिता की मृत्यु होने से जहाँगीर ने अशुभ समझा था। इसी से चहारशम्बे का नाम कमशम्बा रखा और हुक्म दिया कि आगे से चहारशम्बे को लोग कमशम्बा कहें।

अकबर के मरने के सन् में कुछ गड़बड़ नहीं है। "फौते अकबरशाह" के अङ्कों से उसके मरने का हिजरी सन् 1014 निकलता है, पर मिती में बड़ी गड़बड़ है। यूरोपीय इतिहास-वेत्ताओं में से किसी ने अकबर के मरने की तारीख 13 अक्टोबर, किसी ने 10 अक्टोबर और किसी ने 17 अक्टोबर लिखी है। एक ने 15 लिखी है, पर निश्चय 16 की गई है। हिजरी तारीखों में भी बहुत भेद है। एक ने 20 जमादिउलअव्वल दूसरे ने 12 जलादिउस्सानी और तीसरे ने 23 जमादिउलअव्वल लिखी है। "अनफउल" अखबार में मुहम्मद अमीन बलखीने 12 जमादिउस्सानी और फरिश्ते ने अपनी तारीख में 13 जमादिउस्सानी लिखी है। फरिश्ते वाली तारीख

ही सबसे अधिक सही समझी जाती है।

उसी के अनुसार 16 अक्टोबर अकबर के मरने की ठीक तारीख समझी गई है। इसी अकबर बादशाह के समय में सबसे पहले भारतवर्ष का इंग्लैंड से संबंध हुआ। 28 सितंबर सन् 1585 ईस्वी को इंग्लैंड की रानी एलिजाबेथ का भेजा हुआ न्यूबरी नाम का एक अंगरेज अकबर के दरबार में पहुँचा। वह उक्त रानी की ओर से एक चिट्‌ठी लाया था, जो उसने अकबर के हवाले की थी। फतेहपुर सीकरी में सलीम चिश्ती रहते थे, जिन पर अकबर की बड़ी भक्ति थी। वहीं उसके बड़े बेटे जहाँगीर ने जन्म लिया था। आगरे से उक्त स्थान 12 मील के फासले पर था। वह 12 मील का रास्ता ऐसा आबाद था कि जाने आने वालों को यही मालूम होता था, कि वह किसी बड़े शहर में फिर रहे हैं। न्यूबरी के साथ फिश नाम का एक और अंगरेज भी आया था। वही जीता लौटकर विलायत पहुँचा था। उसने अपने सफरनामे में लिखा है—"हम लोग गोआ से भागकर बुरहानपुर आए थे। गोआ में पुर्तगीजों ने हमें कैद कर लिया था। बुरहानपुर से आगरे आए। आगरा एक बड़ा और आबाद शहर है। उसमें पत्थर की इमारतें हैं, रास्ते बड़े और चौड़े हैं। जमना नदी उसके किनारे बहती है, जो बंगाल की खाड़ी में गिरती है। आगरे में एक किला है, जिसकी खाइयाँ बहुत चौड़ी और दृढ़ हैं। यहाँ बहुत से मूर और जेंटिल (मुसलमान और हिंदू) हैं। बादशाह का नाम जलावदील एकेबर (जलालुद्दीन अकबर) है। यहाँ के निवासी उसे ग्रेट मुगर (मुगल) कहते हैं। आगरे से हमलोग फतेहपुर सीकरी गए। यहीं बादशाह दरबार करता है। यह शहर आगरे से बड़ा है—पर उसके मकान और रास्ते आगरे से अच्छे नहीं हैं। लोग कहते हैं कि बादशाह के पास 1 हजार हाथी, 30 हजार घोड़े, 1400 हिरन और 8 सौ हरम हैं। सोना, शेर, मुर्ग, भैंसे और बाज उसके पास इतने हैं कि देखकर आश्चर्य्य होता है। दरीखाने में बादशाह का दरबार होता है। यहाँ लोगों के पास बहुत सी सोने चाँदी और रेशम से मण्डित बहलियाँ हैं, जिनके दो-दो पहिये हैं और जिनमें बैल जुड़ते हैं। फारिस और दूर-दूर के सौदागर यहाँ सौदागरी के लिए आते हैं। ज्यादातर रेशम, रेशमी और सूती कपड़ा, लाल, हीरे, मोती का व्यापार होता है। बादशाह एक सफेद कबा पहने रहता है, जिसके दोनों ओर बंद लगे रहते हैं। एक छोटा सा कपड़ा (पगड़ी) अपने सिर पर बाँधे रहता है, जिसका रंग कभी लाल और कभी पीला होता है।"

रानी एलिजाबेथ ने अकबर को जो चिट्‌ठी लिखी, उसमें पहले बहुत लंबा-चौड़ा अलकाब है। आगे लिखा है—"हमारी प्रजा को दूर देशों में फिरने का बड़ा उत्साह है। केवल सैर के लिए नहीं, वरंच इसलिए भी कि अपने देश का माल दूसरे देशों

में पहुँचावें और दूसरे देशों का माल अपने देश में लावें और इस प्रकार आपस में मेल-जोल बढ़ावें। इसीलिए जार्ज न्यूबरी अपने साथियों के साथ आपकी सेवा में हाजिर होता है। हमें विश्वास है कि आप अपनी बादशाहों की सी दया के साथ उन्हें अपने दरबार में उपस्थित होने की आज्ञा देंगे। आशा है, हमारे लिए आप ऐसा करके हमें चिर कृतज्ञ करेंगे। जो खबरें इस दूर-देश में आपकी बाबत पहुँचती हैं, उनसे हमारी बड़ी तसल्ली हुई है और इस विषय में अधिक लिखने की जरूरत नहीं मालूम होती। हमारी यही प्रार्थना है कि यह लोग, जो बहुत दूर का सफर करके आपकी सेवा में पहुँचते हैं, इन पर आप विशेष अनुग्रह करेंगे। अपनी बादशाही प्रतिष्ठा की शपथ खाकर कहते हैं कि हमसे जहाँ तक बन सकेगा, इसका बदला देंगे। अधिक श्रीमान को बहुत बहुत सलाम।"

ओह! तीन सौ साल के उस समय और आज के समय में कितना अंतर है! उस समय के भारतवर्ष और आज के भारतवर्ष में कितना अंतर है। अंगरेजों के उस समय के प्रताप और आज के प्रताप में कितना अंतर है। उस समय विलायत की रानी ने भारत के बादशाह से अपने कई आदमियों को सुखपूर्वक दरबार में रखने की प्रार्थना की थी। आज वही अंगरेज इस मुल्क के मालिक और हर्ता-कर्त्ता हैं। मुगल बादशाहों के वंश का कहीं पता भी नहीं। तीन सौ साल के समय ने संसार में कितना उलट-पलट कर दिया है।

[भारतमित्र, 1905 ई.]

❑ ❑ ❑